U.S. Army
Leadership Handbook:

Skills, Tactics
Techniques
for Leading
in Any Situation

在任何情况下实施领导的
技能、策略与方法

美国陆军部 著
宫玉振 译

著作权合同登记号　图字：01-2013-6097

图书在版编目(CIP)数据

美国陆军领导力手册：在任何情况下实施领导的技能、策略与方法/美国陆军部著；宫玉振译.—北京：北京大学出版社，2015.4

（领导力经典书系）

ISBN 978-7-301-25231-4

Ⅰ.①美… Ⅱ.①美…②宫… Ⅲ.①陆军—领导学—美国—手册 Ⅳ.①E712.51-62

中国版本图书馆 CIP 数据核字(2014)第 292050 号

U.S. Army leadership handbook: skills, tactics, and techniques for leading in any situation
Department of the Army
ISBN 978-1-61608-562-9
Copyright © 2012 by Skyhorse Publishing, Inc.
All Rights Reserved.

本书原版书名为《美国陆军领导力手册：在任何情况下实施领导的技能、策略与方法》，由天马出版公司 2012 年出版。版权所有，盗印必究。

书　　　名	美国陆军领导力手册：在任何情况下实施领导的技能、策略与方法
著作责任者	美国陆军部　著　宫玉振　译
策划编辑	孙　晔
责任编辑	兰　慧
标准书号	ISBN 978-7-301-25231-4
出版发行	北京大学出版社
地　　　址	北京市海淀区成府路 205 号　100871
网　　　址	http://www.pup.cn
电子信箱	em@pup.cn　　　QQ:552063295
新浪微博	@北京大学出版社　@北京大学出版社经管图书
电　　　话	邮购部 62752015　发行部 62750672　编辑部 62752926
印　刷　者	北京宏伟双华印刷有限公司
经　销　者	新华书店
	720 毫米×1020 毫米　16 开本　19.75 印张　283 千字
	2015 年 4 月第 1 版　2023 年 5 月第 5 次印刷
定　　　价	56.00 元

未经许可，不得以任何方式复制或抄袭本书之部分或全部内容。
版权所有，侵权必究

举报电话：010-62752024　电子信箱：fd@pup.pku.edu.cn

图书如有印装质量问题，请与出版部联系，电话：010-62756370

变革加速,人人需要领导力(代总序)

智学明德国际领导力中心主任徐中博士

人类进入 21 世纪,创新加速了各领域的变革。在中国,变革的速度、广度、深度和力度前所未有,领导力的重要性日益凸显。一个人人需要领导力的时代已经来临!

2014 年 6 月 23 日,第 66 届全球人力资源大会在旅游名城奥兰多举办,《世界是平的》作者、三届普利策奖获得者托马斯·弗里德曼在主题演讲中指出:"技术与全球化"重新定义了我们这个时代的经济和教育,在未来的工作场所,"做个普通人(Average)的时代"已经过去了。全球化分为三个主要阶段——全球化 1.0 时代、2.0 时代和 3.0 时代,其主要推动力分别是国家、企业和掌握了互联网络技术的个人,个人的作用在 21 世纪将与日俱增!弗里德曼的观点引起了全场 13 000 多位企业家和人力资源专家的高度共鸣。

21 世纪,人类进入了一个加速变革的新时代,个人、组织与国家都面临全新的机遇和挑战。美国军方在 20 世纪 90 年代提出:这是一个"VUCA"的时代(Volatility、Uncertainty、Complexity、Ambiguity,即"易变、不确定、复杂、模糊")。世界格局的重塑、地球村的生活、商业环境的动荡、个人潜能的释放、新技术的广泛应用,等等,使得组织领导者的品格、知识和技能受到前所未有的挑战。

21 世纪,经济和社会发展的根本动力是人的心与脑的开发。被誉为"领导力之父"的沃伦·本尼斯指出,新经济是靠智力资本推动的,这是 21 世纪经济的特征。对于领导者以及想要成为领导者的人们来说,新经济的真谛在于**其力量源自创意而非职位**。从某种意义上说,人人都是领导者!

21 世纪,领导力的正道是"正心诚意修身齐家治企利天下"。领导者不仅是一个角色,更是一种态度和能力。一般来说,领导力包括三个方面:**领导自我、领导他人和领导业务**。领导自我是领导的起点和基石,领导者必须首先明确自己的使命、愿景和价值观,勇于担当,言行一致,为大家树立榜样,才能激发大家为共同的愿景努力奋斗,克服前进过程中的重重障碍,创造卓越。詹姆斯·库泽斯和巴里·波斯纳两位学者通过30年的持续研究表明,从根本上说,领导力是一组技能,如同"演唱技巧",人人都能唱歌,但只有经过严格而长期的训练,才能成为优秀的歌唱家。

今天,中国已经成为世界第二大经济体,随着"中国梦"的逐步实现,中国的全球影响力与日俱增,各个领域都迫切需要卓越的领导者。

领导学在中国起步于20世纪80年代,经过三十多年的发展,形成了初步的理论体系和研究方法。但我们对于现代商业组织的领导力和最新商业动态带来的新变化,以及中国企业高歌猛进的发展现状,还缺乏较为科学、系统、全面和前瞻的研究,还远远不能满足各方面组织对领导力发展的需求。

国家行政学院中国领导科学研究中心主任刘峰教授在为《领导力的本质》一书撰写的推荐序中指出:要真正实现中华民族的伟大复兴,最需要的就是领导力;中国治理体系和治理能力的现代化最需要的也是领导力,需要国家的领导力、组织的领导力和个人的领导力。在领导力研究和培训领域,我们迫切需要一大批有志于领导力研究和培训的同行加入,借助于当今中国经济社会发展天时地利人和的大舞台,运用科学的态度、科学的方法,方能总结出具有中国特色的科学的领导力理论。

在中国,作为商业教育旗舰的商学院,领导力教育的历史也仅十多年。以清华大学经济管理学院为例,1999年,杨斌教授第一个开设"道德领导力与组织信誉"课程,2003年开设"再造领导表现"(2004年改为"卓越领导之道")高管培训课程,以及"领导与变革"选修课。2009年,清华大学经济管理学院推出新版MBA,"领导力开发"成为必修课。今天,大多数商学院还缺乏领导力师资,难以满足MBA对领导力发展的需求,更不用说为企业提供急需的领导力培训支持了。

他山之石,可以攻玉。为了借鉴国际前沿的领导思想、理论、方法与最佳实践的精髓,拓宽我国领导力研究的全球视野,促进领导力的研究与实践,北京大学出版社与智学明德国际领导力中心联合策划了本丛书。

本丛书由国际最新领导力研究与实践著作精选而成,具有很好的代表性、学术性、实践性和前瞻性,反映了领导力的国际最新研究成果与未来趋势,对于中国领导力研究与实践具有积极的指导作用。

- 《领导力的本质》是二十多位领导力学者的智慧结晶,反映了领导力学术界研究的最新成果,深入探讨了领导力的过去、现在与未来,领导力:科学、本质与培养,领导力的主要学派,以及领导力与特殊领域。
- 《领导力教学手册:知识、技能和品格》由哈佛商学院组织全球顶尖领导力学者联合编写,从前沿理论、最佳实践和知识层面对领导力教育及研究领域所面临的问题以及挑战进行了论述与探讨,为领导力教育适应技术、组织与多样性的快速变化提供了一个思考及探讨的基础性平台。
- 《CCL领导力开发手册》多次被《商业周刊》评为领导力教育领域最重要的必读之书。第三版第一次囊括了培养教育行业领导者、在变革的时代培养领导者、领导者培养的民主化、团队领导力开发、全球领导力开发、战略领导力开发、跨团队领导力和互助型领导力开发等内容,并讨论了将领导力作为一种组织能力进行开发、跨文化领导力开发等新议题。
- 《美国陆军领导力手册:在任何情况下实施领导的技能、策略与方法》是美国陆军在领导人才培养方面的理论和实践总结,内容涵盖:领导力基础,陆军领导者,品格、风度与才智,以能力为基础的领导力:从直接层面到战略层面,在组织与战略层面上的领导。军队的领导力是企业领导力的重要来源,其特殊性对于领导力实践具有独特的价值。

本丛书的策划,源自 2012 年 5 月,我在美国创新领导力中心(CCL)朱成博士的引荐下前往 CCL 拜访其 CEO 约翰·瑞恩先生,在 CCL,我看到了他们自 1970 年以来在领导力发展领域进行的大量的、杰出的研究与实践。回到北京,我与北京大学出版社的孙晔副社长进行了深入探讨,孙副社长当即表示支持,很快合作遴选了本丛书中的四本经典著作。孙副社长亲自主持编辑工作,并邀请北京大学出版社总编辑助理林君秀老师、编辑贾米娜老师参与相关工作。在两年多的策划和编辑工作中，孙副社长、林老师、贾老师多次提出宝贵的意见和建议，为本丛书的顺利推出做出了重要贡献，在此表示衷心的感谢！

感谢刘峰教授多次关心本丛书，并在百忙之中为《领导力的本质》撰写推荐序。感谢杨斌教授对《领导力教学手册：知识、技能和品格》的翻译给予的悉心指导，使得"Being/Knowing/Doing"（书中译为"品格/知识/技能"）等关键词汇的翻译更加准确。感谢朱成博士对《CCL领导力开发手册》（第三版）的翻译给予的帮助和支持。

《美国陆军领导力手册：在任何情况下实施领导的技能、策略与方法》一书由北京大学国家发展研究院的宫玉振教授翻译，宫教授的军事背景为该书的翻译增色不少。《领导力的本质》（第二版）由中央财经大学的林嵩教授和徐中博士翻译，《领导力教学手册：知识、技能和品格》由徐中博士、刘雪茹女士和胡金枫女士翻译，《CCL领导力开发手册》（第三版）由徐中博士和胡金枫女士翻译。在此，对宫玉振教授、林嵩教授、刘雪茹女士和胡金枫女士表示衷心的感谢！

此外，我的同事杨懿梅、佛影、邓小淋、王少飞，以及刘兵同学等也在本丛书的翻译过程中给予了多方面的帮助和支持，在此一并表示感谢！

由于译者水平所限，不当之处，敬请指正！

2014年9月于北京清华大学科技园创新大厦

美国陆军领导力的基本条令（代译者序）

宫玉振，军事学博士，北京大学国家发展研究院教授、
BiMBA 副院长兼学术委员会副主任

一部最好的领导力教科书

"在培养领导者方面谁做得最好？"管理大师彼得·德鲁克和通用电气前CEO杰克·韦尔奇对这个问题的回答都是"美国陆军"。德鲁克还写道："军队所培养和发展的领导者比所有机构的总和还要多，并且失败率更低。"因此，他们建议企业管理者向美国陆军学习领导力。

的确，战争是最需要优秀领导者的人类活动，战场也从来都是学习领导力的最佳课堂。军人从成为领导者那天起就明白，自己的首要职责，就是随时在复杂、残酷、危险而紧张的环境中，引导士兵展开行动、迎接挑战、夺取胜利、完成使命，而这就需要展现出卓越的领导力。商场如战场，在复杂、紧张而充满压力的商业环境中，优秀的商业领导者也必须像优秀的军人一样，赢得下属的信任，打造有凝聚力的团队，释放出组织的能量，全力以赴以赢得市场的竞争，而这也同样需要卓越的领导力。

那么，究竟是什么造就了美国陆军？美国陆军在培养领导力方面到底有什么良方？美国陆军的基本领导力条令——《美国陆军领导力手册：在任何情况下实施领导的技能、策略与方法》无疑是揭示这一谜底的最好钥匙。

《美国陆军领导力手册：在任何情况下实施领导的技能、策略与方法》（以下简称《手册》），即 FM 6-22，是在美国陆军参谋长指导下，由美国陆军训练与条令司令部发起，由美国指挥与参谋学院陆军领导力研究中心制定的美国陆

军基本领导力条令。它以美国陆军"成（BE）—知（KNOW）—行（DO）"的理念为指导，为陆军各部门的军官、军职和文职人员确立了领导力的学说与基本原则。手册由"领导力基础""陆军领导者：品格、风度与才智""以能力为基础的领导力：从直接层面到战略层面""在组织与战略层面领导"四部分构成。手册界定了领导力的含义、领导力的角色与要求，以及领导者应该具备的品格特质与核心能力，并对如何培养与提升领导力进行了详细的阐述。

什么是领导力？在《手册》看来，所谓领导力，是在采取行动以完成使命、改善组织时通过提供目标、指示与动机来发挥对他人的影响力的过程。根据美国陆军的需要，《手册》提出了著名的美国陆军"领导力需求模型"，对"陆军领导者是什么"和"陆军领导者做什么"两个问题进行了精辟的概括，并分析了陆军领导者应该具备的**三项基本特质**和拥有的**八项核心能力**。手册的主体部分，就是围绕着三项基本特质和八项核心能力而展开的。

三项基本特质

领导力始于什么是领导者必须"成"（BE）——塑造其品格的价值观与特质。价值观与特质是领导者始终应该具有的内在和决定性的品质，它们构成了领导者的一致性特征。在《手册》看来，**品格、风度、才智**，是陆军领导者应该具备的三项基本特质。

成为一名有品格的领导者，是《手册》对领导者的基本要求。品格对于成功的领导力来说至关重要。它决定着人们是什么样的人，以及如何行事。品格赋予领导者无论环境和结果如何，都会辨明是非、做出正确选择的动机。

在《手册》看来，构成领导者品格的关键要素包括三个方面：**陆军价值观**、**移情能力**和**战斗精神**。而要想成为有品格的领导者，一个重要的前提就是必须遵循陆军价值观。

《手册》花了相当大的篇幅对陆军价值观进行了阐述，在《手册》看来。美国陆军是建立在陆军价值观基础之上的组织，是陆军价值观将所有陆军人员联结成致力于服务国家与陆军的牢固团体，陆军价值观适用于陆军中的任何人、任何情况以及任何地方,是成功的领导者所必须坚持的重要原则、标准与品质,是帮助人们在任何情况下辨别对错的基本原则。陆军要求所有成员必须进行七种价值观的培养:**忠诚(loyalty)**、**职责(duty)**、**尊重(respect)**、**无私奉献(selfless-service)**、**荣誉(honor)**、**正直(integrity)**、**个人勇气(personal courage)**。把这七种价值观的首位字母按顺序连在一起时,就组成了一个缩略语"LDRSHIP"。由于领导者寻求做正确的事情,并且激励他人也这样做,他们就必须亲自践行这些价值观。

在七种价值观中,正直和个人勇气具有重要的地位。正直的领导者会持续地依据清晰的原则采取行动,而不仅着眼于眼前的实用。在《手册》看来,领导者应该做正确的事情,哪怕是个人为此要付出代价。正确的事情也许并不受人欢迎,而且可能具有一定的危险性。然而正是在面对复杂而危险的形势时,会显示出谁是有品格的领导者,而谁不是。

成为一个有品格的人,成为一个有品格的领导者,是一个贯穿整个职业生涯的过程,它涉及日常的经历、教育、自我发展、发展性咨询、教练指导与导师辅导。一方面,每个人都对自己的品格发展负有责任;另一方面,领导者的责任是鼓励、支持以及评估下属所付出的努力。只有在持续的学习、思考、体验与反馈的过程中,领导者的品格才能发展起来。

在实施领导的过程中,领导者经常会面临道德的两难境地。《手册》提醒领导者:在实践中,道德思考是十分复杂的。解决道德困境需要以价值观为基础的批判性思维。没有任何现成的公式能够指导领导者在任何时间都解决问题。以价值观支配个人行为,理解条例与命令,从经验中学习,并且运用多种道德视角,通过以上这些方式,领导者就会做好应对生命中棘手问题的准备。只有在持续的学习、思考、体验与反馈的过程中,领导者的品格才能发展起来。

除了成为"有品格的领导者"之外,《手册》认为陆军领导者还应该是"有风度的领导者"和"有才智的领导者"。所谓"有风度的领导者",是指陆军领导者应该具备**军人举止**、**体魄强健**、**沉着自信**、有强大的**适应能力**。所谓"有才智的领导者",指的是陆军领导者应该**思维敏捷**、**判断准确**、有**创新精神**、有良好的**人际策略**、有娴熟的专业知识。在《手册》看来,这是所有陆军领导者都应该具备的关键特质,这些特质使他们能够在从直接层面的领导者到战略层面的领导者的职业道路上发挥出最大的专业潜能。

八项核心能力

持续地培养和完善自身的价值观与特质,以及获取专业性知识,只是成为称职领导者的必要条件。只有当领导者采取有效的行动,并且运用核心领导能力及其相关的要素时,才可以说是实施了成功的领导。因此,在"陆军领导者是什么"这个主题之外,《手册》的另一重心是"陆军领导者做什么"。

在这一部分,《手册》提出了陆军领导者为了**"实施领导""发展组织"**与**"完成使命"**三项基本目标,所必须具备的八项核心领导能力,即领导他人、在指挥链之外扩展影响力、以身作则、沟通交流、营造积极的环境、自我准备、培养他人、达成结果。

实施领导,是领导力的第一个基本目标。与实施领导有关的核心领导能力主要有四种,即领导他人、在指挥链之外扩展影响力、以身作则、沟通交流。

领导他人就是影响他人的过程。领导者可以运用多种技巧来影响他人,从赢得下属的服从到确立对于成功的承诺等。为了成功地对他人施加影响,领导者需要为下属提供目的、动机与激励。为了完成任务,领导者还要强化执行标准,同时在关心下属与任务需求之间寻求平衡,以使他们成为战斗力的源泉。

在指挥链之外扩展影响力,是领导者的又一项核心能力,领导者经常需要在没有获得授权或权威没有得到其他人认可的情况下发挥影响力,这就意味着领导者要在军事指挥权力边界之外建立信任,理解影响力的范围、方式与局限,并运用合适的影响力技巧去进行谈判、达成共识、解决冲突,等等。

以身作则的能力对于领导者来说十分重要。无论是否意识到,领导者都是在为他人树立榜样。为此领导者既要展现品格,在不利的状况下自信地实施领导,并展现道德上的勇气,同时还要展现能力,从而动员下属的意志与士气,取得最终的胜利。

沟通交流的能力着眼于保持团队行动的清晰焦点，以完成使命所赋予的目标与任务。好的领导会积极地倾听、清晰地陈述行动的目标，并确保共识的达成。没有清晰的沟通能力，领导者就无法实施领导。

发展组织，是领导力的第二个基本目标。发展组织涉及三种能力：营造积极的环境、自我准备、培养他人。

营造积极的环境是领导者的重要能力。领导者要创造条件，营建积极的风气，包括公正与包容、公开坦诚的沟通、终身学习的环境、良好的道德风气等。领导者还要增强团队的合作与凝聚力，并鼓励下属发挥主动性与责任心。领导者对下属的关心也会影响到组织的风气。将下属的幸福放在心上的领导者，会赢得更大的信任。

没有任何职业会像军人那样，仅仅因为准备不足就会造成无可原谅的损失和不必要的伤亡，甚至任务的失败。因此领导者必须在自我学习与发展方面投入更多的时间，**做好自我准备**。自我准备的能力包括以下几个方面：应对预期和非预期的挑战、拓展知识、培养自我意识等。领导者要想做好自我准备，必须致力于终身学习，获得适应变化的领导环境中所需要的新技能。

培养他人是领导者的直接责任，领导者要想把今天的士兵培养成明天的领导者，就必须投入足够的时间与努力来培养下属、建立高效团队。领导者应该评估下属的培养需求、鼓励下属的在职培养、支持下属的专业发展和个人成长，以及帮助下属学习。领导者主要通过专家咨询、教练指导与导师辅导三种方式来培养他人。

完成使命，是领导力的第三个基本目标。领导者的存在最终是为了努力完成陆军赋予的使命，这就要求领导者必须具备**达成结果**的能力。为此领导者需要为组织提供方向、指导与优先次序，制订与执行计划，并且运用监控来识别组织、团体和个人绩效中的优缺点，不断地改进组织的绩效，从而始终如一以合乎道义的标准来完成使命。

三个领导层面

《手册》提出的三项基本特质、八项核心能力，可以说适用于陆军中所有的领导者。不过陆军领导力毕竟是有不同层面的。在不同的层面,三项基本特质和八项核心能力的内涵也会随之有所变化。

手册根据职位的管理宽度、指挥部的级别、运用影响力的范围以及其他因素,区分出了三个层面的陆军领导者:直接层面、组织层面与战略层面。

直接层面的领导者着眼于团队、单位和任务的视角,他们处于第一线,通常会与下属进行面对面的接触,并对下属施加直接的影响。与组织层面和战略层面的领导者相比,直接层面的领导者所经历的局面有更多的确定性和更少的复杂性。他们与行动足够贴近,因而可以在一线判断或解决所发生的问题。

组织层面的领导者着眼于组织、系统和流程的视角,他们要通过比直接层面的领导者更多层次的下属来实现领导,并需要将复杂的概念转化为容易理解的作战和战术计划以及果断的行动。与直接层面的领导者相比,组织层面的领导者往往通过制定政策与整合系统,而不是通过面对面的方式来影响下属;他们也更多地倚重于培养并授权下属来履行所承担的责任与任务。

战略层面的领导者着眼于全球、区域和国家的视角,他们承担着确立组织结构、分配资源、传达战略性愿景、为司令部乃至整个陆军的未来角色做好准备等责任。如果说直接层面与组织层面的领导者更关注近期与中期的发展,那么战略层面的领导者则必须专注于未来。即使他们经常不得不对付中期和眼前的问题与危机,他们还是要用大量的时间考虑长期的目标并着眼长远的成功。

尽管基本的领导能力是相同的,但是在不同的层面,对于领导者的技能要求却不尽相同。陆军领导者往往是在直接的领导层面获得基本的领导能力。当一名领导者从直接层面的领导者转变为组织层面的领导者,或者从组织层面的领导者转变为战略层面的领导者的时候,都需要进行领导方式的转换。例如,与直接层面的领导者相比,组织层面的领导者需要学会习惯于运用相比起来不是那么直接的方式来实施领导,如指示、控制、监督等。可能会占用较低层面的领导者大量精力去做的事情,比如对士兵进行面对面的监管,较高层面的领导者却只需要投入少量的时间。因而一些对于直接层面的领导者来说非常重要的专业技能,对于战略层面的领导者来说,却可能没有什么重要性,因为后者需要把大部分时间花费在战略和系统级的领导议题上。

因此,领导力的发展过程不仅意味着领导者要获取更多的技能,还意味着领导者要学会放弃某些习惯的领导技能。较高层面的领导者一方面要充分运用在担任较低层面领导时所获得的核心领导能力,另一方面,也需要使自己去适应领导环境中更加复杂的实际情形,从而不断地提升自己的领导力。

十大影响技巧

军队是等级性的组织。军队的领导力很容易被简化为命令与服从的关系。提起美军领导力,可能最为中国人所熟知的就是那句"没有任何借口"。而事实上,在美军当中,"没有任何借口"并不是上下级关系的全部。

《手册》在谈到领导力如何发挥影响力时,详细阐述了施加压力、合法要求、交换、个人恳求、合作、理性说服、告知、激励、参与、关系建设这十种技巧。这些技巧构成了从"服从"到"承诺"为两个端点的连续体,反映了领导力内涵的丰富性。

从施加压力到关系建设,上述十种影响技巧,大致可以分为直接影响和间接影响两类,二者是相辅相承的关系,领导者可以根据任务的重要程度决定采用哪一种或几种影响技巧。比如当形势紧迫并且有较大风险时,要求下属服从是可取的。在其他情况下,领导者则可以灵活地运用各种间接的影响来换取下属坚定的承诺。无论运用哪种技巧,关键是领导者的影响必须可信而真诚。《手册》从效果的角度将影响力分为积极的影响力和消极的影响力。积极的影响力来自那些做对陆军、使命、团队与每个士兵有利的事情的领导者,消极的影响力则来自那些主要关注个人利益与缺乏自知之明的领导者。《手册》强调,领导者的行为如果被下属视为自我谋利的话,那么他最多只会得到表面的服从。这是一种破坏性的力量,会从根本上对组织造成伤害。

几点感想

军事条令往往是比较枯燥的,这部《美国陆军领导力手册:在任何情况下实施领导的技能、策略与方法》读来却引人入胜，一个重要的原因是，制定者花了很大的工夫，用尽可能生动的方式来阐述那些抽象的原则。为了帮助陆军领导者深化对战争中的领导力的理解，《手册》还引用了大量的陆军领导者关于领导力的名言，如巴顿将军的"永远不要告诉人们如何做，告诉他们做什么，他们会用自己的智慧让你大吃一惊""下周才能制订出来的计划再完美，也不如一个现在就可以强力执行的好计划"，麦克阿瑟将军的"没有一个国家会愿意把军事荣誉授予那些不能坚持普世行为准则的领导者，正是这些行准则帮助人们区分出什么是正确的以及什么是错误的"，谢尔曼将军的"军队也有灵魂，没有哪个将军能够完成其部队承担的所有工作，除非他能在指挥手下的身体及双腿之外，还能指挥他们的灵魂"，等等。同时，《手册》还引用了数十个美国陆军战史上经典的领导力案例，如葛底斯堡战役中的张伯伦上校、如石墙般屹立的托马斯·J.杰克逊准将、在战争与囚禁中表现出忠诚的温赖特将军等，以鲜活的故事生动地再现了陆军领导者在实施领导的过程中所可能面临的真实场景，从而使领导力条令变得有血有肉，也使本书的可读性大大增加。

　　本书的翻译，我首先要感谢北京大学国家发展研究院BiMBA联席院长杨壮教授，他对美军领导力的深刻理解使我受益匪浅，他对品格与价值观的重视和亲身践行影响了一批又一批的BiMBA学子；我还要感谢北京大学出版社的孙眸副社长、陈健主任，清华大学的徐中博士，感谢他们对我的信任和帮助；魏鸿女士、贾米娜女士、兰慧女士等在翻译的过程中提供了很多帮助，刘雪慰女士特地选取了本书译稿的部分章节，发表于她担任副主编的《商业评论》杂志上推荐给读者。还有更多的师长和朋友提供了支持，无法一一列举，译者谨在此一起深表谢意。

　　由于时间与水平所限，本书的翻译肯定存在许多不足之处，敬请朋友们海涵与指正。

2015 年 1 月

序

我们所面临的安全环境危险而复杂,陆军要想迎接挑战,就必须拥有有品格的称职领导者。

FM 6-22 是陆军基本的领导力野战条令。它为陆军各部门的军官、军士和文职人员确立了领导原则与基本准则。

本条令用"成—知—行"的理念,来表述对陆军领导者的要求。陆军领导者应该像灵活机敏、技能多元的五项全能运动员一样,拥有坚强的品格、广博的知识和过人的才智,这一点非常重要。他们必须展示这些与战斗精神*理念相关的特质和领导才干。陆军领导力必须致力于终生学习,以在为国家服务的职业中保持与时俱进和时刻准备投入战争。

陆军领导者必须树立榜样,教育和引导下属。本条令为完成这一重要使命提供了所需的原则、概念和训练,美国的命运就依赖于这一使命的完成。

彼得·J. 休恩梅克(Peter J. Schoomaker)将军
美国陆军参谋长

---

* warrior ethos,又译为"尚武精神"。——译者注

前言

FM 6-22 作为美国陆军的基本领导力条令，确立了领导原则，这些基本原则是陆军领导者履行其使命、保护其国民的依据。本条令适用于陆军所有部门的军官、准尉、军士、士兵以及文职人员。从接受基础训练的士兵，到新任职的军官，新领导者都以本条令为基础，学习如何去领导。

FM6-22 是在陆军参谋长的指导下制定的，它界定了领导力的含义、领导力的角色与要求，并阐述了如何在陆军中培养领导力。它将领导力分成了三个层面：直接层面、组织层面与战略层面，并且阐述了如何在每一个层面上实施成功的领导。它创建并阐述了核心领导能力的概念，即一种在所有领导层面促进集中反馈、教育、训练与发展的能力。它重申了美国陆军价值观。FM6-22 解释了"战斗精神"是如何成为每个军人生活中的一个组成部分的。它将自我意识与适应能力等领导力品质结合在一起，并且描述了这些品质在如下方面的重要影响：在不断变化的环境下作战的同时，获取更多的知识，增强核心领导能力。

FM6-22 与不断发展中的美国陆军作战理论保持一致，它既是对陆军核心条令——FM1 与 FM3-0 的有力支持，也与如 FM5-0、FM6-0、FM7-0 等诸多基本条令相辅相承。它将美国陆军的作战条令与在如 JP1 和 JP3-0 一类相关文件中所表述的联合作战条令联系在一起。

正如 FM1 中所表述的那样，美国陆军以"成（BE）—知（KNOW）—行（DO）"的简明表述，集中表达了领导力的关键要素。领导者的"行"（DO）建立在他们是"谁"（BE）以及他们"知道"（KNOW）什么的基础上。对于"成—知—行"，领导者应终身做好准备，以使自己能够随时展开行动，并在无论遇到什么样的挑战时都能够展现领导力。

FM 6-22 扩展了 FM1 中所提出的原则，它阐述了当代领导者所应具备的品格特质与核心能力。品格以领导者性格中的核心特质为基础，而能力则来源于品格如何与知识、技能以及行为相结合以产生领导力。"成—知—行"与陆军领导者的内在品质之间有密不可分的联系，它的理念体现在 FM 6-22 中关于品格、知识、行为等具体要素的阐述之中。

本条令包含受版权保护的内容。

除非另有说明，本条令适用于现役陆军、陆军国民警卫队/美国陆军国民警卫队、陆军后备役以及陆军文职机构的所有人员。

美国陆军训练与条令司令部是本条令的发起者。该条令的制定部门是指挥与参谋学院陆军领导力研究中心。请以陆军部*第 2028 表格（关于出版物的建议性改动与空白表格）的形式将书面评论与建议送达如下地址：Center for Army Leadership ATTN：ATZL-CAL（FM6-22），250 Gibbon Avenue，Fort Leavenworth，KS 66027-2337。也可以用电子邮件的方式送达如下邮箱：calfm622@leavenworth.army.mil。请遵循该表格的格式或者提交一份电子版的第 2028 号表格。

---

* 英文缩写为"DA"。——译者注

致谢

本条令所引用某些著述中的资料已经获得了版权所有者的授权。其他在引用和例子中所使用的资料来源也在原始资料注释中一一列出。

张伯伦上校在葛底斯堡一役中的事迹改编自约翰·J. 普伦（John J. Pullen）所著的《缅因州第20志愿步兵团》（The Twentieth Maine）一书（俄亥俄州代顿市：莫宁赛德出版社1957年版，1980年再版）。通过Ward & Balkin代理有限公司，取得了约翰·J. 普伦遗产的转载授权。

第3章中关于纵向指挥团队的部分运用了由已退休的三星中将弗雷德里克·J. 布朗（Frederic J. Brown）所著的《纵向指挥团队》（Vertical Command Teams）一书（弗吉尼亚州亚历山大市：国防分析研究院2002年版）中所提供的国防分析研究院第D-2728号文件。

第3章中引用道格拉斯·E. 默里（Douglas E. Murray）的部分源自丹尼斯·斯蒂尔（Dennis Steele）所写的《拓展形象，呼唤领导力模式的转变》（Broadening the Picture Calls for Tunning Leadership Styles）一文，该文于1989年12月发表在《陆军杂志》（Army Magazine）上，美国陆军协会拥有该文版权，本条令在引用之前已经获得授权。

第3章中关于"共享领导权，解决后勤挑战"中的事例改编自网络文章——约翰·派克（John Pike）所写的《持久自由行动——阿富汗》（Operation Endaring Freedom-Afghanistan）一文（http://www.globalsecurity.org，March 2005）。

第4章中引用威廉·康奈利（William Connelly）的部分源自他所写的《军士们，是时候成为硬汉了》（NCOs: It's Time to Tet Tough），该文1981年10月发表在《陆军杂志》上，美国陆军协会拥有该文版权，本条令已获得使用授权。

金斯顿特遣队的事迹改编自马丁·布卢门森（Martin Blumenson）所写的

《金斯顿特遣队》(Task Force Kingston)一文,发表在1964年4月的《陆军杂志》上。美国陆军协会拥有该文版权,本条令已获得使用授权。

经约瑟芬伦理研究所的授权,第4章"伦理分析"部分改编自马歇尔·约瑟芬(Michael Josephson)的著述《做出道义性的决策》(Making Ethical Decisions),2002年版,见网页:www.charactercounts.org。

第6章中关于"自我控制"部分的事例与引证来自弗朗西丝·赫塞尔本(Francis Hesselbein)主编的《领导与领导论坛》(Leader to Leader)(纽约:领导与领导学会2005年版)。本条令的引用得到了John Wiley & Sons公司的授权。

第12章中涉及"迅捷高效的计划方式"的相应部分来源于美国已退役的二级军士长保罗·R.豪尔(Paul R. Howe)所著的《面向作战的领导力与培训》(Leadership and Training for the Fight)(纽约:天马出版社2011年版)中的第170—172页,使用之前已获授权。

在第7章中引用理查德·温特斯(Richard Winters)少校的部分源自克里斯托弗·J.安德森(Christopher J. Anderson)所写的《迪克·温特斯关于兄弟连、诺曼底登陆与领导力的反思》(Dick Winters Reflections on His Band of Brothers, D-Day, and Leadership),刊载在2004年8月的《美国历史杂志》(American History Magazine)上。该资料的使用得到了《美国历史杂志》发行者Primedia Enthasiast出版社的授权。

第8章中引用理查德·A.基德(Richard A. Kidd)的部分来自他所写的文章《军士之作用》(NCOs Make it Happen),于1994年10月发表在《陆军杂志》上。美国陆军协会拥有其版权,该部分的使用获得了版权者的授权。

第8章中引用威廉·康奈利(William Connelly)的部分来自他所写的《追上80年代变化的步伐》(Keep up with Change in the 80's)一文,发表在1976年10月的《陆军杂志》上,该部分的使用得到了美国陆军协会的授权。

第9章中引用威廉·C.班布里奇(William C. Bainbridge)的部分来自他所写的《质量、培训与动机》(Quality, Training and Motivation)一文,1976年10月发表在《陆军杂志》上,该文的引用同样得到了美国陆军协会的授权。

目录 contents

导言 / 1

01 领导力基础 / 3

第 1 章 领导力的定义 / 5

影响 / 6

行动 / 8

改进 / 8

第 2 章 陆军领导力的基础 / 10

我们国家的奠基性文献 / 10

军民关系 / 11

领导力与指挥权 / 13

陆军领导力需求模型 / 14

卓越的核心领导能力 / 20

第 3 章 领导角色、领导层面与领导团队 / 22

角色与关系 / 22

领导力的层面 / 29

领导团队 / 33

团队结构 / 35

02 陆军领导者：品格、风度与才智 / 43

第 4 章　领导者的品格 / 45

陆军价值观 / 47

移情能力 / 60

战斗精神 / 61

品格培养 / 64

品格与信仰 / 65

品格与道德 / 67

第 5 章　领导者的风度 / 72

军事与职业举止 / 73

身体健康 / 74

体能良好 / 74

自信 / 75

适应力强 / 76

第 6 章　领导者的才智 / 79

思维敏捷 / 80

判断准确 / 81

创新精神 / 82

人际策略 / 83

专业知识 / 88

目录

 以能力为基础的领导力：从直接层面到战略层面 / 97

第 7 章　实施领导 / 99
领导他人 / 100
将影响力扩展到指挥链之外 / 114
以身作则 / 117
沟通交流 / 120

第 8 章　发展组织 / 123
营造积极的环境 / 124
自我准备 / 133
培养他人 / 138

第 9 章　实现目标 / 153
提供方向、指导与优先次序 / 153
制订与执行计划 / 155
完成任务 / 161
取得成功的能力 / 164

第 10 章　影响领导力的因素 / 167
作战环境的挑战 / 167
作战中的压力 / 173
训练中的压力 / 179
应对变化的压力 / 179
适应能力的工具 / 180

04 在组织与战略层面领导 / 185

第 11 章 组织层面的领导力 / 187

实施领导 / 187

发展 / 193

实现目标 / 199

第 12 章 战略层面的领导力 / 206

实施领导 / 208

发展 / 221

实现目标 / 229

附录 A 核心领导能力与领导者特质 / 237

核心领导能力 / 237

领导者特质 / 248

附录 B 专家咨询 / 250

发展性咨询的类型 / 250

作为咨询师的领导者 / 255

咨询师的素质 / 256

接受自己的局限性 / 259

适应性咨询方式 / 261

咨询技巧 / 262

四阶段咨询过程 / 262

总结——咨询过程一览 / 269

发展性咨询表格 / 270

参考文献 / 278

导　言

　　自从宣誓成为一名陆军领导者起,军人与文职人员就与他们的国家以及他们的下属签订了一份神圣的协议。从昔日的独立战争到今天的反恐战争,在不计其数的战场上,陆军中的男女士兵们用勇气与牺牲精神立下了非凡的战功。在世界各地,在数以千计秩序井然的住所与办公室里,在车辆调度场上,在训练基地中,在履行他们对于国家的职责时,无论任务是多么艰巨、何等枯燥,无论遇到怎样的危险,这些军人与文职人员都表现出了极大的耐心、毅力和忠诚。正因为如此,他们理应得到称职、专业和合乎道义的领导。他们期待他们的陆军领导者会尊重他们,将他们看作高效而有凝聚力的组织中宝贵的成员,他们也期待他们的陆军领导者深谙领导力的精髓。

　　FM6-22将以往的经验教训与对未来的重要洞察力结合在一起,以帮助培养称职的陆军领导者。

　　理想的陆军领导者应该拥有出众的才智、风度、专业能力与高尚的道德品质,并能树立典范。在其上级领导的意图与目的范围内,陆军领导者应该能够并且愿意为了组织的最大利益而采取果断的行动。陆军领导者认识到:只有建立在相互信任与自信基础上的组织,才能够成功地履行其在平时和战时的使命。

　　组织机构中存在许多领导者。陆军每人都是指挥链中的一个环节,以领导和下属的身份履行着自己的职责。做好下属是做好领导者的一部分。所有军职与文职人员都必须在某些时候以领导者和追随者的身份来行动。领导者并不总是根据地位、军衔或权力来界定的。在许多情况下,一个人挺身而出并担当领导者角色,这样的行为是适当的。理解这样一点非常重要:领导者并非仅仅领导下属,他们也领导其他领导者。

陆军中的每一个人都是团队中的一员,并且所有的团队成员都对其所属的团队负有责任。

FM6-22探讨了下面的主题,这些主题对于期望成为称职胜任、技能多元的陆军领导者的人来说必不可缺:

- 理解陆军关于领导者与领导力的定义。
- 学习如何将战斗精神融入领导力的各个方面。
- 以陆军领导力需求模型(the Army leadership requirements model)为基本依据来思考与学习领导力和相关条令。
- 熟悉领导者的角色与关系,包括下属和团队成员的角色。
- 发现塑造优秀领导者即有品格、有风度、有才智的领导者的特质。
- 以能力本位的领导力为基础,学习如何领导、发展与实现目标。
- 认清那些在不断变化的环境中对领导力产生影响与压力的因素。
- 理解在直接层面、组织层面和战略层面上实施领导的基本原理。

01 领导力基础

所有陆军团队成员,无论是军职还是文职人员,都必须对领导力是什么、有什么作用,有基本的理解。领导力与领导者的定义表明:它们的力量源于根深蒂固的价值观、战斗精神以及专业能力。国家与陆军的价值观影响着领导者的品格和职业发展,灌输了获取必要的知识以实施领导的渴望。在既定的能力谱系中,领导者运用这些知识去成功地履行他们的使命。陆军领导者的角色与职能适用于三个相互联系的层面,即直接(direct)层面、组织(organization)层面与战略(strategic)层面。当各领导层之间进行有效的互动时,富有凝聚力的团队就能够在他们的领导层面内实现集体卓越。

第1章 领导力的定义

1-1 长期以来,陆军领导力一直被表述为"成—知—行"。陆军领导力始于什么是领导者必须**"成"**(BE)的——塑造其品格的价值观与特质。将这些价值观与特质看作领导者始终应该具有的内在和决定性的品质,可能会有所裨益。作为决定性的品质,它们构成了领导者的一致性特征。

1-2 谁是陆军领导者?

> 陆军领导者是指依据其承担的角色与分配的职责来激励和影响人们实现组织目标的人。为了实现组织利益最大化,陆军领导者激励指挥链内外的人员去实施行动,集中思考,并做出决策。

1-3 无论地位如何,所有的领导者都有相同的价值观与特质,不过,它们会随着领导者经历的丰富与职位的提升而得到完善。例如,与新兵相比,一位有战斗经历的一级军士长也许对无私奉献和个人勇气的含义有更加深刻的理解。

1-4 领导者在领导力中应该运用的知识,就是军职和文职人员所应该具备的**"知"**(KNOW)。领导力要求领导者充分了解战术、技术体系、组织机构、资源管理以及人们的偏好与需求等。知识塑造了领导者的身份特征,并因领导者的行为而得到强化。

1-5 尽管品格与知识是十分必要的,但仅仅具备这些特质还无法成为领导者。领导者只有在实际运用他们的知识时,才能成为高效的领导者。领导者的**"行"**(DO),或者说领导者的行为,与他们对其他人的影响力以及所做的事情有直接的关系。与知识的作用一样,领导者历经不同的岗位之后,会对领导力有更多的了解。

1-6 当领导者面临新的挑战时,陆军与国家必须对军职和文职人员领导力的教育、培训及发展方式做出相应的调整。陆军的使命是为赢得国家的胜利而战,这就需要在各种战斗中迅速获得并维持持久的地面优势以支持作战指挥官。在某种意义上,无论属于哪一军兵种,无论性别、地位与所处部门有何不同,所有的陆军领导者都必须是战士。所有人都要为保卫国家、实现组织为此所肩负的使命而服务。他们通过发挥影响力以及提供目标、指示与动机来实现这一目的。

> **领导力**是指在采取行动以履行使命、改进组织时通过提供目标、指示与动机来发挥对他人的影响力的过程。

影 响

1-7 影响是指让人们——军职、文职人员与跨国合作伙伴——做必须做的事情。影响的含义远远超出简单的传达命令。自身的示范具有与语言同等的重要性。领导者在岗或不在岗时的一言一行,都会为他人树立或好或坏的榜样。领导者是通过语言和亲身示范来传达目标、指示与动机的。

目标与愿景

1-8 目标赋予下属为实现期望的结果而采取行动的理由。领导者应该通过灵活多样的方式为下属提供清晰的目标。通过要求或命令,领导者可以用直截了当的方式来传达所要实现的目标。

1-9 愿景是领导者提供目标的另一种方式。与其他关于目标的表述相比,愿景指的是组织的目标,这种目标可能有更广的范围和更少的直接影响。高层领导者会仔细地考虑如何去传达愿景。

指示

1-10 提供清晰的指示意味着就如何履行使命进行沟通：分清任务的轻重缓急、分配应该完成的职责、确保下属理解相关的标准。尽管下属们希望并且需要指示，但他们更期待承担富有挑战性的任务、受到高质量的培训以及得到充足的资源。他们应该被赋予适度的行动自由。提出清晰的指示应该允许下属有调整计划与命令的自由，以适应不断变化的环境。在适应变化的同时进行指示，这是一个持续的过程。

1-11 例如，一名营的汽车中士总是会花费时间耐心地向技师们解释对他们的要求是什么。他将人们召集在一起，用几分钟的时间向他们说明工作量与时限。在这一过程中，中士会表扬士兵们做得多么棒，以及他们对于完成任务多么重要。尽管许多士兵对老是听到这些会感到厌倦，但他们都知道这是事实，并且会感激这种评价。汽车中士每次集会时都在传达一个明确的信息：士兵们是被关心与看重的。一旦部队进入作战部署状态，回报就会最终显现出来。当战事以极快的速度展开时，中士根本没有时间去解释、表扬或者动员。然而，士兵们将会做好自己的事情，因为领导者已经赢得了他们的信任。

动机

1-12 动机提供了去做那些为履行使命而必须做的事情的意愿。动机源于人们的内心，但也受到他人言行的影响。在激发动机的过程中，领导者的角色是理解他人的需求与期望，整合并提升个人的驱动力到团队的目标中，并通过影响他人以实现更大的目标。有些人拥有强大的内在动机去完成工作，而另外一些人则需要更多的肯定与反馈。当需要完成某些任务之时，动机能够激发人们的主动性。

1-13 作为陆军团队中的成员，军职与文职人员面临许多挑战。这就是为什么在面对艰巨的任务与使命之时，使他们始终保持动力十分重要。身为领导者，应该尽可能多地了解他人的能力与局限，然后分配给他其力所能及的任务。下属成功时,要给予表扬。下属表现不尽如人意时,就称赞他们做得好的方面,同时就如何可以做得更好给出建议。当以语言进行激励时,领导者应该注意不要用大话空话。他们应该使自己传达的信息有鲜明的个性。

1-14 与语言激励一样,以间接方式进行激励也可以取得良好的效果。树立个人的榜样能够在他人心中激发持久的驱动力。当领导者们与下属分享困难时,这一点会更为明显。当一支部队进行紧急部署之时,所有的关键领导者都应该共同分担艰巨的装备运输准备工作。只要部队在吃苦,领导者就应该出现在现场,包括在夜间、在周末、在任何地点、在任何情况下。

行　　动

1-15 通过影响他人以完成任务,以及为未来的作战做好准备,在这些方面实施的行为就是行动。例如,汽车中士应该确保车辆准时出动,并可以随时投入作战。中士会经过计划、准备(列出所做工作并做好必要的安排)、执行(开展工作)与评估(学会下次如何做得更好)四个步骤来展开行动。汽车中士通过个人的榜样来实施领导以完成任务。训练开发人员的文职主管也遵循同样的行动步骤。所有领导者都实施同样类型的行为,而当他们承担的职责在增加时,这些行为的内容也会更为复杂。

改　　进

1-16 改进今后的工作意味着从当前正在进行和已经完成的项目与任务中汲取重要的经验教训,并依此行动。在通过检查以确保所有的器具都得到维修、清洁、报备并适当放置后,汽车中士会进行一次事后评估*。事后评估是以绩效标准为关注点而对事项进行的专业性研讨。事后评估能让参与者自己找出发生了什么问题,为什么会发生这样的问题,以及如何保持自己的

---

* after-action review,简写为"AAR",又译为事后回顾、事后检查。——译者注

优势、改进自己的不足。利用真实的情况反馈,汽车中士能够识别出应该保持的优势领域和应该改进的薄弱环节。如果事后评估发现团队成员在某些任务上耗时过多,而忽视了其他方面,领导者可以改进既有的作业程序,或者向某些专业人士咨询如何可以做得更好。

1-17 发展性咨询(developmental counseling)对于帮助下属改进绩效并为今后的工作做好准备来说非常重要。咨询既关注优势方面,也重视薄弱环节。如果汽车中士发现在个人与集体技能方面经常出现问题,他就会规划并实施矫正性训练来改进这些特定的绩效领域。关于咨询,在第3部分和附录B中有更为详细的介绍。

1-18 通过强调团队努力与有重点的学习,汽车中士会逐步而持续地改进部队的工作。对整个团队来说,汽车中士的个人例子传达了一个重要的信息:改进组织,人人有责。团队为克服缺点而共同努力,会比任何说教都更管用。

第2章 陆军领导力的基础

2-1 陆军领导力的基础深深植根于历史、对国家法律的忠诚、对权力的责任感以及不断演进的陆军学说之中。以信心和奉献的精神运用这一认识,领导者会成长为美国陆军中成熟、称职并且有多元技能的成员。一方面,陆军领导者有责任保证自身具有专业能力,另一方面,他们也负有培养下属的责任。

2-2 为使领导者在各个领导层面都能称职,陆军确认了三项核心领导能力:实施领导(lead)、发展组织(develop)与实现目标(achieve)。这些能力及其子集体现了领导者的角色与职责。

我们国家的奠基性文献

> 当我们成为军人时,我们并没有放弃公民的责任。
> ——乔治·华盛顿(George Washington)将军
> 在纽约立法机构的演讲(1775)①

2-3 陆军及其对领导力的要求是以国家的民主根基、清晰的价值观以及卓越的标准为基础的。在陆军看来,保持那些在历史长河中令领导者脱颖而出、为时间所证明的能力标准十分重要。领导力学说认为:社会变革、演变中的安全威胁以及技术进步都要求领导者具备不断提高的适应能力。

2-4 尽管美国的历史与文化传统源于文明世界的诸多地区,但是,共同

---

① Trevor Royle, *A Dictionary of Military Quotations* (New York: Simon and Schuster, 1989), 63 (hereafter referred to as Royle).

的价值观念、目标与信仰,在《独立宣言》与《美国宪法》之中已经牢固地确立下来。这些文献阐述了我们国家的目标,以及我们具体的自由与责任。每一位陆军军人和领导者都应该熟悉这些文献。

2-5　1776年7月4日,《独立宣言》正式标志着美国脱离英国的统治,宣布美国在与其他主权国家的交往中享有平等参与的权利。1787年3月,美国国会通过的《美国宪法》,正式确立了我们的民主政府的基本职能。宪法对政府中行政、立法和司法三个部门各自的职能以及相互之间的制衡关系做出了清晰的阐释。《美国宪法》为创建美国的国防机构确立了规范,其中包括陆军的法律基础。1791年12月,作为《美国宪法》修正案的《权利法案》正式确立了每个美国公民所享有的具体权利,包括宗教自由、言论自由以及出版自由。在FM6-22出版之际,《美国宪法》已经拥有了27条修正案。这显示了政府在应对社会变动方面的适应能力。

军 民 关 系

2-6　《美国宪法》授权国会招募与维持军队的资格。其后,武装部队被赋予捍卫美国及其领土的任务。陆军与其他军种的人员在法律上享有特殊的地位。这种地位反映在与众不同的军服以及军种和职务徽章上。为了保证在战场上的高效运作,陆军与其他军种都按照职权等级的方式进行组织。陆军的等级从士兵开始,以军衔的形式一直延伸到包括陆军部长、国防部长与美国总统在内的文职领导者。

2-7　为了使陆军与国家的联系正规化,明确陆军与国家法律的从属关系,陆军成员们——军职与文职人员——庄严宣誓:维护与捍卫《美国宪法》,反对其国内外的所有敌人。军人同时承认美国总统为最高统帅,军官则是最高统帅的代理人。宣誓的目的在于确立军队对文职政府的从属关系。在表2-1中,陆军的价值观念与所宣誓的内容紧密地联系在了一起。

　　　　我庄严宣誓(或确认):我将支持与捍卫《美国宪法》,反对其来自内外的所有敌人;我将秉承对《美国宪法》的真诚信仰并将效忠于它;我将遵守条例与《军事审判统一法典》，服从美国总统与上级军官的领导。愿上帝保佑我。

——入伍誓言①

我庄严宣誓(或确认)：我将支持与捍卫《美国宪法》，反对其来自内外的所有敌人；我将秉承对《美国宪法》的真诚信仰并将效忠于它；我自愿履行此项义务，决不有所保留或有意逃避；我将出色而忠诚地履行即将承担的职责。愿上帝保佑我。

——委任军官与陆军文职人员的就职誓言②

表 2-1　陆军的价值观

忠诚	信仰并效忠《美国宪法》、陆军、所属部队以及其他军人
职责	履行义务
尊重	尊重他人
无私奉献	以国家、陆军与下属的利益置为先
荣誉	践行所有的陆军价值观
正直	做法律和伦理上正确的事情
个人勇气	勇于面对身体和精神上的恐惧、危险与逆境

2-8　上述誓言和价值观强调陆军军职与文职领导者是美国人民的工具。当选政府只有在经过慎重考虑并符合美国法律与价值观的情况下，才可以动用武装力量。明白这一程序，就会给我们的陆军在进行战争时道义的力量与不可动摇的信心。

2-9　正如二百多年以前乔治·华盛顿将军所说的那样，作为一名美国军人，并不意味着放弃作为美国公民所固有的权利与义务。军人依然是公民，并且应该认识到，在身着军服之时，他们代表的是他们的部队、他们的陆军与他们的国家。每一名军人都要在作为富有献身精神的战士和遵守国家法律的公民之间进行平衡。他们必须承担国家使者的角色，无论是在和平时期还

---

① DD Form 4, *Enlistment/Reenlistment Document Armed Forces of the United States*, 10 USC 502.

② DA Form 71, *Oath of Office-Military Personnel*; 5 USC 3331. The oath administered to commissioned officers includes the words, "I [*full name*], having been appointed a [*rank*] in the United States Army..."。

是在战争年代。同样,陆军文职人员也被期望能够做到严格自律。

领导力与指挥权

当你指挥、领导士兵时,在某些形势下不能考虑身体的疲惫与困乏;在某些情况下可能需要牺牲士兵的生命,此时此刻,你的领导力的效能就只在很小的程度上依赖于你在战术与技术上的能力。它依靠的主要是你的品格和你的声誉。勇气在这里并不发挥太多的作用——它被看作你所应该具备的,重要的是你以前所树立起来的声望:公正,高尚的爱国之情,以及不懈地完成任何分配给你的军事任务的决心。

——陆军五星上将乔治·马歇尔(George Marshall)

对军官学校学员的演讲(1941)[1]

2-10 指挥(command)是军队中所特有的合法性领导职权。

> **指挥**指的是军队指挥官根据军衔或任命合法地对下属实施领导的权力。指挥包含领导力、权力和职责,以有效地运用现有资源、规划军队的部署以及组织、协调与控制军事力量去完成所承担的任务。与此同时,它还包括对部队的战备以及现有人员的健康、福利、士气与纪律所负的责任。(FMI5-0.1)

2-11 指挥关系到神圣的信任。除军队外,没有其他机构需要领导者对其下属在勤务时间之外的生活与行为负责。社会与军队都期望指挥官能够确保军职与文职人员得到适当的训练与关怀,恪守社会期望的价值观,完成所承担的任务。

2-12 在陆军中,指挥官设定达成目标的标准与政策,奖励出色的表现,惩罚不当的行为。事实上,军事指挥官能够通过刑法来执行他们的命令。囚

---

[1] H. A. DeWeerd, ed., *Selected Speeches and Statements of General of the Army George C. Marshall* (Washington, DC: Infantry Journal Press, 1945), 176.

此,组织经常会带有其指挥官的个性特点也就并不令人惊讶了。被选择担任指挥官的陆军领导者不应该仅仅利用他们的正式权力。他们还应该以身作则,树立典范,因为他们的个人榜样与在公共场合的行为具有强大的道德影响力。正因为如此,陆军内外的人们都把指挥官当成了组织的脸一样。指挥官身上反映了陆军对于做好战争准备的承诺,以及对于部属的关爱。鉴于自身的角色,陆军指挥官们必须用清晰的愿景来领导变革,继承昨日之传统,履行今日之使命,建设未来之军队。

陆军领导力需求模型

就像钻石的形成过程中,三个要素——碳元素、热量与压力——缺一不可一样,成功的领导者也需要三项资产的互动——品格、知识与实践。如同碳元素之于钻石一样,品格是领导者的基本特质……但是,就像仅有碳元素无法创造出钻石一样,只有品格也无法创造出领导者。钻石需要热量。人需要知识、学习与准备……第三项资产即压力——与碳元素和热量结合起来——锻造了钻石。同样,一个人的品格加上知识,在实践中得到绽放,便造就了一名领导者。

——爱德华·C.迈耶(Edward C. Meyer)将军

陆军参谋长(1979—1983)[①]

2-13 FM1是美国陆军两份核心条令之一。它指出:陆军之存在是为了服务于美国民众,保护持久的国家利益,履行国家的军事责任。要想达成这一目标,需要以价值观为基础的领导能力、无懈可击的品格以及专业的才干。表2-2列出了陆军领导力应该具备的需求。它提供了思考与学习领导力及相关学说的共同基础。模型中所有的内容都是相互关联的。

---

① *The Chiefs of Staff, United States Army*: *On Leadership and the Profession of Arms* (Washington, DC: The Information Management Support Center, 24 March 1997), 10 (hereafter referred to as *Chiefs of Staff* 1997).

表 2-2　陆军领导力需求模型

特质（attributes）	核心领导能力（core competencies）
陆军领导者是什么	陆军领导者做什么
有品格的领导者（a leader of character） • 陆军价值观 • 移情能力 • 战斗精神	实施领导（lead） • 领导他人 • 在指挥链之外扩展影响力 • 以身作则 • 沟通交流
有风度的领导者（a leader with presence） • 军人举止 • 体魄强健 • 沉着自信 • 适应力强	发展组织（develop） • 营造积极的环境 • 做好自我准备 • 培养他人
有才智的领导者（a leader with intellectual capacity） • 思维敏捷 • 判断准确 • 创新精神 • 人际策略 • 专业知识	实现目标（achieve） • 取得成果

2-14　上述模型的基本内容主要围绕的是两大问题，即领导者是什么，以及领导者做什么。通过不懈的终身学习，领导者所具有的品格、风度与才智能够帮助其掌握核心领导能力。对关键性领导力需求要素的均衡运用，可以使陆军领导者打造出一个绩效高而凝聚力强的组织，从而可以有效地投放与支援地面作战力量。它也可以创造积极的组织氛围，为个人与团队学习创造条件，并促进所有团队成员、军职与文职人员以及他们家人之间的相互理解并产生共鸣。

2-15　三项关键因素决定着领导者的品格：价值观念、移情能力与战斗精神。有些特质在领导生涯初期就会呈现出来，但有些却需要通过另外的教育、培训与经验才能够发展起来。

2-16　领导者的风度决定着他人的感知。风度包括军人举止、体魄强健、沉着自信与适应力强。领导者的才智有利于使方案概念化，并获得完成任务所需的知识。领导者的概念思维能力包括敏捷的反应、准确的判断、创新意识、人际策略与专业知识。专业知识既包括战术与技术知识，也包括有关文化与地缘政治意识方面的知识。

2-17 葛底斯堡战役中,在缅因州第 20 志愿步兵团与阿拉巴马第 15 团和第 47 团之间展开的著名战斗,显示出领导力需求模型中多种因素所发挥的作用。在关键时刻,约书亚·张伯伦(Joshua Chamberlain)上校——一位称职而自信的领导者,在看来已经毫无希望的情况下反败为胜。

葛底斯堡战役中的张伯伦上校[1]

1863 年 6 月底,南部邦联的罗伯特·E. 李(Robert E. Lee)将军所率领的北弗吉尼亚军团穿越马里兰州西部地区,进军宾夕法尼亚州。在五天的时间里,波托马克集团军(Army of the Potomac)匆忙奔赴邦联与首都之间的地区。1863 年 7 月 1 日,缅因州第 20 志愿步兵团接到命令,进逼葛底斯堡。此前联邦军已在那里与邦联军有过交手,联邦军的指挥官们急忙召集所有可以动用的部队开赴小镇南部的山冈地区。

缅因州第 20 志愿步兵团在五天之内行军一百多英里,当他们抵达葛底斯堡时,已近 7 月 2 日的中午。在过去的 24 小时内,他们仅有过两小时的睡眠,没有吃过任何热饭。该团准备加入斯特朗·文森特(Strong Vincent)上校所指挥的旅进入防御阵地。正在此时,一名参谋策马来到文森特上校身边,指向联邦军战线最南端的一座小山丘。这座叫做"小圆顶"的山丘当时还未被联邦军队占领,但该山丘对联邦军阵地形成俯瞰之势。如果邦联军在该地部署火炮,就会迫使所有的联邦军后退。由于一系列的失误——错误的假定、未能清晰沟通、没有及时核查等,联邦军没有在这座山上设防。形势十分危急。

意识到危险后,文森特上校命令所在旅占领小圆顶。他把由张伯伦上校率领的缅因州第 20 志愿步兵团部署在他的旅的左翼,同时也是

---

[1] John J. Pullen, *The Twentieth Maine* (1957; reprint, Dayton, OH: Press of Morningside Bookshop, 1980), 114—125.

联邦军战线最左侧的位置。文森特上校要求张伯伦上校"不惜一切守住阵地"。

在小圆顶上,张伯伦上校召集了他的连长们,说明他的作战意图并下达任务。他下令右翼连队与宾夕法尼亚州第83团配合,左翼连队则以一块巨大的圆形岩石为依托,因为缅因州第20志愿步兵团几乎处于阵地的最边缘。

张伯伦上校接着显示出了优秀的战术领导者们所共有的技能。针对部队侧翼可能遇到的威胁,他在脑海中就相关对策进行了反复的演练。意识到他部队的左翼非常容易受到攻击,张伯伦上校派出沃尔特·G.莫里尔(Walter G. Morrill)上尉指挥的B连担任警戒,"根据作战的需要采取行动"。上尉将其连队部署在一堵石墙后面,面向邦联军队任何可能的攻击的翼侧。与自己部队失去联系的14名美国第二狙击队的士兵,也加入他们的行列。

缅因州第20志愿步兵团刚刚就位几分钟,阿拉巴马第15团和第47团的士兵就发起了进攻。邦联军队经过一整夜的行军,又累又渴,但攻势依然十分猛烈。

缅因州第20志愿步兵团士兵坚守阵地,直到张伯伦上校的一名军官报告说,看到大批邦联士兵正在从进攻的军队后面侧向运动。张伯伦上校爬上一块岩石观察,确认一支邦联军队正在向他们暴露的左翼运动。他明白,一旦敌人对自己形成侧翼包围,部队将会被迫撤出阵地,并且会面临真正意义上的灭顶之灾。

张伯伦上校必须立即想出办法。他曾经刻苦钻研的战术条令只适用于机动作战,并不适用于阵地战。他必须寻找新的对策——一个可以让士兵在巨大压力之下立即执行的方案。

缅因州第20志愿步兵团位于由两列纵深构成的防线上,对其左翼的进攻将会带来很大威胁。鉴于此,上校命令连长们向左侧延伸战线。在保持射速稳定的同时，他的防线最终接上了上校先前指定的大圆石。尽管这种侧向机动的战术十分复杂，却是许多其他战术操练的综合性运用，对此士兵并不陌生。

恐怖的噪音混杂着指令声，硝烟弥漫，伤者痛苦地叫喊，邦联军队不断地进攻。面对这一切，缅因团的士兵们依然成功了。

虽然张伯伦上校的战线过于薄弱，只有一列纵深，但它却覆盖着两倍于常规的防线范围，击退了邦联步兵，而且还攻击了他们认为敌人没有防守的侧翼。

尽管绝望的邦联军队试图突破张伯伦上校的防线，但缅因团的士兵们一次次地重新组织队形，反复控制阵地。在经过五次激烈的交战后，缅因团的士兵们每人只剩下一两发子弹，而这时顽强的邦联军队正在重新集结，准备又一波的进攻。

张伯伦上校意识到他不能消极等待，也不能撤退。他决定发起进攻。在他看来，他的士兵有沿着陡峭的山坡往下进攻的优势，而此举邦联军队根本预料不到。不言而喻，他是拿着他的整个部队在冒险，但联邦军队的命运即取决于他的下属。

这一决定给张伯伦上校提出了另外的难题：在战术教科书中，从来就没有涉及如何能使他的军队从当前的部署转换成坚定的攻击前进阵形。在作战中间，冒着猛烈的战火，张伯伦上校集合了他的指挥官们。他解释说全团的左翼将"如同安装着铰链的谷仓大门一样"大幅度旋转，直到与右翼处于平行的位置。然后，整个团上好刺刀，向山下发起冲锋，并保持与右翼宾夕法尼亚第83团的接应。形势危急，而解释却非常简单清晰。

张伯伦上校的命令一下，霍尔曼·梅尔彻（Holman Melcher）中尉的F连就一跃而出，带领左翼冲下山坡，冲向猝不及防的邦联军队。张伯伦上校坐镇于位于展开进攻的中心的大圆石上。当其部队左翼形成与右翼并行之势时,上校跳下岩石,率领右翼冲下山坡。正如上校设想的那样,现在缅因团正在以一条线冲锋,如同一扇打开的巨大的谷仓门。

面对攻势猛烈的联邦军队,阿拉巴马团目瞪口呆,撤退到他们后面的阵地上。到了那里,缅因团可能就无法突破了。就在这时,正如张伯伦上校所预料的那样,莫瑞尔上尉的 B 连和狙击手们向邦联军队的侧翼与后翼开火了。疲惫不堪、溃不成军的阿拉巴马团以为自己已经被包围了,便四散而逃,完全没有意识到只需要再发动一次进攻就可以夺下这一山头。

战争结束后,小圆顶山坡上尸横遍野,战火将山坡上的小树拦腰斩断。缅因州第 20 志愿步兵团损失了 1/3 的人——386 人中有 130 人在战斗中阵亡。尽管如此,这些由缅因州的农民、伐木工人以及渔民组成的队伍——拥有一个勇敢而有创造力的领导者,这个领导者预见到了敌人的行动,在战火中随机应变,并在激烈的战斗中发挥了有纪律的主动性——最终赢得了胜利。

2-18 当军队在葛底斯堡准备作战时,张伯伦上校确保了每个人都了解什么是利害攸关的。早在战前,他就不辞辛苦地培养军官,并把部队打造成了领导与下属之间相互信任的团队。在对部队进行教育和训练时,张伯伦上校尊重、理解下属以及他们的多元背景,从而使指挥官与部队之间的纽带更加坚韧。在作战过程中,他高效地传达了自己的作战意图,并以勇气和果断为下属树立了典范。战术才能、领悟力与主动性使他抓住了战机,并顺利实现了从防御到进攻的转变,从而战胜了他的邦联对手。鉴于张伯伦上校在 1863 年 7 月 2 日的表现,他被授予荣誉勋章。

卓越的核心领导能力

2-19 领导能力(leader competence)是在院校教育、自我发展、实操训练与职业经验的均衡结合的基础上发展起来的。从掌握个人技能,到协调运用,再到根据具体的情况量体裁衣,能力发展是一个系统渐进的过程。领导者通过分配下属复杂任务的方式来领导,可以帮助下属培养出信心和意愿,去应对越来越艰巨的挑战。

2-20 能力为什么重要?能力这一概念提供了清晰而连贯地表达对于陆军领导者的期望的方式。当前与未来的领导者都希望知道应该做些什么,才能成功地承担起领导的责任。核心领导能力适用于各个组织层面、各种领导岗位以及整个职业生涯。能力通过行为得以展示,而行为可以轻而易举地被一系列的领导与下属——上级、下级、同事、顾问等——观察到并加以评估。这为领导者培养和目标明确的多源评估与反馈奠定了良好的基础。表2-3列出了核心领导能力及其具体要素。

表2-3 八项核心领导能力及其相应的行为

	领导他人	将影响力扩展到指挥链之外	以身作则	沟通交流
实施领导	• 提供目标、动机与激励 • 强化行为标准 • 平衡军人的使命与福祉	• 在权力边界之外建立信任 • 理解影响力的范围、方式与局限 • 谈判,达成共识与解决冲突	• 展示品格 • 在不利情况下自信地领导 • 展示能力	• 积极倾听 • 陈述行动目标 • 确保达成共识
	营造积极的环境	做好自我准备	培养他人	
发展	• 创造条件以营建积极的风气 • 增强团队合作与凝聚力 • 鼓励下属发挥主动性给予鼓励 • 表现出对他人的关心	• 做好准备:应对预期和非预期的挑战 • 拓展知识 • 培养自我意识	• 评估培养需求,在岗培养 • 支持专业发展与个人成长 • 帮助下属学习 • 专家咨询、教练指导与导师辅导 • 构建团队技能与过程	

(续表)

实现目标	完成使命
	• 提供方向、指导与优先次序 • 制订与执行计划 • 完成任务

2-21 领导者的能力会在长期的实践中得到提升。领导者在直接领导层面获得基本的能力。当领导者走向组织与战略层面的高级岗位时,这些基本能力为其通过变革进行领导奠定了基础。领导者不断完善并拓展有效运用这些能力的本领,并学会将其运用于越来越复杂的环境中。

2-22 在完成任务和使命的过程中,上述领导能力会得到不断的发展、巩固与提高。领导者并不是等到战斗部署时才去发展自己的领导能力。他们利用和平时期的每一次训练机会,来评估和促进自己领导他人的能力。文职领导者也应该利用每一次的机会来提高自己。

2-23 为了更好地精通领导能力,陆军领导者可以利用一切机会学习与获得领导能力方面的经验。他们应该寻求新的学习机会,提出问题,抓住培训机会,并请求对自己的绩效进行评论。这种终身学习的方式,使领导者在职业军人的生涯中始终保持活力。

第3章 领导角色、领导层面与领导团队

3-1 有品格的陆军领导者通过以身作则来领导,并通过致力于终身学习和发展,持续地树立良好的典范。当其下属能够严格履行自己的职责、恪守陆军价值观,并对完成任何使命都充满信心并着眼未来不断提升组织时,这样的领导者就为组织而达到了卓越。

3-2 随着职业生涯的发展,陆军领导者认识到卓越可能会以不同的形式呈现出来。除非所有的陆军领导者、军职与文职人员都完成他们的任务,否则陆军不可能履行自己的使命——无论这意味着是填写情况报告、修理交通工具、制定预算、打包降落伞与保存开支记录,还是承担巡逻职责。陆军不是单纯由某位杰出的将军或少数战斗英雄组成的。陆军在世界各地完成任务,靠的是成千上万尽职尽责的军职和文职人员——不管是工人还是领导。

3-3 领导者的角色与责任各不相同。不过,不同类型的领导者进行角色互动的方式,又存在共同之处。在陆军中,每位领导者都是团队的一名成员、一个下属,在某些情况下又是领导者的领导者。

角色与关系

3-4 当陆军中谈到"军人"(soldiers)时,指的是委任军官、准尉、军士以及现役士兵。委任军官指的是由总统委任的、军衔从三级准尉直至将军的各级军官。一个例外是军衔中的四级准尉,他们服役是由陆军部长签发委任状。陆军文职人员是陆军部的雇员,与军职人员一样,他们是联邦政府行政部门的成员。所有陆军领导者,无论是军职人员还是文职人员,都拥有共同的目标:通过为作战指挥官提供有效的地面力量以及在平时与战时履行组织

使命,来支持与捍卫《美国宪法》,反对国内外的所有敌人。

3-5 尽管陆军由不同类别的人员组成,并依据不同的法律与条例服役,但是各个机构中陆军领导者的角色与责任却是彼此交叉补充的。正式的陆军领导者分为三类:委任军官、准尉军士以及文职人员。

3-6 在陆军中,尽管这三类人员之间的职责会有交叉的地方,但他们的角色各有不同。总的来说,他们致力于共同的目标,遵循共同的制度性价值体系。陆军领导者经常会发现他们负责的机构或组织中汇集了来自以上所有群体的成员。

委任军官与准尉

3-7 委任军官根据美国总统授权签发的委任状而拥有军衔与职位。委任状的颁发是基于对军官的爱国、英勇、尽责以及能力的特别信任。军官获得委任意味着有了总统的授权去指挥下属,同时也有了义务去服从上级。在陆军中,委任军官指的是那些被任命为少尉及其以上军衔的人,或者是晋升为三级准尉及更高军衔的人。

3-8 委任军官在陆军的组织中至关重要。他们指挥部队、制定政策、管理资源,同时还要平衡风险和照顾下属。他们整合集体、领导者与士兵的训练,以履行陆军的使命。他们在各个层面发挥作用,关注部队的行动与成果,并在战略层面引领变革。委任军官担任指挥职位,对于他们所指挥的所有事务,无论成功还是失败,他们都要承担责任。指挥是通过任命与军衔而拥有的合法地位,在一个等级性的军衔结构中,每个层面都被分配或授予足够的权威,以完成规定的职责。

3-9 与其他形式的陆军领导者相比,委任军官在所需专业知识的性质与广度、所承担职责的范围、不作为或低效率所引发的后果的严重性等方面,都有很大的不同。军士宣誓服从合法的命令,而委任军官则要承诺"出色而忠诚地履行职责"。这种区别决定了对他们在方便行事的主动性方面会有不同的期待。军官应该有动力去保持军事行动的势头,有勇气在必要时在指挥官的意图之内偏离现行的命令,并且愿意为此承担相应的责任。军官当然需要依赖下属的建议、技术、经验以将命令转化为具体的行动,但任务成败的最终责任,则依然由负责的委任军官来承担。

3-10 军中人员所承担责任的重要性有所不同。事关生死的决定由军士来传达,由士兵来执行,决定的做出者则是军官。对于冒犯委任军官与军士权威的行为有不同的法律处罚手段,其中包括有一些只有军官才会犯的特别罪行。军官对自己的行为负完全责任。高级军官对自己做出决策所产生的后果以及他们给予——或不给予——文职上级的建议的质量负有特殊责任。

3-11 就像所有陆军领导者一样,是陆军价值观指导着军官的日常行为。价值观通过行为准则体现出来。担任军官的另一必备要素是共享的职业身份认同。这种自我概念激励并塑造着军官的行为,它包括四种相关的身份,即战士、国家公务员、职业军人以及有品格的领导者。身为战士和战士的领导者,军官恪守军人信条与战斗精神;身为国家公务员,军官首先对国家、其次对陆军、最后对其部队与士兵负有责任;身为职业军人,军官必须称职并与时俱进;身为有品格的领导者,军官被期望成为一名遵守习俗与国家道德观念的人。①

3-12 与委任军官承担较为综合的任务相比,准尉在某一特定领域具有较高的专业化水平。准尉指挥飞机、海上舰艇、特种部队与特混作战分队。在部队与指挥机构广泛的专业领域,准尉负责提供高质量的建议、咨询以及解决方案,以为部队或组织机构提供支持。他们负责操作、维护、管理与控制陆军的装备、支援行动以及技术体系。准尉是称职而自信的军人,是新兴技术的创新性整合者,是充满活力的教官,是专业化士兵团队的培养者。丰富的专业经验与技术知识使准尉成为初级军官和军士们无价的榜样及良师。

3-13 在连及以上部队,准尉担任各种各样的职务。初级准尉与初级军官一样,跟士兵和军士一起工作。准尉的职位通常是职能导向的,但准尉同其他军官和参谋人员一样都承担领导角色。他们带领与指导士兵,进行信息的组织、分析与报告,以供指挥官进行管理之用。高级准尉能够向指挥官提供其多年的战术和技术经验。

---

① Incorporates 10 USC 3583 *Requirement of Exemplary Service and the Army Values.*

3-14 当准尉开始担任较高职务时,他们成为"复杂系统"(systems-of-systems)专家,而不仅是专门的装备专家。在这种情况下,他们必须对联合军种与多国环境有更为深刻的把握,并且懂得如何把他们管理的系统融入复杂的作战环境中。

军士

3-15 军士负责陆军的日常运作。军士团队采取的愿景对他们在陆军中的角色进行了定位(见图3-1)。

军士团队,基于体现战斗精神的遗产、价值与传统,重视不断学习,并能够领导、训练以及激励士兵。

我们必须永远是这样一个军士团队——
以身作则;
为经验而训练;
维持与强化标准;
关心士兵;
适应变化的世界。

图3-1 军士的愿景①

3-16 陆军依靠军士实施复杂的战术行动,根据作战意图做出决策,并可以在联合、跨兵种以及多国作战的情境中展开行动。他们必须从领导者那里接受信息,然后将之传达给自己的下属。士兵们指望军士提供解决方案、指导与鼓励。军士是从基层士兵提拔起来的,因此他们可以与士兵友好相处。士兵期望军士能够发挥缓冲的作用,将从委任军官那里获得的指令进行过滤,并为他们提供日常的指导,以完成任务。为应对当前作战环境的挑战,军士们必须训练他们的士兵无论在什么情况下都要去应对、准备和完成任务。简言之,今天的陆军军士是具有坚强品格的战士领导者,能够自如地胜任军士愿景中的每一种角色。

3-17 军士领导者负责制定与保持高质量的标准和纪律。他们是军中的

---

① *The Army Noncommissioned Officer Guide*, FM 7-22.7 (Headquarters, Department of the Army, 2002) (hereafter referred to as *NCO Guide*).

旗手。在历史上,军旗起着召集士兵的作用,由于它具有重要的象征意义,军士被赋予了护卫军旗的重任。在类似的意义上,军士也被赋予了关怀士兵、为他们树立榜样的重任。

3-18 军士每天都与士兵生活、工作在一起。陆军新入伍的士兵遇到的第一个人就是军士。军士为士兵办理入伍手续,教给他们基本的军人技能,并且展示如何尊重上级军官。即使从平民向士兵的转变过程已经完成,在部队层面,军士也依然是个人、小组及团队层面技能核心的直接领导者与培训师。

3-19 在训练士兵为未来的任务做好准备的同时,身为培训师的军士总是注重基本的野战技能与体能素质的加强。军士明白,技术提供的装备并不会减少对身心健康的士兵的需求。士兵们依然需要负重,参与数小时甚至数天的护送行动,清除以山洞或城市作为据点的恐怖分子。在快节奏的军事行动中,士兵们经常会睡眠不足,在这种情况下,是否具有良好的体能将直接关系到战术行动的成败。关爱士兵意味着确保他们做好准备,应对前面的任何挑战。

3-20 军士还扮演着培训师、导师、沟通者与顾问的角色。当初级军官初次在陆军服役时,军士帮助训练与塑造他们。当尉官犯错时,成熟的军士会介入,引导这些年轻的军官回到正轨。军士这样做,既可以与军官们在相互信任与共享目标的基础上建立业务及个人的联系,又可以确保使命的完成与士兵的安全。在团队建设与增强凝聚力方面,"唇齿相依"（watching each other's back）是基础性的一步。

3-21 对于营级指挥官来说,一级军士长是其了解与处理营内所有与士兵相关的事务的重要助手。在最高领导层面,总军士长是陆军参谋长的私人顾问,他为后者提供政策建议以帮助士兵,并在整个陆军中与士兵进行接触和对士兵进行考核。

陆军的文职领导者

3-22 陆军文职人员由承诺为国家服务的富有经验的人员组成。他们既是陆军团队中不可或缺的组成部分,也是联邦政府行政机构的成员。他们担任管理人员,维持基地的运作,否则的话这些岗位就需要军职人员来担任。

无论是在战时还是在平时,他们都给予军人支援,提供对于完成使命来说必需的能力、稳定性与持续性。陆军文职人员专业地承担他们的支援性使命。在履行其职责方面,他们承诺无私地服务,正如陆军文职人员守则中所指出的那样(见图3-2)。[1]

我是一名陆军文职人员——陆军团队中的一员。
我将致力于为陆军、陆军军职与文职人员做出奉献。
我将永远支持这一使命。
我将在战时与平时提供稳定性和持续性。
我支持与捍卫《美国宪法》,并视效忠国家和陆军为自己的荣誉。
我将恪守陆军的价值观:忠诚、责任、尊重、无私奉献、荣誉、正直与个人勇气。
我是一名陆军文职人员。

图3-2　陆军文职人员守则

3-23　陆军文职人员的主要角色与责任如下:制定与执行政策;管理陆军项目、工程与系统;为陆军装备、支援、研究与技术工作提供运营活动和设施。这些职责是对陆军机构和对驻扎在世界各地的作战人员的支持。军职与文职领导者的主要区别,在于他们的职位规定、获取领导技巧的方式以及职业发展模式。

3-24　陆军文职人员的工作安排取决于他们对职位的胜任资格。他们所拥有的证书反映了他们任职某一岗位时所依靠的专业技能。他们在职位上的得心应手,源于自身所接受的教育与训练、以往的经验以及长期涉足特殊专业领域的职业经历。与军职人员不同,无论陆军文职人员从事什么工作,都不佩戴军衔。文职人员拥有相应的职位级别。除最高统帅(美国总统)与国防部长之外,文职人员不行使军事指挥权力。不过,在一个军职高级指挥官的领导下,文职人员可以被指派去对某一陆军设施或行动实施总体性的管理。文职人员主要依据职位而非军衔来行使权力。

3-25　与相应的军职人员相比,文职人员没有职业管理者,但是有职业领

---

[1] James B. Gunlicks, Acting Director of Training, SUBJECT: "Army Training and Leader Development Panel—Civilian (ATLDP-CIV), Implementation Process Action Team (IPAT) Implementation Plan—ACTION MEMORANDUM," memorandum for Chief of Staff, Army, 28 May 2003.

域的职能性顾问,以确保其职业发展前景的存在。陆军文职人员可以根据自己的意愿来自由地谋求职位与晋升机会。尽管并非所有的领域都具有强制的流动性,但确实有某些领域(与某些级别)要求签署流动性协议。总体而言,人事政策有如下规定:文职人员应该担任那些因法律、训练、安全、纪律、轮换或战备原因而不需要由军职人员担任的职务。以文职为职业的人员赋予陆军团队以丰富的多元性,与此同时,当退休的军职人员加入文职行列时,他们也为陆军支援基地带来了丰富的知识与经验。

3-26 历史上大部分文职人员在常驻地为军事力量提供支援,也会与军事力量一起部署,以支援战区军事行动。就如近期日益增加的部署需求所表明的那样,文职人员已经在各个地区、各个层面展开服务,为任何有需要的地方提供专业技能与支持。陆军文职人员为相对应的军事人员提供支持,他们经常长期在同一军事分队或驻地工作,提供衔接与稳定,这一点在军职人员中很少被允许,因为后者的人事管理体系具有高度的流动性。然而,当职位或任务有需要时,陆军文职人员也可以进行调动或部署,以满足陆军的需要。

联合与多国力量

3-27 陆军团队也可以包括加入进来的联合部队或多国武装力量。当这些团体的成员加入某一机构时,就会改变联合团队的构成与能力。虽然领导者可以对加入本部队的联合军种人员实施正式的指挥,但他们必须用不同的领导方式,去影响和指导与他们一起服役的联合部队成员的行为。领导者必须适应当前的作战环境,并且培育出囊括与尊重所有陆军团队成员的指挥氛围。

防务承包商

3-28 承包商是陆军团队中的一个小团体,他们填补了现有军职与文职工作人员之间的空白,也提供一些无法通过军事手段实现的服务,如向很多新型野战武器系统提供重要的专业技能。承包商可以专注于短期项目,可以为已经超负荷的部队维护装备与航空器,或者担任招募者、教导者与分析师的职位,使军人得以从这些工作中解放出来去完成军事任务。承包商作为部门、团队或部队的成员,当他们履行职责或提供服务时,必须运用本书第7章中描述的影响力技巧来实现承诺或约定。

3-29 承包商并不是军事指挥链中的组成部分,因此需要以不同的领导方式来对他们进行管理。对于承包商的人员,应该通过合约中所列出的条款及条件来进行管理。他们并不受《军事审判统一法典》的正式约束。因此,无论在平时,还是在应急作战时期,陆军军职与文职人员都应该确保强大的承包商管理体系准备就绪。(关于管理承包商的更多信息可见 FM3-100.21。)

共享职责

3-30 优秀的领导者既有可能身着军装,也有可能身着商务装。所有领导者在加入陆军时都有类似的誓言。这些团体以上下级的观念在一起工作,担任指挥岗位与正式领导。无论部门有何不同,领导者都具有同样的品格特征,运用同样的领导能力。军职与文职人员的职能相互补充,高度结合。当军人全力作战以赢得战争之时,文职人员则通过支持作战行动和帮助创造成功完成使命的条件,来支援所有的战士们。陆军内部不同部门间领导者们的相互依赖与合作,使得陆军成为国家可以依靠的多功能、高效能的军队。

领导力的层面

> 军士喜欢立即决策并着手进行下一项事务……因此,你在职位上晋升得越高,你就越需要学习一种非常不同的领导方式。
>
> ——道格拉斯·E.默里(Douglas E. Murray)
> 美国陆军后备役部队一级军士长(1989)[①]

3-31 图 3-3 显示出陆军领导力的三个层面:直接层面、组织层面与战略层面。以下因素决定着一个职位所在的领导层面:该职位的管理宽度,其指

[①] Dennis Steele, "Broadening the Picture Calls for Turning Leadership Styles," *Army Magazine* 39, no.12 (December 1989): 39.

挥部的级别,该职位领导者运用影响力的范围。还有其他一些因素,如部队或机构的规模、作战行动的类别、配备人员的数量以及规划周期的长短,等等。

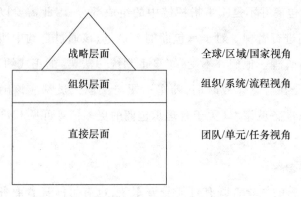

图 3-3 陆军的领导层面

3-32 大部分军士、尉官、校官(field grade officers)与文职人员在直接领导层面任职。一些高级军士、校官和高级文职人员在组织领导层面任职。将官与同级别的高级文职人员主要在组织领导层面或战略领导层面任职。

3-33 通常来说,某一职位上领导者的军衔或级别并不一定代表着该职位所处的领导层面。这也是图 3-3 并没有标出军衔的原因所在。一名担任副排长(platoon sergeant)的三级军士处于直接领导层面。如果这位军士同样在指挥部工作,处理旅级分队或更大机构的事务与政策,那么他的工作就是位于组织层面的。然而,如果该军士的首要职责是管理一个向所属机构的领导者提供支持的参谋科,那么他就是一名直接层面的领导者。

3-34 认识到这样一点十分重要:单凭指挥部的等级并不能决定某一职位的领导层面。所有军衔与级别的领导者都可以在战略级别的指挥部工作,但他们并不都是战略层面的领导者。一般来说,一个职位的职责与 3-32 中所列出的因素相结合,决定着它所处的领导层面。例如,一名负责靶场控制设施(range control facility)、领导十几名下属的陆军文职人员,其职位属于直接领导层面。一名担任卫戍副司令、下辖几千人的陆军文职人员,则是一位组织层面的领导者。

直接层面的领导

3-35 直接层面的领导是指面对面或处于第一线的领导。这种领导形式一般存在于那些下属习惯于随时见到自己领导者的机构中,如小组与班,分队与排,以及连队、炮兵连(battery)、骑兵连(troops)、营(battalions)、骑兵中队(squadrons)等。直接层面的领导者的管辖范围少则几个人,多至数百人。与其他军官和文职人员相比,军士更多地处于直接层面的领导的职位。

3-36 直接层面的领导者一对一地培养他们的下属,并间接地通过下属来影响组织。例如,当骑兵中队队长检查训练情况或者在履行其他例行职能与下属进行互动时,他与士兵的距离足够近,因而可以施加直接的影响。

3-37 一般来说,与组织层面的领导者和战略层面的领导者相比,直接层面的领导者所经历的局面有更多的确定性和更少的复杂性。他们离一线很近,因而可以直接判断或解决问题。直接层面的领导的任务有这样一些例子:监察与协调团队工作,提供清晰而简洁的任务意图,确立绩效预期。

组织层面的领导

3-38 组织层面的领导者影响数百至数千人员。他们以间接的方式实施影响,通常要通过比直接层面的领导更多层次的下属来实现领导。一层又一层的下属会使组织层面的领导者更加难以了解和判断领导行为的直接效果。组织层面的领导者有参谋人员协助他们领导下属和管理组织资源。他们制定政策,并创造出支持下级领导者的组织氛围。

3-39 组织层面的领导者一般包括从旅级(brigade)至军级(corps)的军职领导者,从处级(directorate)到军事基地(installation)的军职与文职领导者,以及从助理到陆军副部长的文职领导者。一般来说,他们的规划与任务主题所涉及的时间跨度从两年到十年不等。组织层面的领导者的一些例子包括制定政策,管理多种优先事务与资源,或者制定长期愿景并授权其他人履行使命。

3-40 虽然相同的核心领导能力适用于不同领导层面,但组织层面的领导者通常要处理更为复杂、更多人员、更多不确定性以及可能产生更多无法预料后果的事务。组织层面的领导者通过制定政策与整合体系,而不是通过面对面的方式来影响下属。

3-41 对于组织层面的领导者来说,走出办公室去视察地处偏远的部队非常重要。他们会抽出时间到战场与军备仓库考察,并将参谋人员的报告、电子邮件和简报与实际情况、下属所处的环境以及他们自己对组织使命进展情况的认知进行比对。通过亲自观察与派出参谋人员视察,组织层面的领导者可以评估下属对指挥官的意图领会到了什么程度,并且确定是否需要强化或重新评估本部队的优先事务。

战略层面的领导

3-42 战略层面的领导者包括从一级司令部(major command)到国防部的军职与文职人员。陆军有大约六百个获得授权的军职与文职职位被看作高级战略领导者。战略层面的领导者负责大型机构,其所辖人数从几千人到数万人不等。他们确立部队的组织结构、分配资源、传达战略性愿景,为他们的司令部乃至整个陆军的未来角色做好准备。

3-43 战略层面的领导者在不确定的环境下工作,这样的环境中会产生高度复杂的问题。这些问题会影响到陆军外部的事件与组织,同时也会受到后者的影响。战区作战司令官(geographic combatant commander)的行动经常会对全球政治产生重大影响。作战司令官指挥规模庞大的联合部队,其使命范围广泛,同时具有持久性。(JP 0-2与JP 3-0对作战指挥进行了讨论。)作战指挥官主要分为两种类型:

- 战区作战司令官负责某一地理意义上的区域(被称为责任区域)。例如,美国中央司令部的司令负责西南亚大部分地区与东非部分地区。
- 职能作战司令官的责任不受地理划分的影响。例如,美国运输司令部司令官负责向所有军种提供综合性的陆地、海上和空中运输。

3-44 战略层面的领导者一方面充分运用所有那些在担任直接与组织

层面的领导者时所获得的核心领导能力,另一方面,他们也会使自己进一步去适应战略性环境中更加复杂的实际情形。由于这一环境涵盖陆军所有部门的职能,因此,战略层面的领导者的决策就必须把下面的因素考虑在内:国会听证、陆军预算限制、新型装备采集、民用计划、研究、开发、军种间合作等。

3-45 与直接层面的领导者和组织层面的领导者一样,战略层面的领导者要迅速处理信息、基于不完整的数据评估选择、做出决策、给予支持。然而,与直接层面的领导者和组织层面的领导者的决策不同的是,战略层面的领导者的决策会影响更多的人,投入更多的资源,在空间、时间与政治上,也将会产生更为广泛的影响。

3-46 战略层面的领导者是推动变革与转型的重要催化剂。由于这类领导者一般从长远的角度来计划、准备与执行,因而在有限的职务任期内他们无法看到其理念产生结果。陆军向着更灵活、部署更迅速以及更具杀伤力的部队结构的变革,如旅级战斗群,就是长期战略规划的典型例子。这是一项复杂的工作,需要持续性的调整来适应变动中的政治、预算与技术的实际情况。在推进转型的同时,陆军必须保持履行责任的能力,一旦接到命令就能够立即展开全谱军事行动。尽管陆军要依靠很多领导团队,但它主要依靠组织层面的领导者来积极地将长期的战略愿景传达到陆军的各个组织。

3-47 相对来说,战略层面的领导者很少有机会视察其指挥的最基层的组织。这就是为什么对于应该在何时何地安排视察,他们需要做出明智的判断。由于他们主要通过参谋人员和所信任的下属来实施影响力,因此在选拔与培养有才干的领导者到关键岗位方面,战略层面的领导者必须发展出良好的能力。

领 导 团 队

3-48 各个层面的领导者都应该认识到,陆军既是一个团队,也是一个由许多团队组成的团队。这些团队作为职能部门进行互动,担负着必要的任务与使命,并协调一致取得集体成就。每个人都属于一个团队,要么作为团队的领导者,要么作为尽责的下属。若要使这些团队最佳地运转,领导者与下属之间就必须相互信任,相互尊重,慧眼识人,并且为了组织的共同利益而乐意奉献自己的才华与能力。陆军团队内部的领导力主要表现为如下两种形式:

- 法定的(正式的)。
- 影响性的(非正式的)。

正式领导力

3-49 法定或正式领导力通过委派承担相应职责的职位的方式授予个人,并随军衔与经历的不同而不同。职位本身以领导者的经历与培训水平为基础。指挥官遴选委员会是一种用来委派法定权力的遴选程序。与晋升委员会类似,遴选委员会根据军士过去的表现与未来的发展潜力来遴选指挥职位的军官。当军士被任命为副排长、二级军士长或一级军士长时,他们也就被授予了合法的权力。这些职位赋予其相应的责任,来提出惩戒建议、推荐晋级或晋职。

3-50 《军事审判统一法典》为拥有法定权力的军事领导者提供支持。组织所任命的领导者,无论其实际领导能力表现得如何,他们都拥有法定权力,可以运用法令与指示将其意志强加于下属身上。

非正式领导力

3-51 非正式领导力在整个组织中到处可见,不过,尽管在完成任务的过程中扮演着重要的角色,但它绝不可以损害法定权力。陆军所有人员都会发现,他们随时可能会处于领导者的位置上。非正式领导力不以组织等级中任何特定的军衔或职位为基础。它可能源于由经验而来的知识,而有时需要个人主动去承担其职位委派范围之外的责任。因此,即使是级别最低的人员,也有可能会有能力影响最高级别的组织当局的决策。作为决策的拍板者,正式领导者负有最终将非正式领导者的做法合法化的责任。

对组织层面的领导者和分队指挥官的含义

3-52　要想成为高效的团队建设者,组织层面的领导者与指挥官必须有能力识别正式团队和非正式团队,并与二者进行互动。这其中包括:

- 常规指挥链(the traditional chain of command)。
- 联合、跨部门以及多国部队的协同指挥链(chains of coordination directing joint, interagency, and multinational organizations)。
- 集指挥官与参谋官于一体的职能性支援链(chains of functional support combining commanders and staff officers)。

3-53　尽管通过其他领导者实施领导是一种下放权力的过程,但这并不意味着指挥官或主管在需要的时候不能介入并实施积极掌控。然而,越过常规指挥链的做法只能是例外,并且只适用于解决紧急问题,或者引导组织回到领导者最初指导的轨道上来。

团 队 结 构

3-54　陆军拥有两种领导团队:横向团队与垂直团队。横向领导团队既可以是正式任命的,也可以是非正式的,前者如指挥部参谋机构与一级司令部,后者如工作组与顾问委员会。垂直领导团队也是如此,它既可以由拥有正式领导关系的指挥官与下属组成,也可以由职业领域或职能领域组成。垂直领导团队通常拥有共同的背景与职能,如情报分析、后勤支援等。垂直与横向团队为团队的培训提供了组织结构。①

3-55　在正式组织的内外部,经常会有非正式网络的存在。例如,与前同事拥有共同经历的人们,或在基地中合作解决某个难题的高级军士们。尽管领导者拥有具有法定权力的职位,但他们也会构成小组以分享信息以及经验。当这样的群体形成之时,它们经常会呈现出与正式设计的组织一样的特

---

① Team Structures. Frederic J. Brown, "Vertical Command Teams," IDA Document D-2728 (Alexandria, VA: Institute for Defense Analyses, 2002), 1-1.

征。这样一来，他们会发展出网络成员所独有的规范，并通过自己的行动来寻求合法性。

3-56 在非正式网络内部，会发展出一些规范，即哪些影响是可以接受的，哪些影响是不可接受的。研究表明，那些没有发展出行为规范的群体将会丧失他们的纽带和群体的身份。

3-57 当多个领导者以其综合知识与个人权力来领导一个组织实现共同的目标或使命时，就会产生共享领导（shared leadership）的过程。共享领导包括共享在决策、计划和执行过程中的权力与责任。

3-58 共享领导更多地出现在组织层面与战略层面。在这些层面，不同军衔与职位的领导者聚在一起应对特殊的挑战或使命。而在这里，可能并不存在预先确立的权力组织路线。例如，在"自由伊拉克行动"（Operation Iraqi Freedom）启动之前，不同部门与军种的成员必须一同工作，以应对摆在他们面前的后勤挑战。

共享领导解决后勤挑战①

2002年夏，预见到战争迫在眉睫，第5军在德国召开了一次后勤协调会议。

来自盟军地面部队、第377战区支援司令部以及附属分队的代表们与第5军后勤计划人员齐聚一堂，共同解决一些细节问题。参加对伊拉克作战的部队将要途经科威特和其他地区，在这种情况下，部队的移动、装备、接收、维护、支援与运输便成为一大挑战。

每个组织都提出了自己的计划，并就哪一部门、军种或补给分队能够最好地完成任务的哪一部分达成了共识。

人们面前的任务不仅需要创造性的思考，也需要人们承担某些并

---

① John Pike, "Operation Enduring Freedom-Afghanistan," Global Security Web site (7 March 2005): <http://www.globalsecurity.org/military/ops/enduring-freedom.htm>.

> 不是常规分配的职责。驻扎在多哈营地的美国陆军中央司令部——科威特基地作战人员发现他们的工作范围大大地扩展了。因为他们必须与科威特的公交公司和货运公司合作,在港口和机场为途经科威特参战的数千名军人、其他军种人员以及承包商提供交通运输。
>
> 陆军与海军将狭隘性的事项搁置一边,共同制订了一个旨在管理科威特海军基地港口运营事务的计划,以顺利而安全地运输人员和装备。空军、陆军的人事机构与承包商协力合作,制订了在科威特国际机场的人员接收方案。
>
> 现在是这样一个时刻:在形势紧迫与资源有限的情况下,实施共享领导已是至关重要、不可避免的了。

3-59 在这一案例中,运用这种领导方式有许多优势。如果每个分队各行其是,其计划与执行便可能会脱离实际。而在通力合作的情况下,依靠综合的知识与各专业领域的专家进行战争计划的模拟,并提出最佳的可行性行动方案,群体的力量可以得到极大的增强。其结果是,当"自由伊拉克行动"展开之时,一个具有凝聚力的横向领导团队已经形成了,并执行着计划中属于他们的任务。

做尽责的下属

3-60 在组织背景下,或在被称为陆军的这一机构中,大部分领导者同时也是下属。所有陆军成员都是一个更大团队中的一部分。一个领导着数名文职专家的技术主管,他的身份并不只是这一群体的领导者。这位团队主管也为其他人工作,而这个团队则是更大组织的一部分。

3-61 做尽责的下属,其部分含义是支持指挥链,并确保团队为一个更大的组织及其目标提供支持。让我们设想一名领导者,他的团队负责一个大组织的薪酬管理。这位团队主管明白,如果他的团队发生错误或者出现工作延误的话,那些努力工作的军职和文职人员将会因不能按时领到薪酬而蒙受损失。当这位主管引进一种新的处理工资单变动的计算机系统时,他有义务进行尝试以保证成功,即使他最初无法确定新系统能否如老系统一样正常运作。团队并不是存在于真空中,它是一个更大组织的组成部分,为众多的军职和文职人员以及他们的家庭提供服务。

3-62 如果一个团队主管强烈反对上级的执行理念,并认为项目的失败可能会对团队的任务和诸多成员的福祉产生负面的影响,那么他就有义务清楚地说出自己的看法。团队领导者必须以建设性表达自己意见的方式来展现自己的道德勇气。意见不同并不意味着对指挥链的伤害或对指挥链的不尊重。假如团队主管能够保持积极的态度并且提供可行的选择,不同的意见往往会导致更好的问题解决方案产生。

3-63 所有的讨论最终都必须有一个结论,而团队主管应该接受上级的最后决定。自此时起,团队主管就必须支持并按最高标准执行这一决定。可以想象一下,如果下属可以随意决定遵从或无视哪些命令的话,混乱将会吞没整个组织。最后一点十分重要——所有领导者都应该保持对指挥链和对组织集体能力的信任与信心。

未经授权的领导力

3-64 领导力通常在这样的情况下产生:有责任心的下属在没有上级清晰指令的情况下,负起责任并完成任务。当形势发生变化或出现新的状况,而领导者对此没有提供行动的指导或给予常规的行动命令,也无法立即与领导者取得联系时,这样的情况便会发生。

3-65 未经授权的领导力可以源于一个人在某一技术领域的专业知识。如果其他人,包括那些拥有更高军衔的人,一直在向一名军职或文职专家寻求专业知识的帮助,这就意味着此人有责任去做决定,因为此时在与此相关的事项上采取主动是恰当的。未经授权就实施领导时,领导者需要清楚由此所可能产生的影响,并且采取行动为团队的成功奉献才智。(在第7章中的"将影响力扩展到指挥链之外"部分,将会对什么是适当的行动作进一步的探讨。)

3-66 未经授权的领导力经常产生于这样的情形：一个人必须主动提醒上级存在某个潜在的问题，或者预告组织继续目前的状态可能会导致的后果。没有正式授权的非正式领导者需要展示出领导者的形象来，即自信与谦虚。

3-67 无论是否拥有分派的权力或被认可的职责，陆军中的每个人都被期望去发挥领导力。每位领导者都有承担最终责任的潜质。

授权给下属

3-68 称职的领导者都明白，创建一个可靠组织的最好方式就是授权给下属：分配任务，授予必要的权限，让他们开展工作。授权给团队并不意味着必要时也不去进行检查与纠正。当发生错误时，领导者应该确保下属弄清出现的问题及其原因。高质量的事后评估（AAR）有助于下属以积极的方式从错误中学习。所有人都会犯错误，无论是士兵还是领导者，而优秀的士兵与认真的领导者能够从错误中学习。

3-69 对下属来说最好的学习途径就是"做中学"，因此领导者应该乐意承担经过权衡的风险，并且接受缺少经验的下属会犯错误这样的可能性。令下级领导者获得成长并取得信任的最好方式就是让他们通过实践来学习。优秀的领导者会给予下属一定的空间，使他们能够在基于意图的命令与计划范围内进行尝试。

3-70 在另一个极端，那些不对其下属进行培训的不称职的领导者，有时会坚持说："没有我，他们就做不成。"习惯于成为关注焦点的领导者经常会感到自己是不可或缺的。这类领导者的口号是："我一天也不能休息，我必须时刻待在这儿，我必须看着下属的每一项行动，不然的话，谁知道将会发生什么。"事实上，没有哪位陆军领导者是不可替代的。陆军不会因为某位领导者的离开就停止运作，无论他身居何等的高位，也无论他处于怎样的核心。在战斗中，一位领导者的牺牲可能会给所在的部队带来震撼，但是该部队必须并且也将会继续它的使命。

挺身而出的领导者①

在"水蟒行动"(Operation Anaconda,又译"蟒蛇行动""森蚺行动")之初,第10山地师*的士兵们被派往阿富汗东部的夏卡山谷(Shah-e-kot)。他们的任务是封锁与摧毁基地组织(Al-Qaeda)与塔利班武装力量。由美国特种部队协助的阿富汗军队将从北面发动进攻。

来自第87步兵团1营查理连(Charlie Company)的纳尔逊·克拉夫特(Nelson Kraft)上尉和他的士兵们将要参加南部地区的着陆行动,并在那里等候阿富汗军队。运送士兵们的直升机刚一着陆,这支分队便发现他们正好处于敌军的包围中。敌军有100人甚至更多,他们全副武装,藏身在陡峭的山坡中。

1排被派往山脊地区。从所处的山谷上方的位置,士兵们能够听到齐射的迫击炮弹呼啸着向他们飞来。一发炮弹落在了排长布拉德·马若卡(Brad Maroyka)中尉的身边并炸伤了他。他下令前进,但又一发炮弹击伤了他的副排长。在两位领导者都无法指挥作战的情况下,卡夫上尉利用无线电向兰德尔·佩雷斯(Randal Perez)上士发出信号让他负责指挥——他是一名转为步兵的补给中士(supply sergeant),也是一名能作战的老兵。

侦察图片与情报都无法弄清敌人的这个据点,但查理连的士兵们知道他们不能逃跑,因此他们挖掘掩体并继续战斗。

佩雷斯迅速分析了形势,发现手下26名战士中有9名受伤了。他

---

① Ann Scott Tyson, "Anaconda: A War Story," *Christian Science Monitor* (1 August 2002): < http://www.csmonitor.com/2002/0801/p01s03-wosc.htm >. Mark Thompson, "Randal Perez Didn't Join the Army to Be a Hero," *Time Magazine* (1 September 2002): < http://www.time.com/time/covers/1101020909/aperez.html >. U. S. Department of Defense, "Interview with U. S. Army Soldiers who Participated in Operation Anaconda," United States Department of Defense Web site (7 March 2002): < http://www.defenselink.mil/Transcripts/Transcript.aspx?TranscriptID=2914 >.

* 第10山地师是美国陆军唯一的山地师,专门进行山地特种作战,隶属于第18空降军,先后参加过第二次世界大战、索马里战争、海地危机、阿富汗战争等。——译者注

01 领导力基础

> 知道自己必须将他们带离被困地带,于是他与其他5名士兵以重火力为掩护,把团队中的其他人转移到了相对安全的地方。
>
> 尽管连队的二级军士自己也已经负伤,但他依然从自己的位置由上而下观察着佩雷斯如何应对压力。他很高兴,因为他曾在德拉姆堡*(Fort Drum)花费时间指导佩雷斯并教给他步兵战术,现在这些都派上了用场。
>
> 在整个战斗过程中,这位新领导者控制着自己的射速,吸引敌军的火力,并且不断鼓励每个士兵保持信心。他勇敢地面对了挑战,临危受命,完成了本该由训练有素的军官所承担的任务。

3-71 面临困难的局面,连长相信这个排有建立备用指挥链的基础与经验。当他选择佩雷斯上士时,他授权了一位富有天赋的下级领导者,其能够按照指挥官的意图去发挥自己的领导能力与主动性。佩雷斯上士在阿富汗山区负责指挥时应付自如,那是因为他的副排长已经尽力为他提供了教练、指导与建议。他显示出了勇气,并重新在士兵身上灌输了信心。他一再让士兵们放心,告诉他们情况将会转好,并让士兵们了解战术态势的发展情况。上士明白在不利的环境下领导者以身作则的重要性。当事态的发展并不完全与计划相一致时,这位代理排长激励分队不屈不挠,团结一致克服重重困难。他动员起了惊人的心理力量——士气。

3-72 在整个服役期间,领导者们将要担任众多的角色与承担更多的责任。有些将成为指挥者、参谋军官或高级文职人员,有些将担任副排长或二级军士,另外一些将会成为征兵人员与教员,以榜样的力量实施领导,发现与培养未来的领导者。分配给他们的任务可能包括加入联合特遣部队,或者作为团队一员探索应对未来挑战的路径。无论角色是什么,陆军领导者都必须具有品格、风度和才智,以完成要求他们完成的任何任务。

---

* 德拉姆堡是美国陆军第10山地师的基地,位于纽约州杰弗逊县。——译者注

陆军领导者：品格、风度与才智

陆军领导力条令关注领导力的各个方面，其中最重要的是陆军领导者。第2部分就领导者本身进行考察，并着重探讨所有陆军领导者都应该具备的关键特质，这些特质使他们能够在从直接层面的领导者到战略层面的领导者的职业道路上发挥出最大的专业潜能。领导力条令表明，当军职与陆军文职人员开始承担领导任务时，他们身上就体现出某些价值观念与品质特征，譬如因家庭的潜移默化而根深蒂固的价值观念，某些运动方面的天赋，或者在某些领域如学习外语所具备的才能。陆军的院校训练（institutional training）与在职教育、培训与培养相结合，目的在于利用已有的品质与潜能，培养全面发展的领导者，使之能够具备领导者所拥有的品格、风度与才智等一系列理想特质。陆军领导者要想培养，不仅需要始终如一地保持清醒的自我意识，还应该坚持终身学习。附录 A 列举了领导者的特质与核心能力。

第4章 领导者的品格

正如生铁只有经过烈火的铄炼才能够锻造成好钢一样,逆境能够打造出坚定、宽容和果断的品格。

——玛格丽特·蔡斯·史密斯(Margaret Chase Smith)
美国空军后备役中校,美国参议员
在罗德岛州纽波特对毕业的海军女军官的演说(1952)①

4-1 品格指的是人的道德与伦理品质。它帮助人们判断什么是对的,并给予领导者动机去做恰当的事情,而无论环境或后果如何。在遇到棘手的问题时,与陆军价值观相一致的伦理良知能够加强领导者做出正确选择的能力。由于陆军领导者寻求做对的事情,并且激励他人也这样做,因此他们必须亲身践行这些价值观。

4-2 在"沙漠风暴"(Operation Desert)行动中,美国士兵的行动体现了价值观、特质与品格。

士兵们体现出的品格与纪律②

1991年2月28日上午,大约在停火前的半个小时,一辆T-55型坦克突然在一支美国"布雷德利"(Bradley)步兵战车分队面前开始减速。美军士兵们立刻做好了用"陶"(TOW)式导弹作战的准备。一个由副

---

① Margaret Chase Smith, speech to graduating women naval officers at Naval Station, Newport, RI (Skowhegan, ME: Margaret Chase Smith Library, 1952).
② TRADOC Pam 525-100-4, *Leadership and Command on the Battlefield: Noncommissioned Officer Corps* (Fort Monroe, VA, 1994), 26.

排长及其僚车组成的战车小组跟在伊拉克坦克后面,准备发射两枚足以致命的炮弹。

突然,僚车发现 T-55 型坦克停了下来,接着从指挥员的炮塔中探出了一个脑袋。僚车立刻用无线电请求副排长不要开火,他相信这个伊拉克人是要从坦克中下来,可能会投降。

伊拉克坦克乘员跳下坦克,跑到了沙堤后面躲藏起来。副排长意识到有什么事情不对劲,立即下令对沙堤附近的区域侦察,同时用武器提供掩护。出乎每个人的意料,僚车及其乘员们很快就发现有 150 个敌方作战人员正准备投降。

为处理这么多的俘虏,美军让他们排成一队从持枪的士兵中间经过,以解除他们的武装,并检查他们是否有具有情报价值的物品。然后美军叫来战俘接收人员将他们接走。

在继续前进之前,副排长必须摧毁这辆 T-55 坦克。在引爆之前,这名军士下令将坦克移至沙堤后面,以防止他的手下和俘虏因坦克内部炸药爆炸所产生的碎片而受到伤害。

当坦克突然爆炸之时,里边的轻型武器响成一片,就好像正在射击一样。俘虏们十分恐慌,以为美军要射杀他们。士兵们立刻向他们解释这种事情不会发生,一个士兵这样对伊拉克人说:"嗨,我们从美国来,我们不杀俘虏!"

4-3 这个美军士兵的话,抓住了基于价值观的品格的精义。领导者的品格与其行为之间存在直接的联系。品格、纪律与良好的判断力使得副排长及其僚车没有开火,而是让敌军作战人员做了适当的选择——投降。正确的推断与出于伦理的考虑,引导着副排长做出了保护其手下与俘虏免于因 T-55 坦克爆炸所造成的伤害的决定。在向俘虏们保证他们不会遭到伤害时,副排长和士兵们捍卫了陆军的价值观念与行为准则。

4-4 品格对于成功的领导力来说至关重要。它决定着人们是什么样的

人,以及如何行事。品格帮助人们辨明是非,并且做出正确的选择。构成领导者内核的关键内在因素包括如下三个方面:

- 陆军价值观。
- 移情能力。
- 战斗精神。

陆军价值观

4-5 当军职与文职人员加入陆军时,他们本身就有着从儿时发展起来的、随着多年的个人经历而得到形成的价值观。通过宣誓效力于国家与陆军,他们也同意以一整套新的价值观——陆军价值观来生活与行动。陆军价值观由原则(principle)、标准(standard)和品质(quality)构成,这些被看作成功的陆军领导者必备的要素。这些要素对于帮助军职和文职人员在任何形势下都做出正确的选择来说是根本性的。

4-6 陆军价值观将所有陆军人员联结成为致力于服务国家与陆军的牢固团体。它们适用于陆军中的任何人、任何情况以及任何地方。军职与文职人员之间的彼此信任,以及美国人民对陆军的信任,都依赖于军人如何践行陆军的价值观。

4-7 陆军认为所有成员必须进行七种价值观的培养。当我们将七种价值观的首字母按顺序连在一起时,它们组成了一个缩略语"LDRSHIP",这并不是巧合。

- 忠诚(loyalty)。
- 职责(duty)。
- 尊重(respect)。
- 无私奉献(selfless-service)。
- 荣誉(honor)。
- 正直(integrity)。
- 个人勇气(personal courage)。

忠诚

对《美国宪法》、陆军、所在部队与其他军人保持一种真正的信仰和忠诚。

> 忠诚是大事,是最伟大的作战资产。但没有人能够通过宣扬忠诚就赢得部队的忠诚。当他证明自己拥有其他美德时,部队便会将忠诚奉献于他。
>
> ——S. L. A. 马歇尔(S. L. A. Marshall)准将
> 《人与火的战争》(Men Against Fire)(1947)①

4-8 所有的军人与政府文职人员都庄严宣誓拥护与捍卫《美国宪法》。宪法确立了陆军存在的法律基础。《美国宪法》第8部分第1款阐述了国会在美国武装力量上所负的责任。符合逻辑的结果是,身为美国武装力量或政府文职成员的领导者们有义务忠于国家的军队与人民。

4-9 第二次世界大战中乔纳森·温赖特(Jonathan Wainwright)将军的事迹充分地说明了什么是对国家、军队、人民以及自身的忠诚。

战争与囚禁中的忠诚②

1941年12月,日本入侵菲律宾。1942年3月,道格拉斯·麦克阿瑟(Douglas MacArthur)将军离开在菲律宾的指挥部并撤离到澳大利亚。尽管麦克阿瑟将军计划在澳大利亚继续指挥菲律宾的战事,但乔纳森·温赖特——一位高高瘦瘦、忠诚尽责的将军承担起了在科雷吉尔多岛(Corregidor)马林塔隧道(Malinta Tunnel)的全部指挥职责。与此同时,爱德华·金(Edward King)少将则取代温赖特担任防卫巴丹半

---

① S. L. A. Marshall, *Men Against Fire: The Problem of Battle Command in Future War* (Gloucester, MA: Peter Smith, 1978), 200.

② Ronald H. Spector, *Eagle Against the Sun* (New York: Random House, 1985). A. J. P. Taylor and S. L. Mayer, *History of World War II* (London: Octopus Books, 1974), 98—111. Department of Veterans Affairs: casualty numbers.

岛（Bataan）的美军部队与菲律宾童子军的指挥官。

不久，日本收紧了对各个岛屿的控制。在巴丹的菲律宾抵抗部队被日军包围，除了来自科雷吉尔多岛的炮火支持外，得不到任何的援助。疾病、疲惫与营养不良，最终导致巴丹半岛失守，这之前数千名日军为期90天的进攻都未能得逞。

当巴丹半岛落入日军手中时，超过12 000名菲律宾童子军和17 000名美国人沦为战俘。在最初前往奥唐奈尔集中营（Camp O'Donnell）*的路上，日军杀掉了很多因身体虚弱而无法继续前进的俘虏，以便继续前进。其他战俘被用于刺刀练习或者被从悬崖上推下而死亡。

科雷吉尔多岛的局势也并不妙。疲惫、伤痛、营养不良与疾病困扰，都在折磨着士兵们。温赖特将军利用手头有限的资源指挥着防御行动。他经常赴前线视察并一个个地鼓励士兵。他从不惧怕处于敌人的直接炮火之下。对于一名坚韧的军人来说，他已经习惯于目睹身边的士兵倒下，他也经常亲自端起枪来向敌人还击。

温赖特在前线指挥官中是与众不同的——他是一名战将，他与士兵们共患难，从而赢得了他们的忠诚。

温赖特将军和他手下坚定的科雷吉尔多岛部队是吕宋岛最后一支有组织的抵抗力量。在极端不利的环境下，温赖特将军阻击了日军整整六个月的时间，他已经耗尽了所有希望——没有外援会到来。

1942年5月6日，温赖特将军通知他的指挥官他打算投降，并且致电美国总统，解释为什么做出这个令人痛苦的决定。他深为自己的国家和战士感到骄傲，对二者一直以来都是坦坦荡荡、忠贞不贰。士兵们热爱他，钦佩他，愿意服从这位战将的命令。罗斯福总统向温赖特

---

* 第二次世界大战时期日军在菲律宾设立的著名战俘集中营。大约有1 600名美军和20 000名菲律宾人死于这个集中营中。——译者注

将军保证,他相信将军对国家的忠诚。在给温赖特将军的最后一封电文中,罗斯福写道:"您与您忠实的下属们是我们战争目标的象征,也是胜利的保证。"

投降之后,日军用船将这些科雷吉尔多岛的抵抗者们运到海湾对面的马尼拉。在那里,他们被游街示众,饱受屈辱。为了羞辱温赖特将军本人,日本人强迫他在自己战败的士兵们面前走过。虽然伤病缠身、心情低落、躯体残缺,但温赖特的士兵们再次向自己的领导者表达了忠诚与尊敬。当将军经过他们的队列时,他们都挣扎着站起来向他敬礼。

在三年多的囚禁生涯中,作为第二次世界大战中军衔最高、年龄最大的美军战俘,温赖特将军与他的囚伴们保持着信念与忠诚,经受了许多磨难、屈辱、虐待与折磨。

尽管温赖特将军在囚禁中表现得十分坚强,但他还是担心在返回美国的时候,自己会因在柯雷吉多尔岛的投降而被看作懦夫和叛国者。国内的美国人并没有忘记他们,依然敬重这一战将和他勇敢的部队。为表示对将军及其下属的敬意,1945年9月2日,在美国密苏里号战舰举行的日军投降签字仪式上,温赖特将军与英国的珀西瓦尔(Percival)将军一同站在麦克阿瑟将军的身后,见证了这一历史性的时刻。

温赖特将军随后返回美国,他非但没有受到任何羞辱,恰恰相反,受到的是英雄归来般的欢迎。1945年9月10日,在一个温赖特将军没有想到的仪式上,杜鲁门总统授予他一枚荣誉勋章。

4-10 忠诚的纽带不仅使陆军与国家的法律基础得以巩固,而且还渗透在每一支部队与每一个组织中。在部队与组织层面,对于领导者与下属来说,忠诚是一种双向的承诺。

> 大量关于忠诚的讨论都是下级对上级的,其实上级对下级的忠诚更为必要,同时也很少有人提及。
>
> ——乔治·S.巴顿(George S. Patton)将军
> 《我所了解的战争》(*War As I Knew It*)(1947)①

4-11 对于称职的领导者来说,下级的忠诚是他理应得到的礼物。通过给予下属良好的培训和公平的对待,以及践行陆军价值观,领导者能够获得下属的忠诚。忠于下属的领导者绝不会让自己的士兵被错用或虐待。信任自己的领导者的下属,无论处境如何艰难,都会坚定地与领导者站在一起。

4-12 研究结果与历史数据都可以看出,士兵和组织会为彼此而战。忠诚将他们紧密地联系在一起。毫无疑问,最牢固的情感纽带产生于领导下属作战的过程中。不过,虽然在作战时人们能体验到最强大的情感纽带,在和平时期,优秀的组织也能建立起忠诚与信任的关系。

4-13 忠诚与信任对于所有组织实施成功的日常运作,都是极为关键的要素。这些组织很多是由陆军文职与军职人员混合而成的。现代战争在后勤与政治上的要求极大地拓展了文职人员的角色,不管他们的雇主是承包商还是陆军部。不管是驻扎在国内,还是部署在前沿作战区域,他们的贡献对于许多任务的完成都至关重要。他们是陆军团队的忠诚伙伴,他们管理后勤物资护送,负责基础设施修缮,维护复杂的装备,并保证士兵们的伙食供应。

4-14 要想创立强有力的组织,以及小分队中紧密的手足之情,所有的团队领导者都必须坚守忠诚的信念,无论是上级还是下级,无论是文职还是军职人员。忠诚将所有陆军部门联系在一起,这其中包括国民警卫队与陆军后备役军队。在陆军的长期军事行动中,他们正承担着越来越多的职责。最后,忠诚的纽带也扩展到其他军种。虽然许多人认为他们仅凭一己之力也可以很容易地完成任务,但现代多维战争的现实告诉我们,联合作战的能力对于成功地完成使命来说必不可少。

---

① George S. Patton, Jr., *War as I Knew It* (Boston: Houghton Mifflin Company, 1975), 366 (hereafter referred to as Patton).

职责

履行你的义务。

> 无论他们要求我去什么地方,在什么时间,与什么人战斗,我都将会去做;无论他们要求我把家搬到什么地方,哪怕只给予一天的时间,我都将严格执行,并且我会住在他们分配给我的任何住处。无论他们什么时间告诉我工作,我都会工作……而且我喜欢这样。
>
> ——詹姆斯·H. 韦布(James H. Webb)
> 美国前海军陆战队员、海军部长(1987—1988)[①]

4-15 职责超出法律、规章与命令所要求的所有的事情之外。专业人员并不只是为了满足最低的标准而工作,还要持续地努力去力争做到最好。陆军领导者在他们所有的专业职责方面,都在致力于追求卓越。

4-16 履行职责的一个方面是发挥主动性——在被告知做什么之前,就已经料到什么是需要做的。当陆军领导者致力于实现目标,而不仅是局限于他们所接受的文件、任务或命令时,他们就是在发挥主动性。直到预期的结果达成之前,任务都不能算做完成。当一名副排长命令一名班长检查武器时,后者进行武器检查只是履行其最低限度的责任。如果班长发现武器没有被清洁或检修而为此提醒领导者,这种职责意识就已经超出了排长指令要求的标准。当领导者采取主动之时,也就意味着他要全面承担自己以及下属行动的责任。尽职尽责是一种人性的特征,而职责就内化于这一特征之中。尽职尽责意味着个人对陆军的贡献,它体现的是一种高度的责任感。这种责任感是通过专注性、组织性、彻底性、可靠性以及实用性来体现出来的。责任感会一直警醒领导者,要求他去做正确的事情,即使在精疲力竭或者士气低落之时也是如此。

4-17 在罕见的情况下,领导者的职责意识会使其不得不觉察与阻止非

[①] James H. Webb, *A Country Such as This*(Annapolis, MD: Naval Institute Press, March 2001), 247.

法的命令。职责要求拒绝遵守这一命令——领导者除了做伦理与法律上正确的事情之外别无其他选择。

尊重

以正确的方式对待下属。

> 纪律可以使自由国家的军人在作战时非常可靠,但纪律不是通过严酷暴虐的方式养成的。恰恰相反,这种做法更有可能摧毁而不是打造一支军队。有这样的可能性,就是以某种态度和声调向军人传达指示与命令,会激发起军人们的一种强烈的服从命令的意愿,而相反的做法则只会激起强烈的怨恨,以及违抗命令的欲望。指挥官对待下属的不同模式,源于其心中不同的情感体验。如果指挥官认为应该尊重他人,他就能够成功地激发他人对自己的尊重;如果他内心感觉到并且表现出对他人尤其是下属的不尊重,那么他就会激起他人对自己的憎恨。
>
> ——约翰·M.斯科菲尔德(John M. Schofield)少将
> 对美国军校生的演说(1879年8月11日)[①]

4-18 尊重个人是法治的基础,而法治正是国家为之奋斗的精义。在陆军部队中,尊重意味着以正确的方式对待他人。这种价值观是对以下理念的重申:人是最宝贵的资源,一个人必须给他人以尊严和尊重。

4-19 在历史进程中,美国在文化上变得越来越多样化,陆军领导者需要与有更加广泛的族裔、种族与宗教背景的人打交道。陆军领导者应该防止因文化差异而产生误解。积极寻求对不同文化背景的人们的了解有助于做到这一点。对其他文化保持敏感将有助于对下属的指导、训练或引导。寻求对他人背景的理解,从他人的视角看待问题,并且清楚对他人来说什么是重要的东西,这些便是尊重他人的表现。

4-20 陆军领导者应该坚持培育这样一种氛围——每个人都拥有尊严,

[①] John M. Schofield, *Manual for Noncommissioned Officers and Privates of Infantry of the Army of the United States* (West Point, NY: U.S. Military Academy Library Special Collections, 1917), 12.

享有尊重,无论他是什么种族、性别,拥有怎样的信念或宗教信仰。想要培育均衡而富有尊严的工作氛围,首先需要领导者以身作则。领导者在践行陆军价值观时的表现,向下属们展示了他们也应该有什么样的行为举止。传授价值观是领导者最重要的责任之一,它有助于达成对陆军价值观与所期望的标准的共同理解。

无私奉献

将国家、陆军与下属的利益置于你自己的利益之上。

> 不要问你的国家能为你做什么,要问你能为你的国家做什么。
> ——约翰·F. 肯尼迪(John F. Kennedy)
> 就职美国第35任总统时的演说(1961)①

4-21 参加军队经常被称为"服役"(the Service)。陆军成员们服务于美利坚合众国。无私奉献意味着为国家、为陆军、为组织、为下属做正确的事情。不过,虽然陆军与国家的需要应该被置于首位,但这并不意味着就应该忽略家庭与个人。恰恰相反,这样的忽略不仅将会削弱领导力,而且还会给陆军带来伤害而不是裨益。

4-22 强烈但可控的自我意识、高度的自尊心以及合理的抱负,这些品格与无私奉献是可以相互兼容的,前提是领导者能够公平地对待下属,并给予他们应得的光荣。领导者明白,除非成为团队,否则陆军就无法运作。团队要想达到卓越,个人就必须为整体的利益放弃自己的利益。

4-23 无私奉献不仅是对军职人员的要求。为陆军大部分关键使命提供支持的文职人员,也应该体现出同样的价值观。在"沙漠风暴行动"中,许多被部署到西南亚的文职人员自愿参加这一行动,在对军职人员与军事行动的支持中扮演了重要的角色。

4-24 2001年9月11日,在五角大楼遭受袭击后,军职与文职人员之间

---

① John Bartlett, ed., *Familiar Quotations: A Collection of Passages, Phrases and Proverbs Traced to Their Sources in Ancient and Modern Literature* (Boston: Little, Brown and Company, 1968), 1073.

无私的团队协作,并不是偶然的。文职人员与军人们肩并肩战斗,挽救彼此的生命。与此同时,他们携手合作,确保世界各地的重大行动在有效的指挥与控制之下持续进行。

4-25 通常来说,对无私奉献的需求不仅局限于作战或紧急情况。退役人员作为志愿者随时应召,后备役人员在超过强制服役时间之后继续服役,陆军文职人员自愿参加战区的行动,等等,这些都是将陆军的需要置于个人需要之上的具体表现。

荣誉

履行所有的陆军价值观。

> 战争必须有组织地实施,为此,你必须拥有在荣誉原则激励之下有品格的下属。
>
> ——乔治·华盛顿
>
> 大陆军总司令(1775—1781)与美国总统(1789—1797)[①]

4-26 对于陆军所有成员来说,荣誉为品格与个人行为提供了道德的指南针。荣誉属于那些一言一行都与其崇高理想保持一致的人。"高尚的人"指的是拥有社会所认可与尊重的品格特质的人。

4-27 荣誉是把陆军各种价值观融为一体的黏合剂。荣誉要求一个人能够一直表现出对是非的理解。它意味着以共同体所承认的声誉为傲。军队为个人与部队的成就所举行的表彰仪式体现并强化了陆军对荣誉的重视程度。

4-28 陆军领导者必须展现出自己对是非的理解,并且通过履行陆军价值观来为那种声誉而感到自豪。高尚地生活,以及与陆军价值观保持一致,这些为组织中的每位成员树立了榜样,并且有助于组织积极氛围与旺盛士气的形成。

---

① William T. Coffey, Jr., *Patriot Hearts: An Anthology of American Patriotism* (Colorado Springs, CO: Purple Mountain Publishing, 2000), 360 (hereafter referred to as Coffey).

4-29　领导者的行为举止与履行职责的方式界定了他们是什么样的个人和领导者。相应地,陆军履行国家使命的方式界定了它是一个什么样的机构。荣誉要求将陆军价值观置于个人利益以及职业与个人舒适之上。对军人来说,它要求将陆军价值观置于自我保护之上。荣誉会给予人们按照陆军价值观生活的意志力,尤其是在面对个人危险之时。因而并非巧合,我们陆军的最高奖励是荣誉勋章。荣誉勋章获得者的作为显然远远地超出了人们的预期,以及职责所要求的范围。

正直

做法律和道义上正确的事情。

> 没有一个国家会愿意把军事荣誉授予那些不能坚持普世行为准则的领导者。正是这些行准则帮助人们区分出什么是正确的以及什么是错误的。
>
> 道格拉斯·麦克阿瑟将军
> 《爱国者之心》(*Patriot Hearts*)(2000)①

4-30　正直的领导者会持续地依据清晰的原则采取行动,而不仅着眼于目前什么东西管用。陆军依赖的正直的领导者,有高尚的道德标准,无论言行都是诚实的。领导者用他们是什么样的人来展现自我,用恪守真理来展现行为,他们用这样的方式诚实地对待他人。

4-31　领导者是这样坚持真理的:如果无法完成一项使命,领导者的正直就要求他如实地通知指挥链。如果部队的战备完好率事实上是70%,即使上级指挥官要求的标准是90%,正直的领导者也不会指示下属调整数字。如实报告情况,提出解决方案,以荣誉与正直去达成标准的要求,是领导者的职责所在。找出需要维修的潜在问题,提高质量的标准,可能会挽救士兵们的生命。

4-32　如果领导者在无意中传达了错误的信息,他们就应该在发现错误

---

① Coffey, 95.

的第一时间给予纠正。正直的领导者做正确的事情,并非因为这样做很省事儿,也并非因为他们没有其他选择。他们之所以选择真理之路,是他们的品格所决定的。

4-33 正直地为国家服役包含不止一方面的内容。不过,这些内容有赖于领导者是否真正内在地理解是非对错。假如领导者能够做出区分,那么他在任何情况下都能辨明是非。同样重要的是,领导者应该做正确的事情,哪怕是个人为此要付出代价。

4-34 领导者不能掩盖自己做什么,相反必须就如何行动做出谨慎的决策。陆军领导者总是在公众的关注之下。要想将陆军价值观念灌输给其他人,领导者首先必须以身作则。个人价值观也许会包含政治、文化或宗教信仰之类的成分,从而超出陆军价值观的范围。然而,作为陆军领导者和正直的人,个人的这些价值观应该强化而非背离陆军价值观。

4-35 要想成为道德完善的陆军领导者,首先应该解决个人价值观与陆军价值观之间的冲突。如果对什么问题存有疑虑,领导者可以向那些有正确的价值观与判断力的师长进行咨询。

个人的勇气

直面(身体与道义上的)恐惧、危险或逆境。

> 勇气就是做你害怕做的事情。除非你感到害怕,否则就不存在勇气。
> ——埃迪·里肯巴克(Eddie Rickenbacker)上尉
> 第一次世界大战期间美国陆军航空队①

4-36 第一次世界大战期间,作为美国陆军航空队的王牌飞行员,埃迪·里肯巴克上尉曾经指出:个人勇气并不意味着没有恐惧,它是将恐惧搁置一旁并做必要之事的能力。个人勇气有两种形式:身体上的与道义上的。优秀的领导者将两种形式集于一身。

4-37 身体上的勇气需要克服对个人身体受到伤害的恐惧,并履行自己

---

① Coffey, 123.

的职责。在作战中,勇气能够激发军人敢于冒险的英勇行为,而不顾对伤亡的恐惧。一名在第二次世界大战期间服役的中尉就表现出了这样的勇气,尽管在他服役的那个时代,中尉与他的非洲裔美国战友的行为还没有得到完全的认可。

勇气和激励:从那时到现在的士兵们①

在第二次世界大战期间颁发的所有荣誉勋章中,没有一枚是授予非洲裔美国军人的。1993年,陆军委托北卡罗来纳州罗利市的萧尔大学,研究在遴选荣誉勋章获得者中所存在的种族不平等现象。由此导致的结果是,陆军最终决定推荐七个人获得奖章。

第二次世界大战结束52年后,他们获得了勋章,同时得到的还有国家对他们无声的道歉,因为他们在曾经实行种族隔离政策的陆军中被无视过。唯一活着接受勋章的是弗农·J.贝克(Vernon J. Baker)——一位特别勇敢而鼓舞人心的领导者。

1945年4月5日和6日,在意大利的维亚雷焦(Viareggio)附近,美军第370步兵团的贝克少尉带领他的连队向山区一个防守坚固的德军阵地发起进攻,在这一行动中,贝克少尉以个人的实际行动展现出了杰出的领导才能。

当贝克少尉的连队受到几挺机关枪掩体的火力阻击之时,少尉爬行到一个阵地摧毁了它们,杀死了三名德国士兵。然后,他又攻击了一个敌人的观察哨所,杀死了两名敌人。在他手下一名士兵的支援下,贝克少尉继续前进,并摧毁了两个机枪掩体,打伤、击毙了这些德军,

---

① "African-American Vet Receives Medal of Honor," Home of Heroes Web site:< http://www.homeofheroes.com/news/archives > scroll to 1997, select Jan 13. S. H. Kelly, "Seven WWII Vets to Receive Medals of Honor," *Army News Service* (13 January 1997):< http://www4.army.mil/ocpa/print.php?story_id_key = 2187 >. "The Only Living African American World War II Hero to Receive the Medal of Honor," Medal of Honor Web site (13 January 1997): < http://www.medalofhonor.com/VernonBaker.htm >. "Seven Black Soldiers from WWII Tapped to Receive Medal of Honor," *Boston Sunday Globe* (28 April 1996):< http://www.366th.org/960428.htm >.

占领了他们的阵地。在巩固了阵地之后,贝克少尉最后了占据一个暴露的位置,将敌人的火力吸引过来,掩护其受伤的战友安全撤离。

在奋勇作战后的第二个晚上,贝克少尉又一次主动率领一支先遣部队闯过敌人的雷区与重火力区,向其师属目标前进。他的连队中有2/3的人伤亡,而且没有任何可以看到的增援。贝克少尉的连长下达了撤退命令。少尉流着眼泪抗议说:"上尉,我们不能撤退,我们必须守在这里,与敌人一决雌雄。"

对当时与贝克少尉一起服役的非洲裔美国军人来说,贝克少尉的英勇行为是一种极大的激励,而且一直如此。贝克少尉勇敢地面对敌人,当他接受荣誉勋章时,他所自豪地代表的是他那些倒下的战友们。

意大利的作战已成为往事,但贝克少尉依然怀念那些黑人战友,在奋勇作战中,在对永远不会到来的援兵的盼望中,他们倒下了。在CNN的采访中,贝克少尉以如下谦逊的话语总结了自己的感受:"这一天证明了这些人的价值,并且对错误进行了改正。"

4-38 道义上的勇气指的是自愿坚守价值观、原则与信念。它使所有领导者坚持做他们相信正确的事情而不计较结果。即使在事态向不好的方向发展之时,领导者也依然勇于为其决策与行动承担全部责任时,这就是展现了道义勇气。

4-39 在担任欧洲盟军最高统帅时期,德怀特·D.艾森豪威尔(Dwight D. Eisenhower)将军是一位极具道义勇气的领导者。他曾手写了一张便条,准备一旦诺曼底登陆失败就将之公开发表,这充分地展现了他的道义勇气[①]:

---

① Harry C. Butcher, *My Three Years with Eisenhower: The Personal Diary of Captain Harry C. Butcher, USNR, Naval Aide to General Eisenhower, 1942 to 1945* (New York: Simon and Schuster, 1946), 610.

我们在瑟堡-勒阿弗尔(Cherbourg-Havre)地区的登陆行动没有获得令人满意的立足点,现在我已撤回军队。我所做出的在此时此地发起进攻的决策,是基于手头的最好资讯。陆军、空军与海军的将士们已经以英勇无畏、忠于职守的精神做了他们所能做的一切。如果这次行动有任何的责任与失误,将完全由我一人承担。——6月5日

4-40 道义上的勇气还表现在坦率上。坦率意味着以坦白、诚实与真诚的态度对待他人。它要求避免偏见、成见或恶意,即使这样做令人不舒服,或者看起来最好是保持沉默。

职业勇气这一概念并非总是意味着铁石心肠。它也意味着乐于倾听士兵遇到的问题,并在困难的情况下挺身相助,以及了解士兵们还能前行多远。它还意味着在上级犯错误时给予提醒的勇气。

——威廉·康奈利(William Connelly)
美国陆军总军士长(1979—1983)①

4-41 在二级军士坚持执行连队第15条规定时,连长仍然心平气和地向他解释为何应该对一个士兵给予较低级别的处罚,此时我们所看到的就是坦率的表现。同样,在只有一个排检查不合格的情况下,连长却命令整个连队进行周末补救维护,坦率的二级军士便会以恭敬的态度向连长指出,这样做可能有些反应过度。领导者与下属之间的信任关系建立在坦率的基础上。没有领导者的坦率,下属就不会知道他们是否已经达标;而没有下属的坦率,领导者就不会了解部队发生了什么。

移 情 能 力

4-42 陆军领导者会有一种与组织成员共享经验的倾向。在制订计划、做出决策之时,他们力图预见到由此可能会对士兵与其他下属造成的影响。

---

① William Connelly, "NCOs: It's Time to Get Tough," *Army Magazine* 31, no. 10 (October, 1981): 31.

这种从他人的角度看待问题，以及认识和体验他人感受与情绪的能力，使得陆军领导者能够更好地关心文职与军职人员以及他们的家庭。

4-43 称职而能够感同身受的领导者对士兵的关心主要体现在如下方面：为士兵提供培训、装备以及他们需要的所有支持，使士兵能够在战斗中生存并完成任务。在战争以及艰难的军事行动中，能够感同身受的陆军领导者会与下属分享困难，以评估计划与决策是否实事求是。称职而能够感同身受的领导者也会认识到：有必要为军职和文职人员提供适当的放松与休整时间，以维持良好的士气与任务完成效果。当部队或组织遭遇伤亡时，能够感同身受的领导者有助于减轻组织中的创伤与痛苦，以尽可能迅速地恢复到完全的战备状态。

4-44 现代陆军领导者认识到，移情能力也包括在陆军与陆军人员的家庭之间营造密切的联系。为了锻造一支强大而时刻准备的力量，各个层面的陆军领导者都会促进军人家属的自足与健康。对陆军家庭的移情能力包括如下一些做法：允许士兵在执行完艰巨任务之后拥有一段休整时间，确保休假安排，允许他们参加重要的聚会，以及对那些有助于信息交流与家庭建设的活动提供支持。

4-45 领导者的移情能力不仅限于军职和文职人员及其家庭的范围。在更大规模的军事行动环境中，在与地方民众打交道或对待战俘时，领导者的移情能力也可能是有帮助的。向军事行动所在区域的居民提供生活必需品的做法，经常会使最初抱有敌意的人们转变态度，改为愿意与军队合作。

战 斗 精 神

4-46 前任陆军参谋长埃里克·新关(Eric Shinseki)将军曾经谈道，对于陆军团队中的军职人员来说，共同的战斗精神尤为重要①：

---

① Eric K. Shinseki, General, United States Army, SUBJECT: "Implementing Warrior Ethos for the Army," memorandum for Vice Chief of Staff, Army, 3 June 2005.

每一个组织都有其内在的文化与精神。真正的战斗精神必须能够加强陆军的悠久传统与价值观……深受基于道义的战斗精神熏陶的军人,最为清晰地体现了陆军对我们所服务的这个国家毫不动摇的承诺。一直以来陆军都在信奉这一精神,不过,不断变革的要求呼唤采取更新的方式,来确保所有军人都能真正理解与体现这一战斗精神。

4-47 战斗精神指的是体现出美国军人特征的职业态度与信念。它与《行为法典》相互呼应,反映了军人对国家、使命、部队与战友的无私承诺。战斗精神通过纪律、对陆军价值观的承诺以及对陆军传统的自豪感而得以培育与保持。由军职人员来践行、由具有奉献精神的文职人员来支持,强大的战斗精神已经成为遍及陆军上下的必胜信念的基础。

4-48 美国陆军军职人员恪守《军人信条》中所界定的战斗精神(见图4-1)。

> 我是一名美国军人。
> 我是一名战士,是团队中的一员。我服务于美国人民,并践行陆军的价值观。
> 我永远将使命置于首位。
> 我永不接受失败。
> 我永不做逃兵。
> 我决不抛弃倒下的战友。
> 我严格遵守纪律,身体强健,意志坚定,在战斗任务与技能方面训练有素、娴熟。
> 我将一直维护好我的武器、装备和自身。
> 我是一名专家,我是一名职业军人。
> 我将时刻准备着部署、交战,在近距离作战消灭美国的敌人。
> 我是自由和美国生活方式的捍卫者。
> 我是一名美国军人。

图 4-1 《军人信条》界定的战斗精神

4-49 战斗精神不仅意味着在战争中百折不挠。它可以燃起士兵在任何艰难环境下作战的斗志——无论需要付出多少时间与心血。在短时间内迅速做出甘冒生命危险的决定是一回事,而在局势无望并且没有任何好转的迹象,在受远离故土与家人的煎熬之苦时,仍能保持必胜的意志,就是另一回事了。扑向手雷以拯救战友生命的战士毫无疑问是英勇无畏的——这一行动需要强大的精神与身体勇气。在较长时期的多次部署中,对胜利的不懈追求则需要这一以使命为核心的深层道义勇气。

> 战争可能要用武器来进行,但赢得战争靠的却是人。正是追随者与领导者的精神赢得了胜利。
>
> ——乔治·S.巴顿将军
> 《骑兵杂志》(1933)①

4-50 那些在以往战争中英勇作战的人们的行为,最好地诠释了陆军战斗精神的精义。战斗精神通过纪律、对陆军价值观的承诺以及对陆军令人自豪的传统的把握得以发展起来,它清楚地表明在军中服役远非一项工作。它关乎士兵的全部承诺。它是士兵对自己与战友的绝对信任,正是这种信任使得陆军在和平时期总是令人信服,而在战争时期又不可战胜。战斗精神从作战的混乱中打造胜利。它激励所有领导者和下属克服恐惧、饥饿、匮乏与疲惫。陆军之所以能够赢得战争的胜利,是因为它能够顽强作战,目标明确。能够顽强作战是因为训练艰苦。严格训练是通向以最少的人员伤亡来赢得胜利这一结果的途径。

4-51 战斗精神是品格的组成部分。它塑造并指导着士兵的所作所为。正如个人的勇气、对战友的忠诚、对职责的担当一样,战斗精神与陆军价值观有着紧密的联系。

4-52 战斗精神需要有不屈不挠、持之以恒的决心去做正确的事情,不仅如此,还需要在全谱作战中充满自豪地去做这样的事情。要明白什么是正确的,不仅需要尊重自己的战友,还需要尊重所有那些参与复杂使命——比如稳定局势与战后重建行动——的人。某些不确定的形势,例如什么时候使用致命武器或非致命武器,是对领导者判断力与纪律的考验。战斗精神有助于建立集体承诺去光荣地取胜。

4-53 战斗精神至关重要,但也很容易消亡。因此,陆军必须不断地对它进行重申、发展与保持。这一军事伦理将今天的美国战士与那些自建国以来

---

① Royle, 48.

用自己的牺牲支撑起我们现在生活方式的人联系在了一起。陆军之所以有着持续的动力去不断追求卓越,战胜各种逆境,专注于履行使命,不仅是为了保存陆军的组织文化——还在维护整个国家。

4-54 哪个地方发生保卫与维护国家的行动,哪个地方就会有陆军团队中的军职与文职人员。那些不倦的动力至少部分源于战斗精神所产生的凝聚力。士兵们为彼此而战,忠于与自己并肩作战的战友。互相支持是陆军文化决定性的特征,它一直存在,无论何时何地。

品 格 培 养

4-55 当人们加入陆军并成为军职与文职人员时,他们都带有自己因不同的成长道路、信仰、教育与经历而形成的不同品格。如果只是检查团队成员的个人价值观是否符合陆军价值观,并就此制订计划以协调二者之间的关系的话,陆军领导者的工作就会非常简单。现实却大不相同。成为一个有品格的人,成为一个有品格的领导者,是一个贯穿整个职业生涯的过程,它涉及日常的经历、教育、自我发展、心理发展咨询、教练指导与导师辅导。一方面,每个人都对自己的品格发展负有责任,另一方面,领导者的责任是鼓励、支持以及评估下属所付出的努力。只有在持续的学习、思考、体验与反馈的过程中,领导者的品格才能发展起来。领导者用最高的标准要求自己与下属。这些标准与价值观随后会扩散到团队、部队或者组织中,最终是整个陆军中。

4-56 做正确的事情固然很好,为了正当的理由、正义的目标而做正确的事情就更好了。有品格的人必须有在所有情况下都会按照道德要求行事的意愿。陆军领导者的首要职责之一,就是维护有利于上述品格发展的道德氛围。当组织的道德氛围滋养着符合道德的行为时,随着时间的推移,人们就会以合乎道德的方式去思考、感受与行动。良好品格的方方面面将会内化于人们的心中。

品格与信仰

4-57 信仰之所以重要,是因为它可以帮助人们理解自己的经历。这些经历为日常状态下的行为提供了一个起点。信仰就是人们确信自己所持的观点为真理。价值观深深植根于塑造人的行为的个人信仰之中。价值观与信仰对于品格具有关键性的影响。

4-58 陆军领导者应该认识到信仰在准备作战的士兵身上所扮演的角色。当士兵们深信他们为之而战的信仰时,通常就会英勇作战,在极端不利的情况下赢得胜利。对正义、自由、民主这类信仰的承诺,是养成和保持作战与必胜意志的关键因素。战斗精神是另外一项特别的信仰。

4-59 信仰源于教养、文化、宗教背景以及传统。因此,不同的道德信仰已经并将继续受到各种各样的宗教与哲学传统的影响。陆军领导者为这样一个国家服务:这个国家保护一项基本的原则,即人们拥有选择自己信仰的自由。美国的力量源于并且受益于它的多元性。高效的领导者会非常注意,不去要求或鼓励下属违背自己的信仰去从事非法或不道德的行为。

4-60 美国宪法体现了国家的基本原则。原则之一就是保障宗教自由。陆军高度重视士兵奉行其各自的宗教信仰教义的权利,同时,它也尊重个体在道德背景与个人信仰方面的差异。一方面,宗教的信仰与实践依然是出于个人的选择;另一方面,陆军领导者有责任确保他们的军职与文职人员都有机会进行各自的宗教活动。指挥者通常会按照法规指南对有关宗教活动的请求给予支持,除非这些活动对部队与个人的战备、部队的凝聚力、士气、纪律、安全与健康构成不利的影响。与此同时,在涉及宗教的事项上,领导者不能施加不当的影响、强制或者困扰下属的行动。专职牧师是经过特殊训练与负有特殊责任的参谋人员,他们确保宗教信仰的自由,并且可以向每一层面的陆军领导者提供咨询与帮助。

4-61 越南战争期间的美国战俘们显示出一个特点:由美国文化所培育出的信仰具有十分重要的作用。这些信仰帮助人们禁受住了监禁生涯中的折磨与苦难。

他决不屈服[①]

在弗吉尼亚州亚历山大市的一个公园里,有一座真人大小的雕塑——表现的是一位美国士兵与两名越南儿童。雕塑附近是一堵墙,上面刻有在越南战争中阵亡的其他65名亚历山大人的名字。

在亨伯特·"洛基"·范思哲(Humbert "Rocky" Versace)上尉作为一名美国战俘被北越处决近四十年之后,人们建成了这座纪念碑。它纪念的是一个在极端困难的情况下也决不放弃自己的信仰、决不向敌人屈服的勇士,即使是面对死亡。

范思哲上尉毕业于西点军校,1963年10月,他作为一名情报顾问,被分配到军事援助顾问团任职。

在随同一个平民游击防卫群(Civilian Irregular Defense Group)参加在安川省(An Xuyen Province)的一次战斗行动时,范思哲与两名特种兵战友——尼克·罗(Nick Rowe)中尉与丹·皮策(Dan Pitzer)上士——受到了越共一个主力营的攻击。范思哲的腿部与背部中弹,他与其他人一起成为战俘。

他们被迫赤足行进了很远的距离,一直到丛林深处。到那里后,范思哲担负起俘虏代表的责任,他要求俘虏营管理者以战俘而非战犯的身份对待他们。越军将他关进隔离室中,严刑拷问。他曾四次试图逃跑,其中有一次在被抓住之前,他爬着穿过了周边的沼泽。范思哲吸

[①] Linda Busetti, "Local Vietnam War Hero Receives Medal of Honor," *Arlington Catholic Herald* (11 July 2002). "MOH Citation for Humbert Roque Versace," Home of Heroes Web site: < http://www.homeofheroes.com/moh >, scroll to bottom of web page, click on Search Our Site, type in *Versace* in Google search, select MOH Citation for Humbert Roque Versace. Arlington National Cemetery, "Remains Never Recovered," Arlington National Cemetery Web site: < http://www.arlingtoncemetery.net/medalofh.htm >, scroll to Humbert Roque Versace, USA. "Capt. Humbert Roque 'Rocky' Versace, Captured by Viet Cong in 1963 and Executed in 1965," Special Operations Memorial Web site: < http://www.somf.org/moh/ >, scroll to Versace, H. R. "Rocky" USA.

引了越军的大部分注意力,狱友的处境也因此而变得好了一些。他成为战俘们的榜样。

范思哲上尉拒绝违背美军行为守则,他只向敌人提供《日内瓦公约》要求的信息。对这一公约中的条文,他早已倒背如流。

当其他士兵在那些偏远地区作战时,他们从当地米农那里听说了范思哲所遭受的折磨。范思哲能说一口流利的越南语和法语,经常大声地反驳看守们,当地的村民都听得很清楚。他们报告说曾经看到范思哲被押着走过,脖子上套着绳子,手被捆着,头部肿胀,皮肤因为黄疸而变成了黄色。身体上遭受的摧残使他的头发已经变白。米农们谈到了他的力量、他的品格以及他对上帝和国家的忠诚。

1965年9月26日,在被监禁两年之后,范思哲被处决,以作为对在岘港(Da Nang)被杀的三名越共的报复。因为范思哲的勇敢,他被授予荣誉勋章,并被列入贝宁堡(Fort Benning)的名人纪念堂(Ranger Hall of Fame)。

范思哲的遗骸一直没有找到,但在阿灵顿公墓的一座空的墓穴,立着一块刻有他名字的墓碑。小镇上的雕塑则是对范思哲上尉为人的致敬。具有讽刺意味的是,他还有几周的时间就要退役了,并且在被俘之前已经开始学习如何成为一名传教士。他想重返越南以帮助那些成为孤儿的儿童。最重要的是,他将作为一位有坚强的品格和信仰并且绝不屈服的人,而为人们所铭记。

品格与道德

4-62 遵循陆军价值观所体现的原则,对于坚持崇高的道德行为标准来说十分重要。不道德的行为将迅速摧毁组织的士气与凝聚力——它会破坏彼此之间的信任与信心,而这二者对于团队合作与完成任务来说至关重要。

不懈地做正确之事,不仅将会塑造个体的坚毅品格,进而还会在整个组织中营造一种信任的文化。

4-63 道德关系到一个人应该如何行事。价值观代表着一个人所拥有的信仰。陆军的七种价值观代表着一整套共同的信仰,人们期望领导者坚守并以自己的行动来强化这一信仰。从可取的道德规范到内在的价值观念,再到转化为实际的行为,这一过程涉及各种各样的选择。

4-64 符合道德规范的行为必须体现真诚的价值观与信仰。军职与文职人员坚守陆军价值观,是因为他们希望能够以符合道德规范的方式来生活。他们公开宣扬陆军价值观,是因为他们知道什么是正确的。接受良好的道德规范并做出符合道德的选择,对于培养有品格的领导者来说至关重要。

4-65 在作战中,做符合道德规范的选择并不总是轻松的。正确的事情也许并不受人欢迎,而且可能具有一定的危险性。在面对复杂而危险的形势时,经常会显示出谁是有品格的领导,而谁不是。让我们来看一下汤普森准尉在越南梅莱(My low)村*的表现。

在越南梅莱村的汤普森准尉[①]

1968年3月16日,一级准尉小休·C.汤普森(Hugh C. Thompson Jr.)与他的两名直升机机组成员在越南共和国**的梅莱村上空执行一次侦察任务。当汤普森准尉发现一名美国士兵枪杀了一位受伤的越南儿童时,他十分震惊。几分钟后,他观察到有更多的士兵正在将一些平民赶进一个壕沟中。因为怀疑有可能会发生报复性的杀戮,汤普森将直升机着陆,并向一名年轻的军官询问究竟发生了什么事情,被告知地面行动不关他的事情。汤普森驾机起飞,并继续在这一作战区

---

* 关于梅莱村的史实,请参见维基百科"美莱村屠杀"。——编者注

① James S. Olson and Randy Roberts, *My Lai: A Brief History with Documents* (Boston: Bedford Books, 1998), 159, 909—992. W. R. Peters, *The My Lai Inquiry* (New York: W. W. Norton, 1979), 66—76.

** 越南共和国,1955—1975,通常被称为"南越"。由吴庭艳在越南南方建立的政府。——译者注

> 域上空盘旋观察。
>
> 当汤普森意识到很显然这些美国军队正要向更多手无寸铁的平民开枪时,他将直升机降落在士兵与一群十人左右的村民之间,这些村民当时正要前往一个他们自己挖的防空洞。汤普森命令他的枪炮手将武器对准正在逼近的士兵,并且告诉他如果必要的话就开火。然后,他亲自说服平民们走出防空洞并将他们空运到安全地带。
>
> 汤普森马上用无线电汇报了当时发生的情况,从而导致了停火命令的下达,并因此最终挽救了更多平民的生命。汤普森置自己于危险之中,去做符合道德伦理的正确之事,从而树立了个人与道德勇气的杰出榜样。

4-66 汤普森准尉的选择阻止了地面更多的暴行,表明有责任意识的美国人最终会遵守高尚的道德标准。军人必须拥有个人和道义上的勇气来制止犯罪行为,保护非战斗人员。

4-67 陆军领导者必须始终关注以道德为基础的组织氛围的营造,在这种氛围中,下属与组织可以发挥出他们全部的潜能。为了实现这一目标,领导者可以运用一些工具,如"道德氛围评估调查"(GTA 22-6-1),就他们的自身品格与行为、工作场所、外部环境所涉及的道德因素进行评估。一旦完成了氛围评估,领导者就会准备并实施行动计划。这一行动计划所关注的是在领导者的影响力范围内如何去解决道德问题,同时把那些在下级层面改变不了的道德问题汇报给上级部门。

道德思考

4-68 要想成为一名符合道德规范的领导者,仅仅知道陆军的价值观是远远不够的。领导者必须能够运用这些价值观,来为不同的问题找出符合道德规范的解决方案。道德思考既是一种自然的非正式思维过程,又是正式的陆军问题解决模式中不可缺少的组成部分(在 FM5-0 的第二章中有具体阐述)。从识别问题,到制订与执行解决方案,在这一正式过程的所有步骤中,都会自然地进行道德思考。陆军问题解决模式特别规定:在选择筛选标准、进行分析以及比较可选的解决方案时,道德规范都是必须纳入的考虑因素。①

4-69 道德选择面临的情况可能是这些:或对或错、灰色地带、二者皆对。一些问题处于道德的两难境地之中,需要专门考虑什么才是最符合道德规范的。领导者会从多个角度思考一个道德问题,并运用下面三种视角来确定最符合道德规范的选择。第一种视角来自如下观点:应有的美德,如勇气、正义、仁慈等,界定了什么是符合道德规范的结果。第二种视角来自一套公认的价值观与规则,如陆军的价值观,或者依据《美国宪法》而确立的权利。第三种视角基于如下的观点做出决策:无论是什么,只要是能够为大多数人带来最大好处的做法,就是最好的选择。

4-70 正如陆军领导者在誓言中所讲的那样,他们被期望在所有的时间里都能以正当的理由去做正确的事情。这也是为什么下属们期待他们的领导者不只是精通技术与战术。他们依靠领导者制定出既好又符合道德规范的决策。要确定怎么做才既合适又符合道德规范,并非易事。

4-71 面临道德的两难境地对军事领导者来说并不是什么新鲜事。尽管从被囚的叛乱者或敌军战俘那里获取及时而有价值的情报往往被看作十分重要的事情,然而,要从敌人那里获取能够挽救生命的情报,采取什么样的措施才是适当的?对上级指挥部指示的模糊理解,可以从一个角度解释为什么有时下属越过了合法的界限,却认为自己正在履行自己的职责。从道德的角度来看没有什么比这种行为更危险,更容易损害陆军及其使命的声望了。如果法律的边界显然在受到质疑,陆军价值观就会约束每个参与任务的人,无论其军衔如何,都要为此做些事情。陆军领导者有责任研究相关的命令、规则和条例,并且澄清那些能够导致犯罪或滥用职权的命令。最终,陆军领导者必须接受自己的行为所造成的后果。

4-72 应该铭记于心的是,在实践中,道德思考是十分复杂的。解决道德

---

① Joseph and Edna Josephson Institute of Ethics, *Making Ethical Decisions*, Joseph and Edna Josephson Institute of Ethics Web site: < http://www.josephsoninstitute.org/MED/MEDintro + toc.htm >.

困境需要以陆军价值观为基础的批判性思维。没有任何公式能在任何时间都解决问题。以陆军价值观支配个人行为,理解条例与命令,从经验中学习,并且运用多种道德视角,通过这些方式,领导者就会做好应对生命中棘手问题的准备。

符合道德要求的命令

4-73 在面对有关道德的问题时,要想做出正确选择并付诸行动,可能会十分困难。在某些时候,它意味着要基于道德的考虑而坚持立场,不同意上级的意见。这些情况会考验一个人的品格。最困难的处境是,领导者认为上级发布的命令是不合法的。

4-74 在正常的情况下,领导者会精力充沛、满怀热情地执行上级的决定。唯一的例外是,对于不合法的命令,领导者有责任不予服从。如果一名士兵认为某一命令不合法,他应该确定自己完全理解了该命令的细节及其最初意图。在继续行动之前,该士兵应该寻求下达命令的人对此进行直接的澄清。

4-75 如果所遇问题更为复杂,就应该寻求法律咨询。如果需要立即做出决定,就像战事正酣之际经常遇到的情况一样,那么就应该根据陆军价值观、个人经验、批判性思维以及以往的研究与思考,尽可能地做出最佳的判断。领导者拒不执行非法的命令有一定的风险,这也可能是士兵做出的最艰难的决定。然而,这却是称职、自信、品德高尚的领导者所应该做出的决定。

4-76 当一名领导者可能还没为应对复杂局面做好准备时,如果他能花一些时间思考陆军价值观,学习并强化个人的领导能力,将会很有帮助。与上级对话,尤其是与那些有过同样经历的人进行交流,一样会有所裨益。

4-77 践行陆军价值观,依据道德规范行事,并不仅是对将军与上校的要求。在遍布世界的军事基地中的各个军事分队与办事机构中,每一天都需要做出符合道德规范的决策。这些决策中,有一些将会直接关系到战场上军人的生命,影响到无辜的非作战人员、文职人员以及美国纳税人的利益。为了陆军与国家的福祉,所有陆军领导者都有责任做出基于价值观的、符合道德规范的选择。陆军领导者应该具备品格的力量,以做出正确的选择。

第5章 领导者的风度

领导力并不是一种天生的特质,它不像眼睛或毛发的颜色那样是由遗传而来的。实际上,领导力是一种技能,它可以研究、学习,并且可以通过实践而加以完善。

《军士指南》(*The Noncom's Guide*)(1962)[①]

5-1 领导者给他人留下的印象有助于成功地领导他人。他人如何看待领导者,根据的是领导者的外表、举止、行为与言辞。

5-2 追随者需要一种途径来掂量他们领导者的分量,这就要求军职和文职人员在哪里,领导者就在哪里。那些愿意去往任何地方包括条件最为艰苦地区的组织层面和战略层面的领导者,是通过他们的亲临现场来体现出他们对下属的关心的。再也没有什么会比领导者总是与下属同甘共苦、共赴危境更能鼓舞士气的了。亲临任务现场,可以使领导者对文职与军职人员所处的真实环境有第一手的了解。那些见到上级并听到他讲话的军职与文职人员,能领会到本部队所发挥的重要作用。

5-3 领导者的风度并不只是与露面有关,它还涉及领导者所表现出来的形象。风度通过领导者的行动、言语以及态度传达出来。领导者的声望则体现在他人所表现出的敬意、他们如何谈起领导者以及他们对领导者指导的反应上。风度是领导者需要感悟的一种关键性特质。理解与培养以下几个方面的品质,将会大大加强领导的效果。

- **军人举止**:展现出威严的仪表、专业的权威形象。

[①] *The Noncom's Guide: An Encyclopedia of Information for All Noncommissioned Officers of the United States Army* 16th ed. (Harrisburg: The Stackpole Company, 1962), 38.

- **体能良好**：拥有健康、体力与耐力，从而在长期的压力下也能够维持情绪健康与概念能力。
- **沉着自信**：体现了一种对部队在任何时候都能成功完成任务的自信与确定。通过对情绪的掌控展现出沉着与冷静。
- **适应力强**：在保持对使命与组织的关注的同时，表现出能够从挫折、打击、伤害、逆境与压力之中迅速恢复的倾向。

5-4 身体特征——军事与职业举止；强健的体魄——能够并且必须得到持续性的发展，以塑造领导者风度。陆军领导者是军队与政府的代表，应该一直适度地保持强健的体格与职业的举止。

军事与职业举止

我们高素质军人们的外表应该像他们的内在一样优秀。

——朱利叶斯·W.盖茨（Julius W. Gates）

陆军总军士长（1987—1991）[①]

5-5 自豪始于对自己外表的引以为傲。人们期望陆军领导者从外表到行动都有职业军人的气质。陆军领导者必须了解如何穿着得体的军职或文职服装，并且为此感到骄傲。在公开场合，如果军人穿着没有系扣的夹克，也没有打领带，那就没有传递出军人的自豪感与职业化的信息。恰恰相反，他们在美国民众的眼中辜负了自己的部队与战友。达到规定的身高与体重标准是职业化角色的另一完整组成部分。当领导者展现出军人的礼仪与外表时，就向人们传递了一种清晰的信息：我为我的军服、我的部队以及我的国家而感到自豪。

5-6 对职业举止的巧妙运用——体质、礼节与适宜的军人仪容仪表——也有助于克服困难。职业军人需要呈现出得体的仪容仪表，因为它能够赢得尊重。职业军人还必须称职。他们看上去优秀，是因为他们本身就优秀。

---

① Julius W. Gates, "From the Top," *Army Trainer* 9, no.1（Fall 1989）: 5.

身体健康

5-7 在现代战场上,疾病依然是一个强有力的敌人。对军人来说,保持健康的身体与良好的体格是重要的,这能够帮助他们抵御疾病,并能够使他们足够强壮以应对作战所带来的心理冲击。一名士兵就像一个复杂的作战体系。正如坦克需要进行良好的维护与定期的燃料供给一样,军人也需要体育锻炼、充足的睡眠、足够的食物与水,以使自身保持最佳状态。

5-8 保持健康的体质需要全力去做的事情包括:接受常规的体检,保持良好的口腔卫生,注意个人的体面与整洁,及时进行免疫接种,同时关注精神上的压力。健康和注重卫生的军人在极端的军事行动中会表现得更为出色。在一个训练有素的飞行机组中,只要有一位生病的机组人员,就意味着在工作链条中出现了薄弱环节,从而使战机变得更易受攻击,同时对敌攻击力减弱。健康的体质也要求军人避免做那些有损健康的事情,如吸毒、暴饮暴食、吸烟等。

体 能 良 好

> 长官,我必须让他们今晚多流汗,这样他们明天就可以少流血。
> ——托马斯·J."石墙"·杰克逊(Thomas J. "Stonewall" Jackson)
> 美国内战时期南部邦联将军(1861—1863)[1]

5-9 部队的作战准备始于士兵与领导者的体能,因为作战会消耗人的体力、精力和情感。体能对作战的胜利当然至关重要,而且对所有的陆军团队成员来说都十分重要,不仅是对军职人员如此。体能良好的人会感觉更能干、更自信,能更好地应对压力,工作时间更长、更能承受艰苦,并且可以更快地恢复。这些特质在任何环境下都会产生有价值的回报。

---

[1] Burke Davis, *They Called Him Stonewall* (New York: Rinehart & Company, Inc., 1954), 50.

5-10 领导过程中的体力消耗、长时间的部署、持续性的军事行动,损害的不仅是一个人的体质。良好的体能与充足的休息,可以支撑人的认知功能与情绪稳定,而这两项对于健全的领导力来说非常必要。军人必须做好面对苦难的准备。在快节奏的艰巨行动中,维持高水平的体能很困难。如果在部署之前没有良好的体能,军事行动中不断增强的压力就会有损于心理与情感的健康。在地形复杂、极端气候与高纬度的地区展开作战行动,要求事先进行大量的体能训练。一旦进入作战行动区域,必须有继续保持良好体能的措施。

5-11 在部队的体能计划中,做好承担作战任务的准备必须被置于核心的地位。体能计划如果只是看重在陆军体能测试中取得高分,那是无法为士兵们从事艰苦的实际作战做好准备的。前瞻型的领导者会制订均衡的体能计划,使士兵们有能力实施部队执行任务所必需的作业科目。(FM-70 以执行任务所必需的作业科目为基础,探讨了有关士兵、领导者与合成训练的整合问题。)

5-12 最终,对陆军领导者的体能要求会对他们的个人绩效与健康有显著的影响。领导者的决策会影响到部队的作战效力、士兵的健康与安全,因此,对于领导者来说,无论从道德的角度,还是从实际的需要,保持健康都非常必要。

自　　信

5-13 自信是领导者认为自己在任何情况下都有能力采取恰当行动的信念,即使是在面对压力、信息匮乏的情况下也是如此。那些了解自己能力并且相信自己的领导者是自信的。自信产生于专业的才干。过分自信与缺乏自信同样有害,这两个极端都会阻碍学习与适应能力的发展。夸夸其谈——吹牛或自我抬举——并不是自信。真正自信的领导者并不需要炫耀自己的本事,因为他们的行动会证明其能力。

5-14 自信对于领导者与团队来说都很重要。优秀领导者的自信有强大的感染力,并可以迅速渗透到整个组织之中,尤其是在极端的环境中。在作战中,自信的领导者有助于士兵们克服怀疑犹豫,同时减少焦虑。自信加上坚强的意志与自律意识,会激励领导者在很容易导致无所作为的情况下去采取必要的行动。

适 应 力 强

5-15 适应力强的领导者,在保持专注于自身使命与组织的同时,能迅速地从挫折、打击、伤害、逆境与压力中恢复过来。适应力依赖于意志力,正是这种内在的动力驱使领导者不断前行,即使在精疲力竭、饥肠辘辘、内心恐惧,以及天气寒冷、潮湿不堪的情况下也是如此。适应力有助于领导者及其组织完成艰巨的使命。

5-16 在逆境中,仅靠适应力与追求成功的意志力,还不足以保证取胜。在作战中,才干与知识引导着坚强的意志力,去执行正确的行动方针,以获得成功和赢得胜利。领导者的首要任务是在下属中培养适应能力和求胜精神,而这要从严格的实战性训练开始。

5-17 在履行使命时,适应力至关重要。无论在什么样的工作条件下,个人坚定的态度都会帮助克服任何不利的外在环境。所有陆军成员——现役、后备役或文职人员——都将经历这样的处境:与完成任务相比,选择退却似乎更为容易。处于此时刻,每个人都需要内在的能量,使自己奋勇向前并完成使命。当事态趋向恶化时,领导者也必须依靠自己内在的能量储备,不屈不挠。

5-18 下面这个美国宪兵连执行任务的故事将会告诉我们:在一次例行的护卫行动中,面对数量上占据优势的叛军的伏击,个人与领导者们是如何展现出他们适应能力强和训练有素的。

使命第一——永不言弃①

2005年3月,当利·安·赫斯特(Leigh Ann Hester)中士率领肯塔基州国民警卫队宪兵连的士兵们执行一次例行的护卫行动时,她并不知道自己和团队将会遭遇什么样的挑战。

赫斯特中士是第二辆高机动性多用途轮式车辆的车长。在她前面,是一支由26辆补给车辆组成的车队。此时,赫斯特的班长蒂莫西·尼恩(Timothy Nein)上士发现车队遭到攻击,便在行进中与她取得联系。

赫斯特抵达伏击地点时,发现第一辆军车已经被一枚火箭弹击中。一支50人左右的叛军似乎正决意给予正处于被阻击状态中的车队以毁灭性的打击。赫斯特立刻投入战斗中,以来复枪与枪榴弹发射器向敌人发起精准的攻击。密集的交火持续了超过45分钟。当交火最终平息时,27名叛军死亡,6名受伤,1名被俘。

尽管开始的时候力量悬殊、局势凌乱,但赫斯特及其战友们坚韧不拔。他们有效地压制了敌人的进攻,使得补给车队能够继续安全地驶向目的地。在整个混乱局面中,赫斯特及其战友们始终保持着应变能力、专注性与职业素质。赫斯特中士与尼恩上士面对危急局势时所表现出的英勇无畏精神,帮助士兵们克服了初遇伏击时的慌乱,在他们身上灌输了对完成任务来说十分必要的信心与勇气。

赫斯特的宪兵连在轻武器射击场、城市作战与护卫行动训练方面,

---

① "Army Awards MPs for Turning Table on Ambush," *Army News Service* (16 June 2005): < http://www4.army.mil/ocpa/read.php?story_id_key=7472 >. Robin Burk, "Tell Me Again About Women in Combat," Winds of Change Web site (25 March 2005): < http://www.windsofchange.net/archives/006564.pgp >. SGT Sara Ann Wood, "Female Soldier Receives Silver Star in Irap," *American Forces Press Service* (17 June 2005): < http://www4.army.mil/copa/print.php?story_id_key=7474 >. Dogen Hannah, "In Iraq, U.S. Military Women Aren't Strangers to Combat," *Knight Ridder Newspapers* (7 April 2005). Ann Scott Tyson, "Soldier Earns Silver Star for Her Role in Defeating Ambush," *Washington Post* (17 June 2005): A—21.

投入了大量的时间与精力,如今这一切得到了回报。

良好的实战演练成就了他们的第二天性。赫斯特及其战友们履行了如下誓言:"使命第一——永不言弃。"

由于出色的表现,赫斯特中士赢得了银星勋章。她是自第二次世界大战以来获此殊荣的第一位女兵。尼恩上士与詹森·迈克(Jason Mike)军士也获得了银星勋章。该部队的其他几位士兵也因其英勇的表现而获得了铜星勋章。

第6章 领导者的才智

6-1 陆军领导者的才智需要利用那些塑造概念能力的心理倾向与资源,领导者运用这些概念能力来履行自己的职责。概念能力使领导者在执行理念与计划之前可以做出正确的判断。它们有助于个人进行创造性的思考,做出分析性、批判性和道德性的推断,并具有文化的敏感性,从而考虑到那些预期和非预期的后果。如同一名试图预测其对手第三或第四步棋的象棋棋手一样(行动—反应—回击),领导者必须想清楚决策会产生什么样的预期后果。某些决策可能会引发连锁反应。因此,领导者必须尽量预测到自己的行动会引发的二级与三级效应(the second- and third-order effects)。即使是较低级别的领导者所采取的行动,也可能会产生大大超出他们预期的效应。

6-2 影响领导者才智的概念因素包括如下几个方面:

- 思维敏捷(agility)。
- 判断准确(judgment)。
- 创新精神(innovation)。
- 人际策略(interpersonal tact)。
- 专业知识(domain knowledge)。

思维敏捷

> 在他人所未能预料的局面中,并非天赋给予我突然而神秘的昭示,告诉我应该怎样做,而是缜密思考与苦思冥想。
>
> ——拿破仑·波拿巴(Napoleon Bonaparte)
> 法国将军(1789—1804)与法国皇帝(1804—1814)①

6-3 思维敏捷指的是头脑灵活,是预见、适应不确定性或不断变化的局面的能力。如果当前的决策或行动未能产生预期的效果,敏捷的思维将有助于领导者彻底弄清二级或三级效应。它帮助人们打破习惯性的思维模式,在面对概念困境时能随机应变,并迅速运用多种视角来考虑新的路径或方案。

6-4 思维敏捷在军事领导力中具有重要的地位,因为伟大的军人是适应对敌作战的需要,而不是去适应计划。思维敏捷的领导者走在变化的环境与不完善的计划的前面,将问题解决在出现之前。从作战角度来说,思维敏捷也表现为有能力创建在战术上具有创造性的特种分队以适应变化的局势。他们能够改变自己的行为,去完成从全面机动性作战向城市地区维稳行动的和缓过渡。

6-5 思维敏捷的基础是批判性思考的能力,与此同时,要对多种可能性保持开放的心态,直到找出最明智的解决方案。批判性思考是在直接观察不充分、不可能或不可行的情况下,力图发现事情真相的思维过程。它有助于人们全盘考虑和解决问题,对于决策来说至关重要。在理解变化的局势、找出问题的起因、得出合理的结论、做出良好的判断以及汲取经验教训方面,批判性思考都发挥着关键作用。

6-6 批判性思考意味着从深层次、多角度地来考察问题,而不是满足于采用出现在头脑中的第一个答案。陆军领导者之所以需要这种能力,是因为

---

① Robert Debs Heinl, Jr., *Dictionary of Military and Naval Quotations* (Annapolis, MD: U.S. Naval Institute Press, 1996), 239.

他们在面临选择时,往往需要不止一种解决方案。寻找适当的解决方案,第一步也是最重要的一步,是厘清主要的问题。有时,确定什么是真正的问题会很困难;在其他情况下,人们必须梳理多个使人分心的问题,才能找出真正的问题所在。

6-7 领导者在迅速厘清问题与找到解决方案上思维敏捷,可以使他们主动采取行动,以适应作战中的变化。思维敏捷与主动性并不会如魔法般突然呈现出来,领导者必须通过营造鼓励团队参与的氛围来培养下属们在思维与主动性方面的能力。辨认出训练过程中的无心过失,将会使下属们更有可能发挥出他们自己的主动性。

6-8 现代陆军训练与教育注重提高领导者的思维敏捷性和小分队的主动性。在格林纳达、巴拿马、科索沃、索马里、阿富汗与伊拉克的战斗部署,要求每个士兵都具有思维敏捷性与战术主动性。当代作战环境要求年轻军官与军士具有更为敏捷的思维,能够在各种冲突中有效地领导小型、多能的部队。

判 断 准 确

> 判断力来自经验,而经验来自错误的判断。
>
> ——五星上将奥马尔·N. 布拉德利(Omar N. Bradley)
>
> 在美国陆军军事学院的演说(1971)[1]

6-9 判断力与思维敏捷相伴而行。判断力需要具有敏锐地评估局势或环境并能得出可行性结论的能力。良好的判断力能够使领导者形成正确的观点,做出明智的决策,并提出可靠的推测。对于成功的陆军领导者来说,具有一贯的良好判断力很重要,这样的能力主要是从经验中获得的。领导者从反复试错的体验和对他人经验的观察中获取经验。上级、同事甚至某些下属

---

[1] Omar N. Bradley, "Leadership: An Address to the U.S. Army War College, 07 October 1971," *Parameters* 1(3)(1972): 8.

的指导与培训都可以成为领导者学习的途径(更多的论述请参阅第3部分)。扩充经验的另一种方式是通过阅读名人的传记与自传,从他们的成功与失败中学习,以促进自我发展。成功者的经历提供了可能适用于当前环境或形势的永恒的启迪、智慧与方法。

6-10 领导者必须尽量平衡好事实的真相、有问题的数据和本能的感觉,以做出高质量的决策。良好的判断力可以帮助领导者针对手头的情况做出最佳决策。它既是指挥艺术中的关键性特质,也是将知识变为理解力与高效执行的转换器。FM6-0就领导者如何将数据和信息转化为知识与理解力这一问题进行了探讨。

6-11 良好的判断力有助于培养领导者的能力,使他们可以确定可能的行动路线以及应该采取什么行动。在选择行动路线之前,领导者需要考虑到行动的后果,还需要就行动进行有条不紊的思考。可以帮助领导者做出准确判断的资源包括上级的意图、希望的结果、条令条例、法律法规、经验与价值观念,等等。良好的判断力还包括就下级、同级以及敌人的优势与劣势进行评估,并且提出适当的方案和采取适当的行动。如同思维敏捷性一样,良好的判断力在解决问题与做出决策方面起着关键的作用。

创 新 精 神

6-12 创新精神指的是陆军领导者在情势所需或机会呈现的情况下率先引进新鲜事物的能力。创新精神包括在提出原创而有价值的观念方面所具有的创造力。

6-13 有时新的问题会冒出来,有时老问题需要新的解决方案。陆军领导者应该抓住这种机会,进行创造性的思考以实现创新。创造性思维的核心是,提出新的理念与方式,并以新的方法与理念来挑战下属。它也包括设计出使军职与文职人员得以完成任务和使命的新途径。创造性思维包括运用适应性的方法(依靠以前的类似情况)或具有独创性的方法(提出全新的理念)。

6-14　所有的领导者都能够而且必须具有创造性思维,以适应新的环境。一支小分队被派去进行维稳行动,但队员可能会发现自身被孤立于一个只拥有有限的运动设施的小地方,没有多少空间可用于跑步。这种情况要求小分队的领导者想出可靠的方法来保持士兵们的身体健康。创新性的解决方案可能包括负重训练、游戏、原地跑步、有氧训练、跑步机训练以及其他健身活动。

6-15　创新型的领导者能够通过寻求新的方式,以前瞻式的方法与理念来挑战下属,防止骄傲自满情绪的产生。要想成为创新者,领导者应该学会依靠直觉、经验、知识以及来自下属的建议。创新型领导者通过使每个人在创新过程中各负其责与利益分担的方式来加强团队的建设。

人 际 策 略

6-16　与别人进行有效的互动,靠的是对别人感受的了解。同时,也有赖于接受自己和他人的性格、反应及动机。人际策略将以上这些技巧,与对多样性的认可,以及在任何情况下都能表现出自控、平衡与镇定结合在一起。

承认多样性

6-17　军职、文职人员与承包商拥有极为不同的背景,他们身上都有着因教育、种族、性别、宗教与其他诸多影响而打上的印记。即使在一个社会群体的内部,个人的观点也可能会有差异。人们应该避免基于成见而得出草率的结论。承认差别、素质、贡献与潜力,领导者就能够更好地理解所有的个体。

6-18　在加入陆军成为军职与文职人员之时,下属们就已同意接受陆军的文化。这是将他们凝聚在一起的纽带。陆军领导者通过营造这样一种氛围来增强团队的力量,即让下属们认识到领导者看重他们的天赋、贡献与差异。领导者的工作不是造就千人一面,而是利用每个人所拥有的不同能力与天赋。对领导者而言,最大的挑战就在于使每个成员都能发挥出自己的才能,从而打造出一个尽可能优秀的团队。

6-19 陆军领导者应该对文化多样性保持开放的心态。这一点十分重要，因为人们并不了解究竟某个成员或团体的何种天赋将会有助于使命的成功。在第二次世界大战期间，美国海军陆战队招收纳瓦霍*人组成了一支无线电联络专家组，称为纳瓦霍密码员。这些密码员运用他们的土著语言——一种独特的天赋——来从事无线电通信。这种独特密码的运用为地面行动的成功进行做出了巨大贡献，因为日本最优秀的密码破译员也无法破解纳瓦霍语的电文。

自控能力

> 一位情绪失控、大动肝火的军官或军士，已经输掉了他的第一仗——自律。
>
> 《军士条令》(Noncommissioned Officer's Manual)(1917)①

6-20 优秀的领导者能控制住情绪。领导者既不能歇斯底里，也不能毫无表情，而应该表现出适度的敏感与热情，以与下属进行情感交流。领导者保持自控可以激发团队的镇定与信心。自控会鼓舞下属的反馈，从而使领导者加强对实际情况的把握。作战中的自控能力对陆军领导者来说尤其重要。如果领导者不能自控，就无法期望下属们会保持他们的自控力。

自 我 控 制②

领导的情绪状态常常会传递给自己的下属。在国家训练中心，一个营级参谋分队所发生的事例可以证明暴躁、疲惫与压力具有怎样的毁灭性影响。

在实兵对抗战的第一个星期，琼斯少校一直处于极大的压力之下，

---

* navajo，美国最大的印第安部落。——译者注

① James E. Moss, *Noncommissioned Officers' Manual* (Menasha, WI: George Banta Publishing Co., 1917), 33.

② Francis Hesselbein, ed., *Leader to Leader* (New York: Leader to Leader Institute, 2005), 28—29.

几乎没有睡眠。他以脾气暴躁著称,但参谋们都没有预料到随后发生的事情。

琼斯少校的大声呵斥引起了外面的一阵骚动:"你应该管理好你的中尉,我让那个白痴史密斯使用我的高机动多用途轮式车,但告诉他下午2点之前必须回来。而现在我将要错过旅里的演习了。他以为他是谁?"

有一个少校力图使局面缓和下来,主动提出开车送琼斯少校参加演习。"不!我就要我的高机动多用途轮式车!在那个白痴回来时,我就让他站在这里!"琼斯少校用脚跟狠狠地踢着沙子,"不给他吃,不给他喝,他最好一直等到我回来!"

这个"白痴"已经去旅部获取下一步的行动指令,这样参谋们就可以开始制订任务计划。他还必须停下为琼斯少校的车加油,以使他不会在去演习的途中耗尽了油。他正在做他该做的工作。

与其他营部参谋一样,由于当时的局势、自己的工作以及紧张的行动节奏,琼斯少校明显是过分紧张了。他没能控制自己的怒气并保持军人的风度,从而让他失去了许多同级军官和所辖士兵对他的尊重与忠诚。这也埋下了一颗怀疑的种子:人们很难想象在真正的战争形势下琼斯少校将会如何作为。

领导者不能失去自控能力,不能表现得没有军人风度,或者随意痛斥自己的下属。领导者的每个行动都是受人瞩目的,尽管一些士兵不会把此事放在心上,但某些士兵在他们的整个职业生涯中都不会忘记。那一天琼斯少校所犯下的错误对士兵有着不同的影响。一些人看到了压力所造成的结果与影响,而另一些人看到了自己绝不想变成的那种人。

注:人名已经做了改动。

情绪因素

> 所有人都会发怒——这很容易……然而,针对适当的人、以适当的度、在适当的时机、为适当的理由,并且以适当的方式来发怒,则就并非所有人都能做到的易事了。
>
> ——亚里士多德(Aristotle)
>
> 希腊哲学家,亚历山大大帝的导师①

6-21 陆军领导者的自我控制、情绪平衡(balance)与镇定自若(stability),会在很大程度上影响他与别人互动的能力。身为凡人,都会有希望、恐惧、忧虑与梦想。情感的能量会激发人的动机与耐力,明白了这一点,就有了一种强有力的领导力手段。建设性的反馈信息有助于调动团队的情感力量,使之能够在困难时期完成艰巨的使命。

6-22 自我控制、情绪平衡与镇定自若也有助于做出符合道德的正确选择。(第4章中包含伦理分析的内容。)有道德感的领导者能够有效地运用道德原则,做出决策并保持自控力。领导者不能受情绪的支配。对于领导者来说,关键在于在压力之下保持镇定,并且将精力投入到他们能够积极施加影响的事情上,而不会为那些他们无能为力的事情而担忧。

6-23 情感上成熟、称职的领导者也会意识到自己的优点与缺点。他们将精力投入到自我改善上,而不成熟的领导者通常将精力浪费在否认自己存在错误或去分析他人的缺点上。成熟且较少为自我进行辩护的领导者可以从信息反馈中受益,而不成熟的人则无法做到这一点。

情绪的平衡

6-24 情绪平衡能力强的领导者能够在既定局面下表现出适当的情绪,并且能够理解他人的情感状态。他们利用自己的经验,为下属提供关于正在

---

① Aristotle, *Nicomachean Ethics*, trans. Martin Ostwald (New York: Macmillan Publishing Co., 1962), 50.

发展中的事态的适当看法。针对不同的局面,他们的态度也表现得多种多样,从轻松应对到严阵以待。他们懂得如何根据环境选择某种适当的态度。具有情绪平衡能力的领导者知道如何在不令整个组织陷入混乱状态的同时告诉人们事态的紧迫性。他们能够鼓励自己的下属继续履行使命,即使是在最艰难的时刻。

镇定

6-25 在面对压力与疲惫时,高效的领导者沉着冷静,在面对危险时镇定自若。下属总是以自己的领导者为榜样,而领导者的下述特征能够使下属保持稳定的情绪状态:

- 在显露情绪上为下属树立榜样。
- 不是根据个人的喜好来做事情。
- 在面对巨大压力的情况下,释放情绪可能会对自己好一些——但这样对组织有利吗?
- 如果下属在压力之下表现得冷静且理性,领导者必须表现出同样的镇定态度。

6-26 在美国内战期间的第一次布尔溪(Bull Run)战役中,陆军准将托马斯·J.杰克逊(Thomas J. Jackson)的表现是一个生动的事例,它为我们展示出领导者在战场上的自控能力是如何在作战中稳定局势并最终扭转战局的。

他如石墙般巍然屹立

在著名的第一次布尔溪战役的转折点,南部邦联军队被打败了:20 000名联军士兵正不断地蚕食着由内森·埃文斯(Nathan Evans)上校所率领的仅有1 000人的邦联军队的阵地。尽管由巴纳德·E.比(Barnard E. Bee)准将与弗朗西斯·巴托(Francis Bartow)上校率领的援军赶了过来,但在马修斯山(Matthews Hill)阵地,邦联军队的大部分战线遭到灾难性的突袭，必须撤退。

在战斗似乎陷于绝望的时刻，托马斯·J.杰克逊准将与其2 000名战士前来掩护余下的南部邦联军队。杰克逊准将将他的防线设在了亨利山，以他的13门6磅火炮与仅在300码之外的联军的11门6磅火炮展开了一场残酷的决战。

尽管所有的南部邦联军人都在投降，并从他身边落荒而逃，但杰克逊准将却仍然十分镇静，巍然屹立，不为所动。比惊慌地对杰克逊说："敌人正在逼近我们！"但杰克逊表现得十分镇静沉着而坚定，他这样答复道："先生，那我们就让敌人尝尝我们刺刀的厉害。"

据说，比被杰克逊的话极大地鼓舞了。他策马走向自己的部队，命令他们重新组织起来并投入战斗。在殊死的作战中，比大声激励自己的部队："杰克逊如同石墙般屹立在那里，让我们决一死战，我们将会战胜敌人，来吧，集结在弗吉尼亚人之后！"

比受了重伤并于次日阵亡，尽管如此，南部邦联战线却保住了。比给杰克逊所起的绰号"石墙"留传下来，现在已成为在面对似乎注定的灭顶之灾时所表现出的美国英雄主义与沉着勇敢精神的象征。

专 业 知 识

6-27 专业知识，指掌握多个领域中的事实（facts）、看法（beliefs）与逻辑假设（logical assumptions）。战术知识是对于运用军事手段保证达成指定目标的军事战术的理解。技术知识由与特定功能或系统相关的专业化信息构成。联合作战知识是对于联合部队及其运作程序以及在国防中作用的理解。文化与地缘政治知识是对文化、地理以及政治诸方面的差异与敏感性的认识。

战术知识

> 指挥官必须在开始作战前就已经做好了怎样去打这场仗的准备。然后他必须做出决定,知道应该如何运用手中的军事力量使作战向自己希望的方向发展;从一开始他就必须牵着敌人的鼻子走,而绝不是相反。
>
> ——陆军元帅蒙哥马利(Viscount Montgomery)子爵
> 《回忆录》(Memoirs)(1958)[1]

条令

6-28 陆军领导者熟知条令、战术、技能与程序。战术知识使他们可以有效地运用个人、团队与较大规模的部队的力量,结合系统性行动(战斗倍增器),以赢得战斗与战役,或实现其他目标。直接层面的领导者通常应对当前的作战行动,而组织层面的领导者则从更深层次上关注时间、空间与事件。这其中包括地缘政治的维度。

6-29 战术是运用现有手段以赢得作战和行动的艺术与科学。战术作为一门科学,包括能力、技巧与可以规定的程序。战术作为艺术,包括完成指定任务所需要采取的一系列富有创造性的灵活手段、面对聪明的对手时所应采取的决策,以及考虑作战可能会对士兵造成的影响。FM3-90 涉及战术问题。FM71 100 论及师级部队、战术与技巧。FM100-15 中对军级部队、战术与技巧进行了论述。FM100-7 就战区作战行动中的陆军进行了探讨。

野战技能

6-30 野战技能指的是士兵在战场生存时所需要的技能。精通野战技能可以减少伤亡的可能性。掌握并擅长野战技能可以为完成任务创造条件。同样,陆军领导者应该确保他们的士兵照顾好自己,同时为他们提供照顾自我所需要的手段,这也会为完成任务创造有利的条件。

6-31 标准训练计划 21-1,即《士兵共同任务条令》(Solider's Manual of

---

[1] Royle, 173.

Common Tasks)(STP 21-1-SMCT),列出了士兵为有效实施野外作战所必须具备的所有个人技能。所列出的技能从保持健康到挖掘战壕,事无巨细,无所不包。某些军事专业要求精通其他野战技能,这些技能被列在针对此类专业的士兵条令中。

6-32 通过正规的训练、学习与实践,陆军领导者可以熟练掌握野战技能。野战技能尽管易于学习,但在实际训练中却经常为人们所忽视。这也是领导者在和平时期必须严格进行战术训练的原因,只有这样,才能确保士兵演练野战技能,以减少战时的伤亡。关于如何在真实环境下进行训练,以执行战术与野战技能条令,陆军作战训练中心提供了良好的范例。在作战训练中心轮训时期,富有经验的观察员和管理人员会就训练伤亡情况做出评估,并提供有关强化野战技能标准的建议。

战术能力

6-33 战术能力训练总体而言具有挑战性,但是称职的领导者会力图在围绕作战的训练中重现真实的作战环境(参见FM7-0)。令人遗憾的是,领导者无法总是将整个部队带到现场,进行全面的机动训练。因此,在进行大规模模拟训练的同时,他们必须学会通过对部分课目或地面部队进行训练的方式,来最大限度地做好作战准备。尽管存在干扰因素和局限性,但关注战备的领导者会尽最大可能地使训练接近实战。FM7-0和FM7-1就训练原则与技巧进行了探讨。

技术知识

了解装备

6-34 技术知识与装备、武器和系统有关——从枪炮瞄准器到追踪人员行动的电脑,所有这些无所不包。与组织层面和战略层面的领导者相比,直接层面的领导者的装备更接近部队的装备,因此,他们更需要了解装备的工作原理与使用方法。直接层面的领导者通常是解决装备问题的专家。他们需要考虑如何使装备更有效率,如何使用、修复甚至改进装备。如果领导者不知道某些具体问题的答案,他们知道谁可以解决这些问题。下属期望自己的一线领导者熟悉装备,并且在所有的应用专业技能方面都是专家。这也是军士、初级军官、准尉、领薪雇员以及熟练工人是陆军中的技术专家与教员的原因。

装备的操作

6-35 军职与文职领导者懂得如何操作部队的装备,并且确保他们的下属也是如此。他们经常用亲自操作的方式做出示范。当新装备列装时,直接领导者会学习如何使用,并训练自己的下属掌握同样的技能。单兵训练后是团队训练,接下来是部队一起训练。陆军领导者很清楚,把握装备的优缺点至关重要。要想赢得作战,对这些因素的适应十分必要。

装备的使用

6-36 直接层面、组织层面以及战略层面的领导者需要了解装备对他们的作战行动所具有的功能性价值,并且应该知道如何在其部队与组织中使用装备。在较高的层面,对领导者技术知识的要求从理解如何操作单个装备转变到懂得如何使用整个系统。高层领导者有责任对未来的可能保持密切的关注,并且应该认识到装备投入实战后会对组织产生的影响。某些组织与战略层面的领导者负责新系统开发的总体监管事务,他们应该了解系统的主要特点与应具备的功能。他们的关注点在于了解技术层面的问题,即系统是如何影响条令、组织设计、训练、相关物资、人员与设施的。他们必须确保给各个组织提供所有必要的资源,以便恰当地列装、训练、维护、操作、设备造册与归还装备。

联合知识

6-37 联合作战就是团队作战。根据从以往部署中所获得的经验,1986年的《戈德华特-尼古拉斯法案》(Goldwater-Nichols legislation)授权美国各军种之间进行高层次的合作。自那时起,在陆军领导者中,从大部分初级战场领导者到居于战略层面的将军们,无不认识到联合作战的重要性。领导者们通过在联合职业军事教育计划中的常规训练以及在联合部队与参谋机构中承担任务获取联合作战的知识。陆军领导者认为在战场上所有军种各有自己的强项与局限。在面对复杂的作战环境时,只有各军种之间进行紧密合作,才能确保迅速完成任务。

文化与地缘政治知识

> 在与部落打交道时,如果你能够穿上阿拉伯人的服装,你将会取得他们的信任和亲近。这是你身着军装所无法做到的。
>
> ——T. E. 劳伦斯(T. E. Lawrence)
>
> 《二十七条军规》(Tewnty-Seven-Articles)(1917)[①]

6-38 什么是重要的?人们在这一问题上所拥有的共同信仰、价值观念与假定构成了文化。陆军领导者关注以下三种情况下的文化因素:

- 对团队成员的不同背景保持敏感,以在最大限度上发挥他们各自的才能。
- 了解军队作战所在国家的文化。
- 在与他国军队进行合作时,考虑并且评估作战伙伴的习俗、传统、条令原则以及作战方式所具有的可能含义。

6-39 了解对手与军队作战所在国家的文化,与了解军人自己的国家与部队文化同样重要。在当代作战环境中,小规模的部队往往置身于更为复杂且为媒体持续性关注的文化背景之中,这要求每位陆军领导者都具有更强的文化与地缘政治意识。相应地,应该了解时事动态,尤其是需要了解那些发生在美国有着自身国家利益的地区的时事动态。在部署之前,确保战士们与部队已经做好了与特定地区人员打交道的准备,无论他们是合作者、中立者还是对手。对包括他们的语言在内的情况了解得越多,部队就会处于越有利的环境之中。

6-40 了解其他文化的做法适用于所有类型的行动,而不只是限于维稳与重建行动。例如,有些对手宁愿战死也不接受投降的屈辱,而另一些则视

---

① Royle,37.

投降为一种光荣的选择,因此,应该针对不同类型的敌人采取不同的策略。同样,如果一支部队作为多国部队的组成部分参与行动,领导者对其合作者能力与局限性的了解程度,将会影响到该团队完成任务的情况。

6-41 了解文化对于多国作战行动的成功来说十分关键。陆军领导者应该花时间了解合作伙伴的习俗、传统以及作战程序和条令。为了多国背景下的成功行动,美国领导者必须知道彼此在条令术语以及解读命令和指示时的所有差异。他们必须了解他人会怎样思考与行事,以及为什么会这样。在多国军事力量中,高效领导者经常会通过吸收不同文化的实践来营造"第三种文化"氛围,从而创建出共同行动的基础。

6-42 在多国作战的环境中工作,除了需要克服语言障碍之外,领导者还需要使计划与命令尽可能简单明了,以避免产生误解和不必要的损失。专职联络小组与语言学家在合作者之间架起了文化的桥梁,以缓解彼此之间的差异,但是他们不能消除所有差异。FM3-16 提供了有关多国情境下工作的信息。

6-43 在 2003 年 4 月的"自由伊拉克行动"中,文化意识在对纳杰夫的和平占领中扮演了重要的角色。

毫不松懈的士兵们跪下了①

在克里斯托夫·休斯(Christopher Hughes)中校的率领下,第 327 步兵团二营的士兵们向纳杰夫推进,经过几个星期与叛军的持续作战,士兵们疲惫不堪。这是在 2003 年 4 月初。该部队隶属于第 101 空降师,当时正在参加一场夺取通往巴格达途中的纳杰夫圣城的更大规模作战行动。

---

① Julian E. Barnes, "A Thunder Run Up Main Street," *U. S. News and World Report* (14 April 2003): < http://www.usnews.com/usnews/news/articles/030414/14front2.htm >. Edwin Black, *Banking on Baghdad:Inside Iraq's 7,000-Year History of War, Profit, and Conflict* (New York: John Wiley and Sons, 2004). Jim Lacey, "From the Battlefield," *Time Magazine* (14 April 2003): < http://www.time.com/time/magazine/article/0,9171,1004638,00.html >.

第327步兵团二营曾参加过越战,就在将要返回国内的前几天,该营最优秀的一名军人阵亡。他最喜欢说的格言就是"杀敌毫不松懈",为了纪念他,该营称自己为"毫不松懈"营。

二营营长休斯中校对穆斯林习俗并不陌生,他曾参加过针对美国船只科尔号爆炸事件的调查行动,并且曾在联合反恐特遣部队任职。不过,他还是抓住机会,去了解他和他手下的士兵们正在进军的纳杰夫城中的什叶派人员及阿里大清真寺的更多信息。在那个月的早些时候,在驱车离开科威特的54个小时中,休斯仔细听了伊拉克裔美籍翻译介绍的情况,包括阿亚图拉·阿里·西斯塔尼(Ayatolla Ali Sistani)*的重要性,西斯塔尼在萨达姆·侯赛因(Saddam Hussein)统治下度过的监禁岁月,以及什叶派人士如何把这座镶有金色穹顶的清真寺看作最神圣的地方之一。

休斯及其率领的士兵向清真寺行进。当他们要求西斯塔尼发布宗教教令,以允许美军不受任何抵抗地向巴格达行进时,遇到了愤怒的人群。

数百人困住了清真寺的入口,认为美国人要进去摧毁它。他们不断地喊着:"进城可以,进城没有什么,但绝不可进清真寺!"休斯不得不采取迅速的行动以平息他们的恐惧。最初,他将其武器指向地面,但没有人注意到这点。

紧接着,休斯命令其部队下跪。一些士兵满怀疑虑地看了他一眼,但仍然毫不犹豫地遵令而行。他们相信自己的领导者。人群中的许多伊拉克人也加入了他们的行列。休斯中校采取了进一步的行动,他命令自己的士兵向众人微笑,对此伊拉克人也还以微笑。人群中的怒气烟消云散了。一种普遍的友善氛围出现了,这使休斯能够让他的士兵们起身离去。

---

* 伊拉克什叶派领袖。——译者注

> 当休斯转身离开时,他以传统的伊斯兰礼节,将右手置于胸前,说道:"和平与你们同在!祝你们拥有美好的一天!"教令颁发给了休斯的部队,巴格达得以占领,不必要的冲突得以避免。
>
> 出于对文化多样性的理解,出于一种令美国军人与众不同的适应力,这些久经战阵的勇士们以外交方式和对他人的尊重赢得了胜利。

6-44 当陆军领导者面对需要将影响力扩展到传统指挥链之外的挑战时,文化意识与地缘政治知识将会发挥重要作用。关于这一重要主题,第7章将会做进一步的探讨。

以能力为基础的领导力：从直接层面到战略层面

> 简而言之，在21世纪，陆军领导者需要成为一名五项全能运动员，一名具备多种技能的领导者，能够在多变而复杂的作战环境下茁壮成长……一名具有创新精神与适应能力的领导者，精通战争艺术与科学。
>
> 陆军需要的是具有如下品质的领导者：果断、创新、灵活，有敏锐的文化意识和高效的沟通能力，并致力于终身学习。
>
> ——弗朗西斯·J.哈维（Francis J. Harvey）博士
> 陆军部长
> 在美国陆军指挥与参谋学院毕业典礼上的演讲（2005）[1]

领导者的作用在于提供目标、指导与激励。陆军领导者努力工作，致力于**领导**（lead）人们，**提升**（develop）自身、下属与组织，在各种冲突中**完成**（achieve）自己的使命。

要想在作战环境下有效地实施领导，考虑到领导本身的各个

---

[1] Bob Kerr, "CGSC Class of 2005 Graduates," *Fort Leavenworth Lamp*（23 June 2005）: 12.

方面对部队成员的影响非常重要。气候、地形与昼夜的循环共同构成所有作战行动的基础。这种基础性环境受技术影响,反过来影响火力运用、机动、防护以及领导。致命的威胁、武器的效用、困难的地形以及敌军力量的存在,这些因素交织在一起所形成的心理冲击力,会引发混乱与困惑,从而把简单的战术与作战计划变成最具有挑战性的竭力付出。

持续地培养和完善价值观与品质,以及获取专业性知识,只是成为称职领导者的部分条件。只有当领导者采取有效的行动,并且运用核心领导能力及其相应要素时,才可以说是实施了成功的领导。当一个人从直接层面的领导岗位转向组织层面与战略层面的领导岗位时,这些领导能力也会呈现出细微的差异与复杂化的特征。

直接层面的领导者的一项领导行为是提供任务意图。在组织层面,领导者就可能会提出愿景并授权他人。而在战略层面,同样的领导者就会引导变革,塑造组织,从而为未来的胜利创造条件。第11章与第12章将会更为全面地阐述不同组织层面的领导者所面对的挑战,以及核心领导能力是如何适应并应对这些挑战的。

第7章 实施领导

美军士兵……要求他的领导者具备专业才能。在作战中,他想知道一切事情都在正常进行,而不会出现不必要的伤亡。佩带V形臂章的军士应该是排里最优秀的士兵,他应该知道如何履行他的所有职责。美军士兵期望他的军士长能教他如何做好工作。他对军官会有更高的期望。

——奥马尔·N.布拉德利

陆军五星上将(1950—1953)①

7-1 陆军领导者将品格、风度、才智与能力运用于核心领导能力之中,并且指导他人实现共同目标和使命的达成。直接层面的领导者通过面对面的方式来影响他人,譬如,一个团队的领导者会发出指示,认可成果,鼓励努力工作。组织与战略层面的领导者会在其管辖范围内对包括其直接下属与参谋人员在内的其他人施加影响,但经常会运用间接的影响手段来为自己的组织提供指导。在直接领导层面,一位排长知道营长要求他们做什么,并不是因为中尉得到了面对面的指导,而是因为中尉理解了比自己高两级的指挥官的意图。这种意图在组织层面和直接层面的领导者之间创建了关键的纽带。在所有层面,领导者们都会利用正式与非正式的过程(见第3章)将影响力扩展到常规的指挥链之外。

7-2 实施领导分类下的核心领导能力主要包括四种能力(见附录A关于核心领导能力的描述与举例)。就**领导他人**和**将影响力扩展到指挥链之外**这两种能力而言,它们主要关注两个方面:一是谁是被领导者,二是拥有何种

---

① Omar N. Bradley, "American Military Leadership," *Army Information Digest* 8, no. 2 (February 1953): 5.

程度的权威与影响力。其他两项主要能力涉及领导者发挥其影响力的两种方式：以身作则与沟通交流。

- **领导他人**涉及对自己的部队或者组织的军职或文职人员施加影响力。这种能力包含许多方面，如下达清晰的指令，强化行为标准，在关心下属与任务需求之间寻求平衡，以使他们成为战斗力的源泉。在一个拥有规则、程序与规范的既有指挥链之内实施领导，与在一个既有组织之外或跨越指挥链实施领导是不同的。

- **在指挥链之外扩展影响力**，要求具有在包含不同层次指挥机构的环境下进行作战的能力，并且能够在常规指挥链之外发挥自己的影响力。这不仅需要与联合部队、盟军部队以及多国合作伙伴进行联系，也要与当地民众、民选政府或非政府机构联络沟通。在这方面，领导者经常必须在没有获得授权或权威没有得到其他人认可的情况下采取行动。

- **以身作则**对于自始至终进行高效的领导来说十分重要。无论有意与否，领导者都为他人提供了思索和效仿的榜样。以身作则的能力提醒每个领导者发挥典范的作用。领导者的行动应该以陆军价值观为基础，并富有战斗精神。

- **沟通交流**可以确保领导者清晰地理解组织内部需要做什么以及为什么要这样做。这种能力着眼于保持团队行动的清晰焦点，以完成使命所赋予的目标与任务。它有助于达成共识，对于在形形色色的多国环境下成功作战来说，是一种关键的工具。成功的领导者通过不断培养自己的口头、书面、聆听等方面的高级技巧，来提升自己在沟通交流方面的能力。指挥官运用清晰简明的任务指令和其他标准沟通方式来向下属传达他们的决策。

领 导 他 人

7-3 前陆军参谋长克赖顿·W.艾布拉姆斯（Greighton W. Abrams）曾经这样说道：

> 陆军是由人组成的；它的战备状态有赖于人的战备状态，不管是作为个体还是部队。通过训练、激励、支持陆军成员，以及赋予他们一种参

以能力为基础的领导力：从直接层面到战略层面

与陆军重大行动的意识，我们不仅能够增强陆军的战备状态，也能够在思想上培养战备意识。

7-4 陆军所有的核心领导能力，特别是领导他人的能力，都包含影响力。领导者可以运用多种技巧来影响他人。从赢得下属的服从，到确立对于成功的承诺。服从是遵守具体要求或命令的行为。承诺是心甘情愿地奉献或者忠诚于事业或组织。抵制是服从与承诺的反面。在影响他人服从或承诺方面有很多技巧，领导者可以根据具体形势来运用一种或数种技巧。

服从与承诺

7-5 以服从为核心的影响力主要建立在领导者权威的基础上。向下属直接下达命令是执行任务期间获取服从的一种方式。服从适用于短期、即时的要求，以及不能允许出现风险的情况。针对那些不太熟悉自己任务的人，或者不愿意、不能够完全按照要求工作的人，领导者运用服从的技巧也是适当的。如果某件事需要立即做，不能有任何的耽搁，同时下属也不太需要理解为什么要有这样的要求时，服从就是一种可以接受的方式。当领导者的最大目标是在团队中营造积极主动而相互尊重的氛围时，这种以服从为核心的影响力就不是特别有效。

7-6 一般而言，以承诺为核心的影响力将会产生更为长久、更为广泛的效果。服从只能改变下属的行为，而承诺却有更为深远的影响——在改变下属的行为之外，还可以改变他们的态度与信念。例如，当领导者在下属中培养起责任感时，下属们可能会表现得更有主动性，有更多的个人参与以及更大的创造性。承诺源于个体的期望，即通过为组织做贡献来获得控制的感觉以及提升自我价值。根据影响力的目的不同，领导者可以通过下属对国家的认同（忠诚）、对陆军的认同（敬业精神）、对部队与组织的认同（无私奉献）、对部队领导力的认同（尊重），以及对工作的认同（职责），来强化承诺。

影响技巧

7-7 领导者可以运用几种具体的技巧来发挥其影响力，这些技巧构成了以服从和承诺为两个端点的连续体。下面所描述的十种技巧，可以运用于寻求不同程度的服从与承诺，其范围从处于服从一端的"施加压力"，直到处于承诺一端的"关系建设"。

7-8 施加压力（pressure），指的是领导者运用清晰的命令来促使下属服从。例如，规定完成任务的最后期限，如未完成则需承担消极后果。间接的压力包括不断提醒对下属的要求、经常进行检查等。这种技巧不应该经常使用，因为它容易引发下属的怨恨，在领导施加的压力过于苛刻时尤为如此。当下属意识到压力其实与任务没有关系，而是由于领导为了其个人被认可而有意去取悦上级时，他们的怨恨就会迅速破坏组织的士气、凝聚力与绩效。在情势危急、时间紧迫，而此前旨在确立承诺的努力未能收效的情况下，施加压力是一种好的选择。

7-9 合法要求（legitimate requests），指的是领导者以其权力为基础提出的要求。在军队中，无论处于什么环境下，当下级领导者接到来自上级的合法命令时，都必须完成特定工作。对领导者职位的描述，意在提醒那些被影响者：如果没有达到要求，将有可能会面临正式的处分。

7-10 交换（exchange），指的是领导者以提供下属所渴望的某些物品或行动的方式，来换取人们服从某一命令的影响力技巧。交换技巧要求领导者控制某些资源或奖励，而这些资源或奖励是那些为影响者所看重的。例如，在维护检查期间表现优秀者，将会被奖励四天的休假，就是交换作为影响力技巧的例子。

7-11 个人恳求（personal appeals），当领导者请求下属基于友谊或忠诚来答应一项要求时，所依靠的是个人恳求。这种技巧可能经常在困难的情况下发挥作用，在这种时刻相互信任是成功的关键所在。在下级领导者承担一项艰巨任务之前，领导者通过强调下级所具有的特殊天赋与对他们专业能力的信任的方式发出恳求，从而强化下属的信心。作训科科长可以请一名参谋在重要的指挥官会议上作简要报告，如果他知道这位参谋最精于此事并且可以准确传达指挥官的意图的话。

7-12 合作（collaboration），指的是领导者协作提供援助与资源，以完成指令或指示。领导者做好介入与解决任何问题的准备,这使得他的选择更有吸引力。部署人道主义援助之前的主要规划方案,可能需要联合部队、跨部门之间或多国机构之间进行合作。

7-13 理性说服(rational persuasion),要求领导者提供证据、合乎逻辑的论点或解释,以展示某种要求为什么与达成目标有关。对于获得下属的服从或承诺而言,这通常是首选的方法,而且,如果领导者在他力图发挥影响力的专业领域中被认为是专家的话,理性说服的方式可能会非常有效。领导者经常会运用自己的经验来说明某些任务可以轻而易举地完成,因为他已经尝试过并且取得了成功。

7-14 告知(apprising),就是领导者解释为什么某种要求对下属是有好处的,例如给他们的工作提供更大的满足感,或者以某种方式执行任务会事半功倍。与交换形成对照的是,这些好处不在领导者的控制范围之内。指挥官可以运用告知的技巧来告诉新分配来的军士,在任副排长之前先担任作战参谋,会给他带来十分宝贵的经验。指挥官会指出,额外的知识会帮助军士比他的同辈取得更好的绩效,并且可能会使他迅速晋升为二级军士长。

7-15 激励(inspiration),这一技巧指的是领导者以激发对要求的热情的方式来唤起下属的强烈情感,从而树立起信念。领导者可以对同事强调指出:如果没有援助,团队的安全可能会面临风险。通过适当地强调更大的承诺所能产生的效果,部队领导者能够激励下属们超越最低标准,达到杰出的绩效水平。

7-16 参与(participation),指的是领导者请下属参与到解决问题或实现目标的规划中。积极的参与会增强价值感与认同感。它使人们重视自己的付出,并且会强化人们对履行义务的承诺。当高层领导者力图使长期变革的愿景制度化时,邀请他人参与非常关键。在规划阶段,通过邀请各层面的主要领导者参与进来,高层领导者可以确保下属相信愿景。这些下属以后将会继续追求重要的中长期目标,即使高层领导者已经离开。

7-17 关系建设(relationship building),指的是领导者建立积极融洽和相互信任的关系的技巧,以使下属更愿意支持他们的要求。这方面的例子包括：对下属的福利表示关注,对下属进行表扬,理解下属的立场。这一技巧一直是最有效的。如果以前没有运用过这一技巧,期望能够立马见效并不现实。随着时间的推移,这种做法能够成为获取下属承诺的持续有效的方式。

让影响技巧发挥作用

7-18 要想成功建立真正的承诺,影响技巧就应该被认为可信而真诚。积极的影响力来自那些做了对陆军、使命、团队与每个士兵有利的事情的领导者。消极的影响力——真实的和被感受到的——来自那些主要关注个人利益与缺乏自知之明的领导者。即使是怀有高尚的意图,如果被下属错误地视为为自我谋利的话,那么只会得到服从而已。误解可能会产生意想不到的负面作用,例如对领导者的怨恨和对部队凝聚力的破坏。

7-19 任务的重要程度也决定了采用哪一种或哪几种影响技巧更为合适。当形势紧迫并且有较大风险时,取得下属服从可能是可取的。直接层面的领导者经常运用服从技巧作为权宜之计来协调团队行动。相对而言,组织层面的领导者通常追求更长期的目标,并运用间接影响来建立坚定的承诺。

7-20 对下属施加影响时,陆军领导者应该考虑如下几个方面:

- 运用影响力的目标应该与陆军价值观、道德标准、《军事审判统一法典》、战斗精神以及文职人员守则相一致。
- 能够运用不同的影响技巧来获得服从与承诺。
- 寻求服从的影响技巧应围绕针对特殊任务的需求。
- 鼓励承诺的影响技巧应强调授权与长期而持久的信任。

提供目的、动机与激励

7-21 领导者对他人施加影响是为了达成某些目的。为成功地施加影响力,陆军领导者心中会有一个目的或目标。有些时候目标十分具体,例如,在六个月内将训练事故的数量减少一半。与这个例子相比,许多目标相对没有那么清楚,并且比较难以量化,但依然会有效果、有意义。领导者可能会认为团队的士气需要提高,因而将这一点设为让他人参与和支持的目标。

7-22 目的体现了领导者想要做什么事情,而动机与激励则提供了能量,以保证专注于该目的,并且有信心动员与维持完成工作所需要的行动。动机与激励解决个人与团队需求。间接需求——工作满意度、成就感、团体归属感与自豪感——和比如升职或非司法诉讼等常规奖励与惩罚措施相比,通常有更广泛的深远影响。

7-23 除了目的与动机,领导者的影响力还包括指导(direction)。指导涉及如何实现目标、完成任务或使命。下属并不需要在任何情况下都得到执行细节的指导。有经验的领导者知道何时应该提供详细的指导,何时应该只关注目的、动机或激励。

7-24 任务指令传达目的,而不是提供过多的细节性指导。任务指令是以任务命令为基础、通过分权化的执行来有效地完成任务的军事行动行为。成功的任务指令取决于四个要素:

- 指挥官的意图。
- 下属的主动性。
- 任务命令。
- 资源配置。

7-25 任务指令是陆军制订计划的基础(如在FM5-0中所描述的那样),在FM6-0中对此有更为详尽的阐释。

提供目的

7-26 处于指挥位置的领导者运用指挥官意图来传达目的。指挥官意图是围绕敌人、地形与期望达成的最终结果(FM3-0)而进行的对军队获胜所必须采取的行动与必须满足的条件的简明清晰的说明。当不处于指挥位置,或者在非战术方面进行领导时,领导者也应该明确任务以及成功完成任务所需要的条件。对于非指挥岗位以及陆军文职领导者来说,可以用目标或组织障碍来替代敌人与地形。领导者以含蓄或明确的指示来传达目的,以使他人在保持专注的同时也可以发挥主动性。这一点对于出现未曾预料的机会或最初的方案不再适用之时非常重要。如果说直接层面或组织层面的领导者提供的是目的或者意图,那么战略层面的领导者通常提供的是长期愿景或概念模型(conceptual model)。

动机与激励

7-27 动机是做某事的原因或积极程度。动机源于一个人努力满足某种需求的内在渴望。人有多种需求,包括基本需求,比如生存与安全,还有高级需求,比如归属感和成就感。当需求未能得到满足的时候,人对于自身需求的意识最为强烈。

7-28 陆军领导者运用那些能激励他人的知识来影响被领导者。了解自己的士兵以及其他可能受自己影响的人,会赋予领导者以洞察力,以引导团队达到更高的绩效水平。了解动机如何发挥作用,会使领导者洞悉人们为什么会采取行动,以及驱使他们行动的动力有多大。

7-29 了解他人的需求并非易事,但考虑一下构成动机的三个方面会很有帮助:

- 激发(arousal):对于某种未能实现或未满足的事情的需求或者渴望。
- 方向(direction):引导努力与行动路线的目标或其他指向。
- 强度(intensity):为满足需求或实现目标所付出的努力的程度。

7-30 动机的激发、方向与强度将至少会产生四种直接有利于高效工作表现的因素。动机将**注意力(attention)**集中到议题、目标、任务程序或需要做的事情的其他方面。动机决定人们付出**努力(effort)**的程度。动机在人们付出时间的长短上产生**持久性(persistence)**的程度。动机的第四个产物是**任务策略(task strategy)**,这种策略界定完成任务的方式——为实现某一特定目标而运用的知识与技巧。了解完成任务的更好方式,将会改善绩效,并成功实现预期目标。

7-31 动机基于个人与情势。个人是工作知识与能力、个性与情绪、信仰与价值观念的贡献者。情势则是指客观环境、任务程序与标准、奖励与支持、社会规范、组织氛围与文化。通过影响个人与情势,领导者能够促进个人动机。影响技巧会在动机的不同方面发挥作用。

7-32 自我效能(self-efficacy)* 是对自己拥有完成任务或达成目标的能力

---

* 自我效能(self-efficacy),心理学术语,指人对自己是否能够成功地成就某一行为的主观判断,与自我能力感同义。一般来说,成功的经验会增强自我效能,反复的失败会降低自我效能。——译者注

的信心。通过培养必要的知识与技巧,领导者能够加强他人的自我效能,进而增强他们的动机。某些知识与技巧可以有助于更巧妙、更努力或更长久地工作。例如,在不降低工作质量的同时,学会以一种更有效的方式来完成任务。

7-33 情感激励是领导者用来强化动机的另一种方式。提供令人鼓舞的关于未来目标的愿景,可以增加下属对于实现这一愿景的内在渴望。领导者在发表讲话时可以通过形象化的语言来鼓舞人心。令人鼓舞的形象能够使团队充满活力,使人们不仅局限于满足个人利益,而是超出预期。作战与危及生命的情势会产生足够的作为自然反应的激发因素,领导者在这种情况下不需要进行激励;相反,他们需要通过提供稳定平和的影响与关注,来节制过度的情绪激发。适度的情绪激发需要采取细致的平衡措施。在恶劣而充满压力的情势下进行训练,会使个体有机会体验不同程度的情绪激发。

7-34 领导者可以鼓励下属独立和共同设定目标。为众人所接受的目标有助于注意力与行动的聚焦,增加人们的投入度,让人们即使在失败时也能够坚持不懈,并发展出有助于实现目标的策略。

7-35 通过刺激(incentive)(如金钱奖励或休假奖励)和内在奖励(internal rewards)(如表扬与认可)可以强化动机。在需要立即终止危险或其他不良行为时可以使用惩罚。惩罚可以向部队的其他人传递清晰的信息,使他们知道什么是期望的行为以及违背期望所可能产生的后果。领导者可以用这样的方式塑造部队的社会规范。需要注意的是,要尽量少采用惩罚措施,并且只是在极端的情况下才使用,因为惩罚会引发怨恨。

7-36 高效的领导者会在他们的影响范围内运用价值观念与共享目标来激励他人。领导者鼓励他人思考自己的承诺,例如部队内的共享目标。此外,组织内部经常存在共同的价值观念,这些观念构成了个体承诺的基础(例如,个人的勇气,荣誉与忠诚)。让他人了解某项特定任务是如何关系到一项更大的使命、目标或目的的,通常是高效的激励技巧。

7-37 个体会因他们所履行的职责而受到激励。一般来说,如果某人乐于承担某项任务,并有内在的激励,那么一句简单的"干得好!"就足以使他继续保持绩效,不需要用其他的奖励或刺激来驱动他继续致力于这项任务。在这种情况下,享受任务的乐趣提供了内在奖励,从而激励士兵完成任务。

7-38 人们经常希望被赋予机会为自己的工作负责,并且发挥出自己的创造力——他们希望获得授权。授权给下属包括:训练下属从事某项工作,提供给他们必要的任务策略;给予他们必要的资源、权力与清晰的意图,然后退到一旁,让他们来完成任务。授权给下属是信任的强有力证明,是培养他们成为领导者的最好的方式之一。指出下面这一点很重要,取得授权也同时意味着承担自主行动与创造的责任。

7-39 当团队或组织渴望成功时,就会激发有效的动机。动机包括运用语言与示范来激励下属完成任务。它产生于人们对自己、对部队、对领导的信任。这种信任是通过艰苦与真实的训练以及持续公正的领导而建立起来的。动机也源于个人对组织所承担的更大使命的信念,以及属于更大的图景的一部分的感觉。

营造与保持士气

> 就像个体的人一样,军队也有灵魂。没有哪个将军能够完成其部队承担的所有工作,除非他能在指挥下属的身体及双腿之外,还能指挥他们的灵魂。
>
> 威廉·T. 舍曼(William T. Sherman)
> 致尤利塞斯·S. 格兰特(Ulysses S. Grant)将军的信[①]

7-40 在军事历史学家关于伟大军队的描述中,关注的经常是武器、装备、训练与国家大业。他们可能会提及数字或其他可以进行分析、量化与比较的因素。许多历史学家也十分重视一项无法被轻易量化的关键因素,即被称为士气的情感性因素。

7-41 从人的维度来说,士气是最重要的无形因素。它被用来衡量人们对自我、团队以及领导者的感受。高昂的士气来自良好的领导、共同的付出与对彼此的尊重。这种情感的纽带源于战斗精神、共同的价值观(如忠诚)以

---

① Royle, 58.

及对陆军会照顾好军人家庭的信念。高昂的士气会打造出力求实现共同目标的富有凝聚力的团队。称职的领导者懂得，士气——这一必不可少的人的要素——会使团队凝聚在一起，在面对战争中出现的令人恐惧和沮丧的事情时，它仍然能够使团队一直向前。

7-42 奥迪·墨菲（Audi Murphy）上尉，荣誉勋章*获得者，也是第二次世界大战中获得勋章最多的军人，曾用如下这些简洁的话来描述什么是士气①：

> 你有一种战友的情谊……一种你不可能再有、在我们的社会中无论如何也不会有的亲密关系。我想它源于一心只为达成战争的目的而别无所求的意识。没有人和人之间的角逐，金钱在这里也没有任何用处。你相信你身边的人可以以命相托。然而，作为一个平民，你可能甚至都无法放心地将 10 美分委托给他们中的任何一个。

7-43 能够代表陆军持久而高昂的士气的一支部队，是 101 空降师第 506 空降步兵团的 E 连。从诺曼底登陆到 1945 年德国战败，理查德·温特斯（Richard Winters）少校一直是这个连队的指挥官。在一次接受录音采访中他着重指出，良好的士气源于领导者与下属之间的相互尊重——领导者与下属同甘共苦并了解他们。他强调，优秀的领导者必须做好准备为自己所领导的下属付出一切——在任何方面。他们永远不应该向自己的下属索取什么。②

7-44 毫无疑问，E 连的高昂士气源于他们大部分的领导者之间强烈的相互信任感，以及在训练与实战中所形成的深情厚谊。这支部队知道，自己的指挥官将会捍卫战士们的利益，能够在作战准备与恢复休整的需求之间保持一种平衡。E 连的例子告诉我们：通过仔细地对艰苦付出、战斗牺牲以适当的认可和奖励进行平衡，就可以营造士气。奖励可能就是些很简单的事情，譬如让士兵们离开火线好好睡一觉，享用一顿热气腾腾的饭菜，给家里打个电话，看场电

---

* medal of honor，美国政府颁发的美国最高军事勋章。——译者注

① H. B. Simpson, *Audie Murphy: American Solider* (Dallas, TX: Alcor Publishing Co., 1982), 271.

② Christopher J. Anderson, "Dick Winters: Reflections on the Band of Brothers, D-Day and Leadership," *American History Magazine* (August 2004): < http://www.history net.com/magazines/american_history/3029766.html >.

影。奖励还可以包括延长休假期限，以及以士气、福利和娱乐为目的的旅行。

7-45 在极端危险的情况下，领导者可以通过为士兵提供掩护和支援，从而保证作战行动的成功，来进一步提升士气。士气高昂的部队在作战中通常更为高效，并能更好地应对困难与损失。并不令人惊讶的是，在几十年之后，那些经历了同生共死的部队还会经常重聚并保持亲密的友谊。在1993年索马里战争中，一名陆军飞行员在困境中匆匆写就的一段话，让我们意识到，在我们的士兵中，以及在领导得好的部队中，一直存在超乎寻常的士气。1993年10月，当一级准尉迈克·杜兰特（Mike Durant）不幸负伤并被索马里游击队俘虏时，他给自己的妻子写下了这样一句话：

> NSDQ = 夜行者不放弃！（Night Stalkers Don't Quit！）
>
> 第160特种行动飞行团"夜行者"的座右铭①

强化行为标准

7-46 为了领导他人并评估工作是否正确地完成，陆军制定了有关军事行动的标准。标准是正式而详细的指示，可以被描述、量化和达到。它们为绩效提供了标杆，使人们能够就具体任务的执行情况进行评估。为了有效地运用标准，领导者会了解、传达并且执行严格而符合实际的标准。好的领导者会就运用于其组织的标准进行解释，但将执行标准的权力交给下属。

7-47 当为了部队行动而执行标准时，领导者必须清醒地意识到，并不是所有的事情都是当务之急。不论事情大小，一味力争在所有方面都追求卓越，将会使组织负担过重。领导者必须就任务进行轻重缓急的区分，同时也不允许其他任务低于已有标准。真正的专业人员能够确保标准与任务的重要程度相匹配。

7-48 领导者的最终目标是训练组织达到标准，从而确保它在作战时能够顺利完成任务。领导者的日常工作包括为组织设立中期目标，以使组织做

---

① Mark Bowden, "Blackhawk Down," Chapter 29, *Philadelphia Inquirer* (14 December 1997): < http://inquirer.philly.com/packages/somalia/sitemap.asp >.

好达到标准的充分准备。要想做到这一点,领导者需要运用陆军训练管理周期。这种训练管理过程被用来设定合适的训练目标,以及制订计划、配置资源、执行任务和进行相应的训练评估(详见FM7-0)。

检查与检验

7-49 适当的监督对于确保任务按标准完成来说是必要的。它是关爱士兵的一个组成部分。领导者越是了解自己的部队与下属,就越能在找出细节方面取得平衡。训练下属独立行动的能力非常重要。为了培养下属的独立性与主动性,直接层面的领导者会给出指令与清晰的任务意图,然后让下属去完成工作,而不会总是盯着下属不放。

7-50 完成部队的现实使命至关重要。这要求部队与个人都做好充分的准备。这是领导者为什么要进行检查——战前检查(pre-operation checks)与正式检验(formal inspections)——的原因(FM6-0)。全面检验可以确保士兵、部队与系统有充分的能力和准备,以便在时间与资源允许的情况下执行任务。

7-51 重点检查可以最大限度地减少出现疏忽与错误的机会,从而避免把任务搞砸或造成不必要的伤亡。检查也给领导者以机会看到并认可那些做事得当的下属,或者在必要时进行当场纠正。例如,副排长授权给排里的各位班长,让各班做好战术行军的准备。副排长会监管整个行动的进行,除非出现差错、敷衍或者失误,否则他不会亲自干预。副排长置身现场,主要是为了回答问题或者是解决班长们无法处理的问题。这种监管方式能确保各班都做好达标的准备,同时给予班长们权力和信心去做好他们的工作。

灌输纪律

7-52 坚持执行标准的领导者同时也重视纪律观念的灌输,而后者会在紧急关头发挥作用。遵守纪律的人会采取正确的行动,即使他们并不喜欢这样做。真正的纪律要求习惯性的理性服从。这样的服从保留了主动性,即使在领导者不在现场或者出现混乱与动荡的情况下,也能够发挥作用。

7-53 纪律并不意味着厉声下达命令,和强令立即的回应。好的领导者会通过各种各样的方式一步步地灌输守纪的观念,例如训练达标、赏罚得当、培养自信、建立互信、确保军职与文职人员具备必要的技战术方面的专业知识等。信心、信任与团队协作对于取得作战胜利十分关键。

7-54 当组织面对复杂危险的局面时，个人与集体的纪律观念通常是取胜的关键因素。一般来说，开始的时候是某位坚韧、称职且守纪的个人认识到有必要激励他人遵循榜样，从而扭转乾坤。在"自由伊拉克行动"期间发生的一件事情，充分说明了训练中培养出来的纪律观念是如何在战时发挥作用的。

单个人可以扭转整个局面[①]

2003年4月4日，陆军上士保罗·史密斯（Paul Smith）开始了他在巴格达机场一天的工作，他的主要责任是建造一个临时战俘关押所。然而，在这一天尚未结束之时，他就献出了自己的生命，同时挽救了多达100人的生命。

史密斯上士是被分派到第11工兵营B连的战地工兵，以支援2-7步兵特遣队的行动。史密斯的呼号是"工兵七号"，他深受士兵们的喜爱。身为一个监工，史密斯在"沙漠风暴"行动中的经历让他明白，训练必须不怕疲劳并严格按标准来。史密斯担任代理排长的时候，50—100名受过良好训练的萨达姆共和国卫队士兵向史密斯和他的手下发动进攻。

史密斯的三名士兵受伤严重，他协助受伤者撤到附近的急救站，那里也正在遭受攻击。史密斯组织起了仓促防御，他告诉一名士兵："我们要吃尽苦头了。"

史密斯奋不顾身地在一个暴露的阵地上操起了一挺50口径机枪。在枪声沉寂下来之前，他射出了三百多发子弹。那一天，史密斯上士是该部队中唯一一名牺牲者。由于在火线上所表现出的纪律与勇敢，史密斯获得了在"自由伊拉克行动"中颁发的第一枚荣誉勋章。

---

① Eric Schmitt, "Medal of Honor to Be Awarded to Soldier Killed in Iraq, a First," *The New York Times*（30 March 2005）: A13. Joe Katzman, "Medal of Honor: SFC Paul Ray Smith," Winds of Change Web site（23 October 2003）: < http://www.windsofchange.net/archives/004196.php >.

7-55　在整个历史上,军人们经历了一场又一场险恶的伏击战并取得了胜利。如同保罗·史密斯上士一样,他们都有在逆境中坚韧不拔的独特能力。这种能力深深地根植于他们对自我、朋友、领导者、装备以及训练所拥有的信心中。最为重要的是,军人坚韧不拔是因为他们纪律严明,并有很强的适应能力。

平衡军人的使命与福祉

> 对于战备与卓越的绩效来说,领导与关爱一样都不能少……
> ——小约翰·A.威克姆(John A. Wickham, Jr.)将军
> 陆军参谋长(1983—1987)[①]

7-56　照顾好军职与文职人员的需求,是所有陆军领导者的基本职责。对于下属福祉发自内心的关怀,与动机、激励和影响密切相关。军职与文职人员更愿意为那些关心他们的领导者付出更多。派出军职或文职人员用会带来伤害的方式去执行任务的做法,看上去与强调关心下属相矛盾。一名真正关心战友的领导者怎么能够派他们执行可能会危及其生命的任务呢?同样,当要求初级军官与军士来界定领导者何为时,大部分答复都是"照顾好自己手下的兵"。

7-57　关心士兵意味着创建一种纪律严明的环境,以使他们在这种环境中学习与成长。关心士兵意味着在训练以及在令他们准备自己的工作时以严格的标准要求他们,以使他们能够在平时取得成功,在战时赢得胜利。关心士兵、公平对待下属、拒绝糊弄、同甘共苦、以身作则,这些都至关重要。

7-58　关心士兵也意味着要求士兵履行自己的职责——即使是面临生死关头。让士兵做好准备,以应对实战中的残酷现实,是直接层面的领导者最为重要的职责。关心士兵并不意味着要娇惯他们,或者使训练变得轻松舒适——这样的训练只会使士兵战时白白送命。训练必须严格,尽可能模拟实

---

① *The Chiefs of Staff, United States Army: On Leadership and the Profession of Arms* (Washington, DC: Information Management Support Center, August, 2000), 37 (hereafter referred to as *Chiefs of Staff 2000*).

战,同时还要有安全意识。领导者采用风险管理来确保制定合适的安全标准。在战时行动中,部队领导者必须意识到这样的需要,即要给士兵提供适当的舒适度,以鼓舞士气,维持长久的战斗力。不过在任务面前,舒适永远是第二位的。

7-59 关心他人意味着掌握士兵在特定一天的个人状态,或者他们对于某项特定任务的态度。领导者的三项特质——品格、风度与才智——可以作为头脑中的事项清单,用来检查军职和文职人员的福利与战备情况。到底是应该加以鼓励,以促成下属去完成任务,还是在需要减轻负担的时候,为避免那些难以接受的风险或伤害,而寻求用其他方式来完成任务,这些都由领导者来决定。

7-60 许多领导者与下属都会保持私人层面的联系,因此他们能够预见并理解下属个人的处境与需求。正如本章前面所讨论的,建立关系是从下属那里获得影响力与承诺的一种方式。了解他人是许多成功的领导者之所以能够善待员工的基础。对他人的了解表现为多种形式,从确保一名军人有时间每年检查一次牙齿,到发现一个人的爱好与消遣,等等。不管士兵是在常驻地工作,还是被部署在外,领导者都应该提供充分的家庭支持与保障网络,以确保对其家庭的照顾。

将影响力扩展到指挥链之外

7-61 传统而言,陆军领导者在本部队以及现有的指挥链之内实施影响力。尽管如此,多重技能的领导者也必须能够对指挥链之外的人员施加影响力。影响力的扩展是第二种领导才能。在当前深受政治与文化影响的作战环境中,即使是直接层面的领导者也要与联合军种、跨部门、多国部队、媒体、当地民众、政治领袖、警察以及非政府机构密切协作。要想扩展影响力,就需要特别清楚不同影响力所发挥出的不同的作用。

7-62 当将影响力扩展到传统链之外时,领导者通常必须要在得不到军衔或职位授权的情况下发挥影响力。文职与军职领导者常常发现自己处于这样一种局面中,即他们必须成立非正式的团队来完成组织的任务。

7-63 影响力扩展的一个特别之处在于:那些指挥链之外的被影响者,可能甚至不承认或者不情愿接受某位陆军领导者的权威。非正式团队通常需要在不存在正式指挥链的情况下建立起来。在一些情况下,可能需要领导者证明自己领导他人的资格与能力。在另外一些情况下,领导者也许需要作为说服者而不是利用明显的职位和权势与他人互动。

7-64 扩展影响力与建立团队的关键性因素,是在未来的团队成员中创建共同的愿景。

7-65 在没有权力的情况下实施领导行为,需要有适应环境的能力和对特定情势的文化敏感性。领导者需要具有理解不同的社会习俗与信仰体系,并处理那相关情境之中的问题的文化知识。例如,在执行和平行动时,即使是小分队的领导者与文职谈判者也必须明白:他们与当地居民及其领袖的互动,会对整个战区战略都产生戏剧性的影响。从事挨家挨户搜查叛乱者行动时部队所表现出的态度,既可能会使地方民众愿意接受权威,也可能会反过来刺激更多的人投身到叛乱队伍。

7-66 影响力的扩展包括下述几种相关能力要素:

- 在军事指挥权力边界之外建立信任。
- 理解影响力的范围、方式与局限。
- 谈判、达成共识与解决冲突。

在权力边界之外建立信任

7-67 对于在传统指挥体系之外工作的领导者来说,需要面对的第一项挑战,就是组建高效而有凝聚力的团队。这些团队通常不得不由一些不同的团体构成,而这些团体并不熟悉军事和陆军的习俗文化。在没有相当信任的情况下,团队将无法进行良好运作。为了建立信任,领导者必须确认成员们的共同利益与目标之所在。两个人或两个团体之间的信任,在很大程度上建立在如下基础之上:能够预见到对方会理解哪些东西,以及对方在不同的情况下会做出什么样的反应。让对方保持知情,也能够建立彼此的信任。巩固与维持信任所依赖的是对于承诺的兑现。

7-68 成功的团队会发展出富有感染力的胜利者心态。问题被看作挑战而不是绊脚石。相对于松散的团体，凝聚力强的团队能更高效地完成使命。不过，尽管创建无缝团队是最理想的状态，但将彼此不同的团体结合在一起，有时却并不切实际。

7-69 建立联盟与组建团队类似。二者的差别在于，在联盟中各团体会保持更大的独立性。信任是那些高效联盟的共同要素。通过建立联系、增进友谊以及确认共同利益，随着时间的推移，联盟就会逐渐成形。

7-70 无论是关系紧密的团队还是相对松散的联盟，一起训练与工作都会增强集体能力和相互信任。彼此信任的关系最终将会渗透到整个组织之中，影响着每一个成员，无论性别、种族、出身、宗教，也无论是长期任职，还是临时派遣。

7-71 对于在组织与指挥链之外扩展关系，同样要求建立信任与凝聚力。这一点也适用于与特混编组部队、联合军种、跨部门、多国部队以及非战斗人员共事时。当一个特种作战分队向本地多国部队做出承诺，要为即将展开的作战行动提供关键性的空中支援与医疗物资的时候，领导者的个人声誉，以及对美国作为一个受人尊敬、热心援助的国家的信任就面临重大考验。

理解影响力的范围、方式与局限

7-72 在现有指挥体系和一般程序之内开展行动时，关于职责的规定与限制往往一目了然。在现有组织之外实施领导时，对参与各方进行评估，就成为行动的另一部分内容。确定谁是谁，谁承担、扮演什么样的角色，他们对哪些人拥有权力或影响，以及他们对陆军领导者的影响可能会做出何种反应——所有这些都是需要考虑的重要事项。有时这被视为要理解陆军或领导者影响力的局限。

7-73 横跨不同团体或组织的边界，是一项需要特别关注的工作。在指挥链之外发挥影响力的关键，在于了解相关的人员与组织机构。通过理解他们的利益与期望，领导者将会了解哪种影响力技巧最有可能发挥作用。领导者可以从商业运作如何协调有着不同利益的对立各方的经验中,学会某些处理利益分歧的艺术。

谈判、达成共识与解决冲突

7-74 在指挥链之外采取行动时,领导者经常需要解决陆军利益和当地民众或其他人之间的冲突。冲突解决需要确认各方立场的分歧点与共同点。对分歧要做进一步的分析,以便了解分歧背后的因素是什么。领导者应该提出方案,来重新阐释分歧,或者拿出妥协意见,以取得相互谅解或达成共同目标。信任、理解以及知道在什么样的情势下应该运用什么样的影响力技巧,在谈判、达成共识与解决冲突过程中都是决定性的因素。

以 身 作 则

展现品格

7-75 无论自己是否意识到,领导者都是在树立榜样。领导者会无数次根据直觉行动,而直觉源于他们过去的所见所闻。看到他人做了些什么,领导者将来可能就会做什么。品格良好的领导者会一直展现出这种品格。对那些与领导者打交道的人来说,领导者的这些品格特征勾勒出了他是一个什么样的人。有良好品格的领导者不必担心被人们看见在错误的时间做着错误的事情。

7-76 践行陆军价值观与战斗精神,是对良好品格和以身作则的最好展现。它意味着将组织与下属置于个人利益、职业发展与自我享受之上。对于陆军领导者来说,这就要求将他人的生命安全置于自我保护的私欲之上。

在不利状况下自信地领导

7-77 展现信心的领导者对追随者来说是一种激励。士兵们会追随那些相信自己能力的领导者,并会质疑那些迟疑不决的领导者。

7-78 在事态发展不利的情况下表现出信心与镇定,这对于任何人来说都是一种挑战,但对于率领他人走出严峻形势的领导者来说,这一点十分重要。信心是领导者气质的关键组成部分。领导者在面对挫折时所表现出来的犹豫不决,将会在他人中间引发连锁反应。形势严峻时,领导者的过分自信也可能会使他缺少对他人的适当爱护或关心。

7-79 自信地实施领导需要高度的自我意识以及把握情绪的能力。要想培养出不管情况如何都能保持信心的能力,需要做到以下几个方面:

- 曾经有过应对严峻局面的经历。
- 在形势变得混乱或者发生变动时,保持积极的态度。
- 在发现出错后保持决断的能力。
- 在他人表现软弱时给予鼓励。

展现道德上的勇气

7-80 在战斗与其他局面中充满信心,要求同时具有血气之勇(physical courage)和道德之勇(moral courage)。血气之勇能够使步兵们在敌人突破防线、弹药极为短缺的情况下坚守自己的阵地,而道德之勇则使领导者在同样的局面中能够坚守价值观、原则与信念。敢于为自己的决策和行动承担全面责任的领导者展现的是道德之勇。拥有道德勇气的领导者愿意进行批判性的内省,考虑新的理念,并且对那些导致失败的因素进行变革。

7-81 和平时期日常行动中的道德之勇与战争时期瞬间爆发的血气之勇具有同样的重要性。假设有一名装备测试委员会的文职人员,其责任是确定新的军事装备是否达到既定规格的要求。否定性的测试结果可能会引发来自项目管理办公室的个人压力与指令性阻力,尽管了解这一点,但具有道德勇气的测试者将会准备承受这种压力,保证在测试程序与结论上的客观公正。无论是文职人员,还是军事团队的成员,道德勇气都是践行陆军有关正直与荣誉的价值观的基础。

展示能力

7-82 假如一位领导者行动上信心满满,但缺乏能力以作为信心的后盾,他的下属不用很长时间就会对他产生怀疑。对于培养胜任的领导者来说,拥有适当水平的专业知识至关重要。他们可以通过自己的态度和言行来展现信心。

7-83 在考察小分队的大部分军事行动时,人们经常会发现:在胜任且自信的领导者发挥作用之前,存在众多的不确定性。胜任的领导者会在适当的时机以其决断的个性来影响战术或作战的情势。他们的个人风度与间接影响力有助于动员下属的意志和士气,从而获得最终的胜利。

7-84 以身作则来实施领导,要求领导者必须对其指示与计划的执行情况保持清醒的认识。直接层面与组织层面的领导者不能总是在安全干爽的指挥部中设计复杂的方案,而不去感受他们的军职与文职人员正在经历什么。他们必须有勇气走出指挥部,来到行动现场,不管那是战场还是工场。优秀的领导者通过与下属同甘共苦和坦诚交流来保持联系,从而能从下属的视角,清晰地了解与感受事态的发展。

7-85 所有层面的军事领导者都必须牢记:地图上的标号代表的是活生生的士兵,他们经常要近距离地作战。为了证实一项方案能否成功,具有真正战斗精神的领导者会亲临前线,与士兵同甘共苦,同生共死。亲眼目睹并亲身感受计划转化成行动,会使领导者更好地评估形势,并且通过亲临现场来影响计划的执行。那些远离前线危险的领导者冒的是毁掉士兵的信任与信心的风险。对于在艰苦条件下工作的文职官员来说,这一点同样适用。例如,为了向部署的作战部队提供支持,他们需要全天候地进行维护工作,或者从事危险的补给任务。正如他们身着军装的同事那样,他们必须质问自己:"我会愿意做那些我要求我的工作人员所做的事情吗?"

7-86 巴顿将军曾明确指出,亲临一线领导,并且在清楚地了解一线形势的前提下制订计划,是赢得胜利的关键要素。1944年3月6日,在下达给第三集团军的命令中,他规定①:

> 司令官或其参谋长(两人绝不能同时在一起)和参谋部的每个部门,通信、医疗、军械、工程、军需等各部门,应该每天都有一名人员巡视前

---

① Patton, 397—398.

线。为避免重复，参谋长会安排进行巡视的各个部门。

参谋人员的职能是观察而不是干预。除了他们自己的领域之外，他们还必须观察并汇报所有重要的军事情况……还要牢记这样一条：你作为领导者的首要任务是用自己的眼睛去看，并且，在亲自进行视察的时候还要让你的士兵们看到你。

沟 通 交 流

7-87 能够达成结果的称职领导力依赖于良好的沟通。沟通常常被看作提供信息的过程，但沟通作为一种能力必须确保不仅是简单的信息传递。沟通需要达成新的理解。它必须能够产生新的或者是更好的认知。用清晰的方式沟通关键信息，是就问题与方案达成共识的重要技能。它可以传递思想、提出建议、化解文化敏感问题并达成共识。缺乏进行清晰沟通的能力，领导者就无法实施领导和监督，建立团队，提供咨询、辅导或者指导。

积极倾听

7-88 双向沟通以达成共识的一个重要形式是积极倾听。尽管倾听最重要的目标是理解讲话者的想法，但倾听者应该不时地向讲话者发出暗示，表明自己是在专心地听他们说话。积极倾听包括不要打断对方、用脑或用笔对重要的观点或者条目做记录以备澄清。好的倾听者不仅会关注信息的内容，而且会注意人们讲述时所流露出来的紧迫程度与情绪特征。

7-89 始终意识到存在倾听障碍，这一点非常重要。不要因为盘算自己如何回应，而影响了倾听别人的讲话内容。不要因为愤怒、不同意说话者的见解或者其他阻碍倾听的事情，而让自己分散注意力。这些障碍不利于听到并吸收讲话者在说什么。

陈述行动目标

7-90 清晰地表达出行动目标的基础，取决于领导者的愿景以及愿景被阐释得如何。在陈述团队、部队或组织的目标、目的以及需要完成的任务之前,对于领导者来说,使期望的最终状态变成形象化的东西非常重要。一旦目标清晰,领导者就应该采取能够激发下属理解与接纳目标的方式来进行沟通,并使他们以此作为行动的依据。

7-91　领导者可以想象:当自己是一名听众时,什么样的沟通风格可以激励自己。了解了这一点,领导者就可以改进自己的讲话方式以吸引听众。讲话者应该对听众发出的暗示保持开放的心态,并且据此进行调整,以确保自己的信息被人接收到。讲话者对于误解要非常警觉并加以解决。沟通成功还是失败,责任都在领导者,因此确保信息已经被接收到非常重要。领导者可以通过对要点进行重复或提问一些核心问题来达到这一目的。

确保达成共识

7-92　胜任的领导者了解自身、使命与信息。他们将此归因于自己的组织与下属能够共享直接用于他们职责的信息。他们也应该提供关于需要去完成的任务的背景信息。慷慨的信息共享也能提供可能会对未来有用的信息。

7-93　领导者应该保持整个组织的信息畅通,因为这样会增强信任。共享信息有助于缓解压力并控制谣言。及时的信息交流会帮助团队成员确定需要采取什么样的行动才能完成使命,并根据环境的变化而做出调整。让下属了解一项决策及做出决策的总体原因,可以显示出下属是团队受重视的成员,领导者需要他们的支持与投入。良好的信息流也可以确保在必要的情况下,指挥链中的下一任领导者可以为接手工作做好充分的准备。下属必须清晰地了解领导者的愿景。在战术环境中,所有的领导者都必须对高出自己两级的指挥官的意图有充分的了解。

7-94　领导者运用多种手段来实现信息共享:面对面的谈话、书面与口头命令、评估与规划、公开发表的备忘录、电子邮件、网站和简报。在进行以信息共享为目的的沟通时,领导者必须把握好两个关键因素:

- 领导者有责任确保团队理解这一信息。

● 领导者必须确保沟通不仅局限于传统的指挥链,而且常常包括横向与纵向的支持网络。

7-95 在对以达成共识为目标的信息流进行核查时,团队领导者应该仔细地听取来自主管、副排长、排长和连长的看法。副排长通常通过班长或组长传递信息,他应该对部队进行观察和倾听,以确定关键性的信息是否传达到了它最终将被转化为行动的地方。

7-96 沟通也是自下而上的。领导者可以通过倾听来了解下属在想什么、说什么、做什么。优秀的领导者通过走出去指导、倾听与阐明,来掌握组织的动态,然后将相关的观察结果传达给可以协助制订计划与决策的上级。

7-97 领导者用非正式的网络进行沟通,在通常情况下会比同上级进行直接沟通更有效。有时这会产生期望的结果,但也可能会导致误解与错误的判断。要想管理一个高效的组织,并在没有过量冲突的情况下完成任务,领导者就必须考虑怎样在需要的时候找到上级,并建立起相互信任的关系。首先,领导者必须评估上级进行沟通与接纳信息的方式。有些上级愿意进行直接的个人接触,而另一些上级可能会觉得采取每周例会、电子邮件或者备忘录的方式交流起来更舒心。了解上级的意图、轻重缓急以及思维方式,可以提高组织效率、提高成功概率。与上级有良好沟通的领导者可以最大限度地减少摩擦,并且改善组织的整体氛围。

7-98 为了使组织做好准备,应对沟通方面不可避免会出现的挑战,领导者会创造一些训练情境,在这样的情境中,他们迫使组织在只有最低限度的指导或只知道指挥官意图的情况下采取行动。领导者将会给予正式或非正式的反馈,以便突出下属哪些地方表现良好、哪些地方还可以做得更好、下次应该采取什么样的做法等,以改进信息的分享与处理。

7-99 坦诚沟通比信息分享发挥着更大的作用。它表明领导者关心与他们所共事的这些人。称职而又自信的领导者会鼓励公开的对话,积极倾听所有观点,并且确保他人能畅所欲言,直言不讳,而不用担心会有负面的后果。

第8章 发展组织

8-1 优秀的领导者将会努力使组织在建立之后不断地得到改进,他们期望其他陆军领导者也这样做。领导者会创建积极的组织风气,为出色地履行职责做好自我准备,并帮助他人做好自己的工作。优秀的领导者具有前瞻性,并让那些有才干的军职和文职人员做好准备,以在他们的组织内部以及未来的任务中承担更大的领导责任。他们也致力于自身的发展,以应对新的挑战。

8-2 为了未来的工作重心,也为了维持目前的平衡,陆军领导者会区分轻重缓急,并且权衡那些互相竞争的需求。他们谨慎地引领自己的组织,去努力应对长期和短期的目标,与此同时继续满足那些能直接有助于实现这些目标的需求。领导者的工作会因为要对满足其他占用组织时间与资源的需求,而变得十分困难。上级指挥机构的指导可能会有一些帮助,但领导者必须做出艰难的决定,以保持良好的平衡。

8-3 着眼长远来促进人才与组织的发展,需要做到以下几个方面:

- 领导者必须营造积极的环境,培育团队精神,提高凝聚力,鼓励发挥主动性与责任心。领导者也应该在关心人与关注任务之间保持良好的平衡。
- 领导者必须追求自我提升。要想在每个层面上都能熟悉业务,领导者必须致力于终身学习。自我提升可以获得所需要的新技能,以适应变化的领导环境。自我提升需要自我意识。
- 领导者必须投入足够的时间与努力来培养下属并建立高效团队。成功需要在教育、咨询、教练与指导之间保持良好的平衡。

营造积极的环境

8-4 风气与文化描述的是领导者实施领导的环境。文化涉及的是陆军作为机构以及其中各主要部门、各团体的环境。战略层面的领导者维护的是陆军的制度文化,而风气涉及的是部队与组织的环境,主要是由组织层面和直接层面的领导者所营造的。

8-5 领导者所营造的组织风气的好与坏,会影响到对下属的关心以及他们能否有最佳的绩效。风气是人们对组织的感受,它来自人们对部队日常运作的共同认知与态度。这些认知与态度会极大地影响他们的动机以及他们对自己团队和领导者的信任。风气总体上是一种短期的体验,取决于小型组织内部的个性化关系网络。随着人员的变动,组织的风气也会发生变化。"我的上任副排长相当不错,但新任的副排长棒极了。"当一名士兵这样说时,他是在精确地描述众多影响组织风气的因素中的一个。

8-6 与风气相比,文化反映了更持久、更复杂的共同预期。风气反映了人们对所在组织当前的想法与感受,文化则是由共同的态度、价值观、目标与实践构成的,体现了更大型的机构在长时段内所具有的基本特征。文化深深地根植于长期的信念、习俗与实践之中。领导者必须营造一种与持久的机构文化相一致的风气。领导者也利用文化让下属了解自己是比自身大得多的组织的一部分,他们不仅对自己身边的人负有责任,也对那些曾经离去和那些将要到来的人负有责任。

8-7 军人将会从这样的认知中获取力量,这就是他们是由来已久的传统的一部分。大部分有意义的传统植根于机构的文化之中。诸多陆军日常习俗与传统的存在提醒军人们,他们是长长的军人行列中的新生力量。军队的文化和传统将军人们与过去及未来连在了一起。军服、正式仪式中演奏的音乐、军人的敬礼方式、军事称谓、部队的历史以及陆军价值观,所有这一切都提醒着军人在历史中的位置。许多老兵退役很长时间后,依然会拥有这种归属感。对大部分人来说,为国家服役是他们生命中最重要的经历。

8-8 军人在加入陆军后,便成为基于价值观和传统文化中的一部分。一方面,陆军价值观有助于深化现有的个人价值观,如家庭纽带、工作伦理、诚实正直等,另一方面,是传统将军人及其家庭与军事文化联系在一起。部队的历史是形成这种联结的重要因素,因为军人希望自己属于一个有着杰出的功勋记录的组织。某些部队的绰号,如"红1战队"(the Big Red One)*、"老铁甲"(Old Ironsides)**、"所有美国人"(All Americans)、"先锋部队"(Spearhead),都有着深厚的历史底蕴。为了保持传统,领导者必须传授军人有关部队徽标、军事问候用语、奖励、勋章、奖章等的历史。领导者通过以身作则、教育与倡导传统,可以确保陆军文化成为陆军团队每一成员身上完整的组成部分,并且为他们的生命增添意义。

创造条件以营造积极的风气

8-9 风气和文化是领导者与下属进行互动的情境。每个因素都会影响其他的因素。有关军队、政府与商业组织的研究显示:积极的环境让工作者有更好的自我感觉,有更强烈的承诺,并且工作更为出色。如果领导者为积极的风气确立了基调,其他人将以同样的方式做出回应。

8-10 优秀的领导者关注的是建立公正、包容和合乎道德的风气。公正意味着平等相待,没有人会因为主观原因而享有特殊待遇。包容意味着每个人,无论有什么差别,都应该被融合到组织之内。合乎道德意味着整个组织的行动都符合陆军价值观与道德准则。

公正与包容

8-11 如果领导者在对待他人时运用同样的政策和视角,那么他便走上了营造积极风气的正确道路。尽管领导者在对待他人方面应该保持一致与公正,但这并不意味着每个人都会得到完全一样的待遇。人们各有不同的能力与需求,因此领导者应该在考虑某些差异的同时,也应忽略那些无关紧要

---

* "the Big Red One",又译"火红战队""铁血军营",是美国陆军第1机步师的绰号,组建于1917年5月24日,因其臂章是一个红色的数字"1"而得名。——译者注

** "Old Ironsides",老铁甲,1812年美英战争中屡建奇功的美国"宪法号"军舰。——译者注

的差异。领导者需要根据每个事例中什么才是重要的来对特定的形势做出判断。尽管不是每个人都将得到同样的待遇,但公正的领导者会运用同样一套准则与价值观,而避免随心所欲地对待他人。

8-12 所有的领导者都有责任坚持机会均等政策,并防止任何形式的骚扰。营造积极的风气始于对多样性和包容性的鼓励。

公开坦诚的沟通

8-13 优秀的领导者通过确立的典范以及所实施的领导行为,来鼓励公开的沟通与坦诚的评论。领导者若要了解他人关于某一观点的看法,就需要营造让他人畅所欲言的环境。对于打造随时做好准备以认清并适应变化的部队来说,公开、坦诚的风气是很关键的因素。平易近人的领导者对他人的意见会表现出尊重,即便这种意见可能代表着完全相反的或者是非主流的观点。有些领导者特别认可别人所提出的批评性观点,以防止出现群体思维(groupthink)。开诚布公的领导者不会轻视他人,而是鼓励他人提供信息和反馈。在得到可能的坏消息时,积极的领导者会保持冷静与客观。

学习环境

8-14 作为一个学习型组织,陆军会利用其成员与机构的经验来改善其运作的方式。学习型组织在经验的基础上采纳新的技术与程序,以使工作更有效率与效果。同样,他们摒弃那些已经过时的技术与程序。学习型组织营造风气,重视和支持其领导者与成员的学习。培训和教育的机会会得到积极的认同与支持。领导者对营造出重视每个成员在其整个陆军职业生涯中学习的风气来说,有直接的影响力。这与终身学习的目标是相一致的。

> **终身学习**是个人为积极公开地追求知识、理解各种思潮、深度拓展所处领域以超越已知的发展和能力而做出的终身选择(FM7-0)。

8-15 学习型领导者会借鉴以往的经验,并寻求更好的工作方法。创建学习的环境需要勇气。致力于营造学习环境的领导者不会惧怕向他们及其组织的运作方式提出挑战。当领导者质疑"为什么我们要这样做",并且发现这样做的唯一理由就是"因为我们总是这样做"时,就已经到了对这一程序进行密切审视的时候了。团队所找到的有效的做事方式可能并不是最好的方式。除非领导者愿意就现在的做事方式提出质询,否则永远不会有人知道能够做些什么。

8-16 如果领导者将提高其军职和文职人员的素质、改进团队的做事方式列为优先考虑的事务,那么他领导的就是学习型的组织。他们运用有效的评估与培训手段,鼓励他人充分发挥自己的潜能,动员他人发展自己,帮助他人获得培训与教育。积极向上的风气将会鼓励军职与文职人员认识到组织变革的需要,并且支持愿意学习以应对变化的心态。

风气评估

8-17 某些特定的行为与态度会对风气构成决定性的影响。领导者的价值观、技能与行为直接决定了团体成员的集体感受,即这一团体的组织风气。陆军领导者塑造了组织的风气,无论其规模如何。对连队进行为期 90 天的指挥风气调查(Command Climate Surveys),有助于领导者理解部队的风气(请见陆军部手册 600-69)。回答下述问题将有助于评估组织的风气:

- 有没有确定清晰的优先次序与目标?
- 是否存在表彰、奖励与惩罚制度?它发挥作用了吗?
- 领导者了解他们自己正在做什么吗?
- 如果做错了,领导者有勇气承认自己的错误吗?
- 领导者积极地寻求下属的看法了吗?
- 领导者是否会按照下属提供的反馈来采取行动?
- 在缺少命令的情况下,当某些决定与指挥官的意图或指示相一致时,初级军官是否有权力做出这些决定?
- 领导者能否认识到组织内部存在较大的压力和负面的竞争?如果认识到了,应该如何做出选择来改变局面?
- 领导者能否做到以身作则并能作为良好的榜样来发挥作用?
- 领导者的行为与陆军价值观相一致吗?
- 领导者能够亲临一线实施领导吗?当事情变得棘手时,领导者能否与下属共赴艰难?

● 领导者能否定期向组织讲话,并保持人们的信息畅通?

8-18 领导者的行为对组织风气有着重要影响。出于正确的理由去做正确的事情的陆军领导者,将会营造出健康的组织风气。陆军领导者的行为向组织中的每个成员传达出信息,即什么是可以宽容的,什么是不可以接受的。

树立道德风气

8-19 领导者是组织道德标准的承载者,他有责任树立道德风气,推崇和奖励与陆军价值观相一致的行为。其他参谋机构中的专业人员——牧师、军法参谋、监察长以及平等就业机会专家——协助在组织内塑造道德风气,并对此进行评估。尽管有这些现有专家的协助,营造与保持道德风气的最终责任还是在领导者自己身上。

8-20 树立了良好的道德榜样,并不意味着下属就会效仿追随。一些人可能认为某种环境使不道德的行为变得具有合法性。因此,领导者必须一直监控组织的道德风气,并且果断纠正风气与标准之间产生的任何偏差。为有效监控组织的道德风气,领导者可以利用定期的"道德风气评估调查",并结合实施目标明确的领导行动计划,该计划包括以下几方面:

● 通过对部队进行评估来启动行动计划。实施观察,展开互动,并且收集他人反馈,或者对工作情况进行正式的评估。

● 分析收集的信息以确认需要改进的问题。之后,开始制订行动路线,以便做出改进。

● 制订行动计划。首先,开发与考虑几种可能的行动路线,以便修正已确认的不足之处。收集重要的信息,评估与各种行动路线相关的局限性和风险性,确认可以获得的关键性人员与资源,并且就事实与假设进行验证。尝试着对每一种行动路线所可能产生的结果进行预测。在预测的基础上,选取几种领导行动,以处理目标议题。

● 通过教育、培训或辅导下属的方式来执行行动计划;制定新的政策或程序;修正或实施适当的奖惩体系。通过改善不符合标准的或不足的方面,保持那些达到或超越标准的方面,以使组织走向卓越。最后,定期对部队进行再评估,以确认值得关注的新问题,或者就领导的行动成效进行评估。

8-21 将这一过程运用于组织内部许多需要关注的领域。下属对组织的道德风气拥有信心非常重要,因为在战争中许多必须做的事情会与他们进入陆军前所拥有的社会价值观相违背。士兵的良心可能会告诉他,剥夺人的生命是错误的做法,但军事任务确实要求他采取这样的行动。在整个团队面临巨大危险之时,强大的道德氛围可以帮助军人明确他们的职责,防止因价值观念的冲突而破坏他们的作战意志。

约克中士①

阿尔文·C.约克(Alvin C. York)来自田纳西州山区,最初是一名良知拒服兵役者(conscientious objector)。在美国参加第一次世界大战时,他被征募入伍,并被分配到有着"所有美国人"绰号的第82师第328步兵团。

约克是虔诚的基督徒,他告诉自己的指挥官 E.C.B.丹福思(E. C. B. Danforth)上尉,自己可以拿着枪抵抗敌人,但自己的信仰不能允许自己杀人。丹福思上尉看出约克是名优秀的士兵,并且是潜在的领导者,却没有办法使约克转变信仰,于是便向营长乔治·E.巴克斯顿(George E. Buxton)少校咨询应该如何处理这种情况。

巴克斯顿少校是一位精通《圣经》的宗教人士。他让丹福思上尉把约克带到自己这里。少校与约克详细地就《圣经》经文、上帝的教导、对与错、正义战争等内容进行了讨论。然后,巴克斯顿少校派约克回家休假,去就困境进行沉思和祈祷。

营长向约克许诺:如果他决定自己无法在不牺牲信念的前提下报效国家,就会让他退伍。

---

① David D. Lee, *Sergeant York*: *An American Hero* (Lexington, KY: The University Press of Kentucky, 1985), 33—38.

经过两周的自我反思与灵魂探索,约克返回了部队。他已经使个人价值观与陆军价值观协调了起来。约克的这一选择对于他及其所在部队来说,都将有重大的影响。

1918年10月8日早晨,在法国的阿尔贡森林(Argonne Forest)中,已在洛林(Lorraine)战役中被提升为下士的约克,展现出了他的高尚品格与英雄主义精神,并因此被写进美国军事历史。

约克下士所在的营当时正在跨越一个山谷,前去夺取德军控制的一个铁路道岔,隐藏在山谷上方密林中山脊位置的一个德军步兵营向他们发起机枪扫射。美国士兵寻求掩蔽,进攻受阻。

约克下士所在的排只剩下了16人,他们被派去从侧翼进攻敌人。他们穿过树林前进,并向一支25人左右的德军队伍发动了突袭。这股受到惊扰的敌人只进行了象征性的抵抗。这时,几挺隐藏的机关枪扫射过来。德军士兵立刻匍匐在地,没有受伤,而9名美军士兵包括排长和其他2名下士却被子弹击中倒下,约克下士是仅存的一名没有受伤的美军领导者。

约克下士发现自己的排陷入了距离25码远的敌军机枪的火力圈之中。他没有惊慌失措,他明白德军将会因为向他瞄准而暴露自己。于是他开始向离自己最近的敌人的方位射击。约克下士是名神枪手,他能准确地命中每一个将脑袋探出防护墙的敌人。

在约克射杀了十多名敌人后,6名德军士兵决定发起刺刀冲锋。当敌人逼向他时,约克出于一名田纳西州猎人的本能,先打中最近的一名德军,这样其他人就不知道自己已经进入火力打击范围。然后,约克消灭了所有进攻的敌人,将他的火力移到敌军阵营的前排。最后,他转向敌人的机枪火力点。在射击的间歇,约克向敌人喊话,要求他们投降。

尽管一名势单力薄的士兵要求一支防守坚固的敌军投降看起来有些不可思议,但对方德军营级指挥官亲眼目睹了自己二十多名士兵被打死，于是便答应投降，但条件是约克停止射击。

约克下士现在面临一项令人提心吊胆的任务。他只有7名没有受伤的士兵被孤立在敌军防线之后，还有几十名俘虏。当一名美军士兵提醒说他们排的处境已经无望时，约克让他闭上嘴巴。

约克下士迅速带着俘虏和他的排向美军的防线移动，并迫使途中遭遇的德军也向他们投降。当这个排到达仅仅几小时前他们出发的那个山谷边缘之时，山上的德军机枪火力都已被清除了。压制美军的火力基本上被削弱，美军可以继续推进。

带领着132名俘虏与35架德制机枪，约克下士返回了美军防线。在上交俘虏之后，他返回了自己的部队。美军情报人员在审问战俘时了解到：一名意志坚定的美国军人，仅仅依靠一支步枪和一把手枪，就打败了德军的整个营。

鉴于约克下士的英勇表现，他被提升为中士，并被授予荣誉勋章。约克所拥有的品格、勇气、才干与领导力，使他可以摧毁敌军整个步兵营的士气与战斗力。

8-22 从简单的纪律角度来说，丹福斯上尉与巴克斯顿少校可以轻易地以送交军事法庭相威胁，命令二等兵约克履行职责，或者派遣约克承担远离战场的任务。相反，这两位领导者妥当地处理了士兵的道德问题。特别是巴克斯顿少校，当他表示自己也曾经受过约克问题的困扰的时候，就营造出了适当的道德氛围。领导者们营造的氛围显示出，每个人的信仰都是重要的，并且都会被考虑到。巴克斯顿少校的做法表明，士兵的职责可以与他精神上的信仰所确立的道德框架相一致。

增强团队合作与凝聚力

8-23 团队合作与凝聚力是衡量风气的尺度。积极进行团队合作是自私自利的对立面。无私奉献是高效团队合作的需要。为了能有效地运作，团队、部队与组织需要通力合作,以实现共同的陆军价值观、任务及使命目标。领导者鼓励他人进行合作,在完成工作的过程中提升团队的自豪感。团队合作建立在对团体的承诺基础上,承诺反过来建立在信任的基础上。信任基于这样的预期:他人愿意为团队而行动并将团队的利益置于个人利益之上。领导者不得不处理信任遭到破坏、团队合作不力、公开冲突等难题。领导者应该特别注意迅速使新成员融入拥有承诺意识的团队之中。

8-24 通过制定与保持高标准,领导者可以使团队具有凝聚力。以良好而一贯的绩效作为准则,就会形成积极的风气。这与那种追求完美主义的氛围有很大的不同。领导者应该让团队成员感受到:全心全意、实实在在的努力都应该受到赞赏,即使结果并不完美。团队成员应该有这样的感觉:他们的领导者知道,每一次机会的价值都在于提供了学习与提高的手段。

8-25 优秀的领导者承认:无论团队是不是做对了所有的事情,都会出现合理的挫折与失败。领导者应该指出称职与积极的重要性,但也要理解总会有弱点存在。错误为人们创造了学习某些可能并未意识到的事物的机会。

8-26 军职与陆军文职人员期望达到高而现实的标准。最终当他们成功地完成任务的时候,自我感觉就会更好。他们会信任帮助自己达到标准的领导者,而不信任那些不了解标准或者提不出高绩效要求的领导者。

鼓励下属发挥主动

8-27 对于领导者来说,最大的挑战之一是鼓励下属发挥主动性。非领导岗位上的军职与文职人员,经常会在需要他们站出来承担责任的情况下感到犹豫。当士兵拥有其指挥官所没有的技术知识或情景信息时,就可能需要大胆地说出来。

8-28 就任何在相关问题上有自己理解的人来说,他们的主动性和见解能在多大程度上得到鼓励,是决定组织风气的主要因素。领导者可以通过指导他人对问题进行深入独立的思考来为发挥主动性创造条件。他们可以增强军职或文职人员在解决问题的才干与能力方向的信心。

表现出对他人的关心

8-29　领导者对他人表现出来的关心会影响到风气。那些能够将下属的幸福放在心上的领导者会赢得更大的信任。尊重共事之人的领导者也会得到别人的尊重。一些简单的行动就能表现出尊重与关心，例如，耐心地倾听，或者确保正在执行任务的军职或文职人员的家庭需求得到解决。常规的士气检查，积极地寻求有关组织健康状况的真实反馈，这些也都是关心的体现。

自 我 准 备

8-30　为了应对日益苛刻的作战环境，与以往相比，领导者必须在自我学习与自我发展方面投入更多的时间。除了拥有多种技能外，陆军领导者还必须在外交官与战士两种要求之间取得平衡。要想成功应对各种冲突，领导者就必须获取这些能力，这虽然具有挑战性，却至关重要。没有任何其他职业像军人那样，会因为准备不足而造成不可原谅的损失，并经常会导致任务失败与不必要的伤亡。

做好准备：应对预期和非预期的挑战

8-31　成功的自我发展主要集中于领导者的以下关键方面：品格、风度与才智。在不断提高自己运用与展现陆军价值观的能力的同时，领导者们明白，在身体素质方面，他们必须保持高水平的体质与健康状况，这不仅是为了持续赢得下属、同事和上级的尊重，也是为了承担得起领导的压力，以及保持自己清晰思考的能力。

8-32　身体的自我发展当然重要，领导者还必须利用每一个可以获得的机会，去增强他们在相关领域的才智以及知识。正如在第 6 章所提出的那样，概念性因素影响着陆军领导者的才智，包括思维敏捷度、判断能力、创新精神、人际策略与专业知识。充分发展的才智有助于领导者进行创造性的思考,进行分析性、批判性与道德性的推断,并有文化的敏感性。

8-33 面对形形色色的作战环境,领导者需要依靠智力、批判性思考能力以及适用的专业知识。领导者通过经常研究理论、战术、技术与程序,并且将这些信息融入个人经历、军事历史和地缘政治意识的背景之中,来培养自身能力。在这里,自我发展应该包括花费时间学习语言和习俗,了解信仰体系与激励因素,掌握作战原理以及多国伙伴和潜在对手的理论。通过进行语言培训和进修感兴趣的特定领域,领导者可以更好地提高语言能力,增强地缘政治意识。

8-34 自我发展具有持续性,必须通过例行任务与作战任务来实现。成功的自我发展从个体的积极动机开始,辅之以共同的团队努力。从多种渠道包括同事、下属与上级那里获得高质量的反馈,构成了团队努力的一部分。以信任为基础的导师制度也有助于集中自我发展的努力以达到具体的专业目标。理解这样一点很重要,就是反馈将会引导建立自我发展的目标与自我提升的行动路线。通过加强以前获得的技能、知识、行为与经验,这些行动方案被设计用于提高工作绩效。它们进而决定了以后承担更加复杂、层级更高的任务的潜力。

8-35 总体上,对初级领导者来说,自我发展会更系统、更有重点。随着个人认识到自我优点与弱点,明确了个人需求,并变得更为独立,重点也会随之扩大。随着年龄与经验的增长、院校训练以及作战任务的增多,人的知识与眼界也在不断拓展,以目标为导向的自我发展行动能大大加快与扩大技能知识的发展。军职与文职人员可以期待他们的领导者会支持他们的自我发展。

8-36 国民教育与军事教育是自我发展的另一项重要组成部分。陆军领导者绝不会停止学习,他们会不断寻求教育与培训的机会,而不仅满足于必需的培训或职责任务所提供的知识。为了做好承担未来责任的准备,陆军领导者应该探索岗位之外的教育机会,例如教授额外的生活技巧与开拓自己的眼界等方面的有用的大学课程,以及关于管理理论或特定领导力专题的分布式学习课程。

8-37 领导者所面对的挑战是,发展自我,同时协助下属获得使之成为陆军未来领导者的个人品质、才智与才干。为了在日益复杂的战术、作战和战略环境中成功地实施领导,领导者需要拓展职业与专业知识,并且培养敏锐的自我意识。

拓展知识

8-38 领导者通过终身学习来做好担任领导职位的准备。终身学习包括通过学习与思考来获取新知识,以及学习在需要的情况下如何运用这些知识。有些领导者充分地掌握了学习策略,懂得如何更快、更透彻地学习新信息。要想成为一个更好的学习者,需要遵循以下有目的的步骤:

- 规划学习方法。
- 专注于具体而可行的学习目标。
- 留出学习的时间。
- 使学到的新知识系统化。
- 监测学习进程。

8-39 好的学习者会关注新信息,探求它与其他信息之间的关联性以及可能如何付之运用。为了巩固新知识,好的学习者会尝试着运用并体会其含义。领导者需要培养与拓展在战术、作战艺术、技术装备与系统、多元文化以及地缘政治形势方面的知识。(在第 6 章中有关于这些方面的阐述。)

培养自我意识

8-40 自我意识是自我准备的组成部分。它指的是随时做好准备、积极参与并与他人进行互动。自我意识有助于领导者具有更强的适应力和更高的效率。在当今时代作战需要文化敏感以及适应必然的环境变化,对此自我意识具有重要的意义。

8-41 自我意识使领导者能认识到自己在各种环境中的优点与不足,并且逐渐利用优点来弥补不足。要想有自我意识,领导者必须形成准确的自我认知,收集他人的信息反馈,并适当地修正自我观念。要想真正拥有自我意识,最终需要领导者培养有关自我能力与局限性的清晰且真实的看法。

> 自我意识就是对自身包括自己的品质、情感与行为的了解。

8-42 随着既定形势的变化,领导者对自身能力与局限性的评估也必须随之改变,以适应新的形势。每一位领导者都应该有自我意识的能力。称职的领导者明白自我意识的重要性,并且努力地培养这种意识。

8-43 相比较而言,缺乏自我意识的领导者经常表现傲慢,并缺少与下属的联系。他们可能在技术上是称职的,却不了解下属对自己的看法。这可能也会妨碍他们的学习与适应力的发展,进而使他们无法营造积极的工作风气,也无法建立更为高效的组织。有自我意识的领导者知道在他们的团队中存在各种各样的军职与文职人员。他们能够敏锐地感受到他人对其行为、决策与形象的反应。

8-44 有自我意识的领导者愿意接受并积极寻求他人的反馈。领导者获取反馈的目的,是通过了解他人的看法来培养准确的自我认知。许多领导者成功地运用多源评估与反馈手段来获得洞察力。多源评估指的是来自同级、下级、上级以及个人自我印象的正式评估。它可能会提供一些重要的反馈与见解,其他的方式不会具有这样明显的效果。

8-45 陆军的事后评估是一种实用的自我意识工具。其目的是帮助部队与个人认识到自己的优点和不足。当个人进行自我回顾并且意识到自己的行为以及与他人的互动关系时,就会产生创造性的自我评价。

8-46 领导者也应该寻求他人的帮助来总结经验。与教练、朋友或其他信任的人之间的对话能够取得有价值的信息。大部分但并非所有的陆军领导者,会寻求一个他们信任的导师来提供真实的反馈和鼓励。

8-47 反馈不一定非要以正式的咨询、调查或座谈会的方式来获得,认识到这一点很重要。有时只需要坐下来与军职和文职人员闲聊,就可以获得某些最好的反馈信息。许多指挥官只是在与一些士兵共同就餐时谈及部队风气与训练事宜,就获得了关于自己的有价值的信息。

8-48 有自我意识的领导者会剖析自己,并且会追问自身的经历、事件以及行动。他们应该严肃地审视自己的行为。称职且自信的领导者会理清自己的经历并运用它们来更多地了解自己。日记与事后评估制度对于理解一个人过去的经历以及他对环境变动的反应,是很有价值的方式。自我批评既可以采取简单的方式,如就自我行为、知识与情感等提出问题,也可以采取正规的方式,如需要回答关于一个引人注目事件的一整套系统性的问题。关键问题包括:

- 发生了什么事情?
- 我是怎样反应的?
- 他人是怎样反应的?为什么?
- 从我的行为和感受来看,我对自己有了什么了解?
- 我将如何运用学到的东西?

8-49 在当前与未来军队所处的瞬息万变的环境中,领导者不得不面对不熟悉、不确定的情势。对于任何领导者来说,自我意识都是可以帮助人们对环境的变化以及在这种环境下他们的战时个人能力与局限性做出准确评估的重要因素。自我意识有助于领导者将以前的训练应用于新的环境,并在形势需要时寻求新信息。有自我意识的领导者能够更好地了解情况,能够确定自己需要学习什么以及需要寻求什么帮助,以应对特定的局面。

8-50 以自我意识为基础,对个人思想、情感和行为进行调整的做法,被称做"自我调节"(self-regulation)。它是对自我意识的积极合理的后续跟进。当领导者确认在实际的"自我"与期望的"自我"之间存在差距时,应该采取行动来弥补这些差距。领导者可以寻求有关自我的新看法,并且将这些看法变成自身的领导力优势。领导者不能停止学习,而要不断地寻求进步与成长,否则不可能自动成为自我意识更强的人。称职且自信的领导者会在整个职业生涯中寻求反馈,提升自我。

培养他人

> 优秀的军士并不是天生的——他们是通过大量的艰苦努力并在高级军士长的有力领导之下培养与成长起来的。
>
> ——威廉·A. 康奈利
> 陆军总军士长(1979—1983)[1]

8-51 领导者的培养,是以陆军价值观为基础的审慎、持续、连贯和渐进的过程。它使军职和文职人员成长为称职自信的领导者,使他们能够指导团队与组织实施决定性的行动。领导者的培养是终身的过程,它通过知识、技能和经验的融合而得以实现,这些知识、技能和经验可以通过院校培训与教育、部队培训、作战经验与自我发展等方式来获得。

8-52 领导者的培养应该考虑到如下问题:军事领导者在本质上首先是一名战士,必须精通技战术,并且有适应变化的能力。因此陆军的训练和领导者的培养必须以创建训练有素、准备就绪的部队为核心,并由称职而自信的领导者来指挥这样的部队。这一观念确认了一种重要的交互关系,即训练今天的士兵、培养明天的领导者。

8-53 贯穿士兵与领导者的生涯中,以下三个核心方面构成了他们主要的学习经历:

- 院校培训。
- 在作战任务中获得的培训、教育与工作经验。
- 自我发展。

8-54 上述三个主要方面通过运用不同来源和多种方式的反馈与评估而相互作用。尽管领导者培养旨在培养各个层面的称职领导者,但是小型部队的领导者必须达到初步精通在广泛的分散性区域内指挥联合兵种作战的水平。陆军越来越需要熟练的小型部队领导者,他们能够完成在宽阔的分散区域内与

---

[1] William A. Connelly, "Keep Up with Change in the '80s," *Army Magazine* (October 1982): 29.

联合军种、多国部队、特种作战部队以及非政府机构共同作战的任务。这些领导者必须具有自我意识与适应能力,乐于面对不确定性,有能力预测到可能产生的第二与第三级效应,并且具备多种职能以指挥联合兵种一体化作战。

8-55　为了实现这一目标,陆军会利用领导者培养教育(职业军事教育与国民教育体系)的杠杆,通过院校教育和分布性教育的支持形式,保证经验与作战任务的最佳结合。这项工作需要改进个人评估与反馈,在组织层面上采取指导、培训、辅导以及选拔适当人才承担特定任务的形式,加大领导者培养力度,目的是在所有军人和领导者中注入更新其专业知识与能力的意愿及动力,以提高当今与未来陆军领导者的能力,应对不同作战形势下所面临的挑战。

8-56　领导者培养也需要组织的支持。指挥官或其他被任命的领导者应该具有培养他人的能力,以使他们在目前与未来的岗位上有更好的绩效。领导者可以采取一些特定措施,使他们组织内部的领导者培养更有针对性。

评估培养需求

8-57　培养他人的第一个步骤,是理解怎样才可以使他们得到最好的培养,哪些领域已经足够优秀,哪些领域还应该加强。了解下属的领导者懂得应该在哪些方面鼓励他们发展自己的能力。可以在不同的任务背景下,观察新下属的表现,识别他们的优点与不足,了解他们获取新信息与新技能的进展情况。

8-58　领导者在接手新岗位之前,经常会进行初步的评估。他们会问自己如下问题:新下属能不能干?新工作有什么样的要求?领导者会就组织的常规运作程序、所有的适用规则以及状态报告和近期检查结果等进行评估。他们会与即将离任的领导者进行会谈并请求他们做出评估,并与组织之外的关键人物会面。领导者会认真倾听,因为每人都是从自己的角度看问题的。他们会进行思考,并且知道他们的初始印象可能会错得离谱。随着承担新的职责,优秀的领导者会进行深入的评估,是因为全面评估有助于系统渐进性的变革,同时又不会引发破坏性的组织混乱。

8-59 为了客观地评估下属,领导者会采取以下措施:

- 观察与记录下属在核心领导能力方面的绩效。
- 确定这些绩效是否符合、超过或低于标准的要求。
- 告诉下属所观察到的结果并且给其以发表评论的机会。
- 帮助下属制订个人发展规划(individual development plan,简称 IDP)以改善绩效。

8-60 优秀的领导者会向他人提供真实的反馈,并与他们讨论他们的优点以及需要改进的地方。有效的评估可以引导确立旨在改正缺点并保持优点的个人发展规划。若要使计划转变成结果,需要注意以下几个方面:

- 共同设计个人发展规划,但要由下属来主导。
- 就那些为提升领导者在核心领导力方面的绩效而必须要采取的行动达成共识。要想让规划管用,必须让下属参与其中。
- 经常评估规划,检查进展,在必要时进行修正。

在岗培养

8-61 最好的培养机会经常出现在工作场合。有培养他人慧眼的领导者会鼓励下属在当前角色与岗位上成长。领导者如何分配任务与职责,可以成为指导军职或文职人员拓展其能力的一种方式。陆军文职人员实习项目就是这类培训的很好的例子。在日常任务中,领导者的反馈也能指导下属进入其应该重点发展的领域。一些领导者不断用新的方式来重新界定职责,或增加工作内容,以使下属在当前岗位或以后任务中承担更多的责任。围绕任务进行交叉培训可以得到双重的收益:既可以建立更为强大的团队,也可以扩展团队成员的技能。用不同的工作岗位来挑战下属,是使他们对日常工作保持兴趣的好办法。

支持专业发展与个人成长

8-62 让自己与下属准备好担任领导者,目的在于培养有多种技能的领导者——全能型领导者(leader pentathlete)。适应力强的领导者将会更容易理解持续变化的战略环境所带来的挑战,它要求领导者不仅具备作战技能,也需要拥有创造力、一定程度的外交能力以及对多元文化的敏感性。为了达到这一平衡,陆军在各个层面都创建了积极的学习环境,以支持其终身学习战略。

8-63 作为终身学习的机构,陆军重视当前作战行动与未来作战行动之间的区别,并且持续发展强化性培训和领导者能力培养。从自身经历中学习的陆军领导者将会发现更好的做事方法。要想营造高效的组织学习环境,需要的是开放的态度与想象力。不要害怕犯错误;相反,应该保持积极的心态并从错误中学习。领导者必须对自己和下属的能力保持信心,相信他们会把学习军事职业作为终生的承诺。这种态度将会使他们不断成长以承担新的责任,并且适应必然到来的变化。法国军事理论家阿尔当·杜皮克(Ardant Du Picq)曾经这样强调学习的重要性[1]:

> 只有当人们了解如何使用战争的工具时,它的价值才能得以体现……

8-64 重视他人与组织利益的领导者将会充分支持可以得到的培训机会,建议与鼓励下属抓住这些机会,帮助其克服障碍以充分利用这些机会。他们明白,一旦下属返回工作岗位,这些新知识与新技能就会得到加强。

帮助下属学习

8-65 在所有发展型的关系中,领导者都可以采取特别的方式来帮助他人学习。帮助下属学习是领导者的责任。某些指导毫无疑问可以帮助下属学习,解释为什么某一科目非常重要。领导者应该说明怎样可以帮助个人与组织表现得更出色,并且积极地促使下属投入到学习的过程中来。例如,绝不要仅仅在课堂上教授某人如何驾驶汽车。最终这个人必须亲自坐在方向盘后面才行。为了保证学习生动而有趣,讲座就要尽量少,动手性的训练要

---

[1] Colonel Charles Jean Jacques Ardant du Picq, *Battle Studies: Ancient and Modern Battle* (Carlisle Barracks, PA: U.S. Army War College, 1983), 68.

尽量多。

8-66 从实际经历中学习并不总是可行。领导者不可能在训练中获得所有经验。他们可以利用他人所学的东西,在没有亲身经历的情况下从中获益。在进行咨询、指导与辅导时,领导者也应该与下属分享个人的经验。例如,参加过作战的老兵与没有经历过战争的士兵分享自己的经验。

专家咨询、教练指导与导师辅导

> 士兵从优秀的领导者身上学习成为优秀的领导者。
>
> 理查德·A. 基德(Richard A. Kidd)
> 陆军总军士长(1991—1995)[①]

8-67 领导者主要有三种培养他人的方式。通过专家咨询、教练指导与导师辅导,领导者能给他人提供知识与反馈:

- 专家咨询(counselling)——领导者作为某位下属的指定考核人,与下属一起回顾他的绩效与潜力,这就是专家咨询。专家咨询经常与程序性的绩效评估相关。
- 教练指导(coaching)——在新技能或已有技能的实践过程中对他人的技能发展给予指导,这就是教练指导。
- 导师辅导(mentoring)——经验更为丰富的领导者向经验不足的领导者提供辅导与建议;它是一种未来导向的培养性活动,关注的是职业成长。

专家咨询

8-68 专家咨询是领导者培养行动的核心。担任指定考核人的领导者必须让他们的下属做好成为更优秀的军职或文职人员的准备。良好的专家咨询关注下属的绩效与问题,同时也着眼未来的计划与方案。下属被期待成为寻求建设性反馈的积极参与者。专家咨询不能只是偶尔为之,而应该成为培养下属的综合性计划的一部分。在给予有效的专家咨询的情况下,任何评估报告,无论是积极的还是消极的,都不会令人感到惊讶。持续性的专家咨询

---

① Richard A. Kidd, "NCOs Make It Happen," *Army Magazine* (October 1994): 34.

计划应把所有下属都包括在其中,而不能仅是那些被认为有最大潜力的人。

专家咨询是领导者和下属共同探讨其绩效与潜力的过程。

8-69 在专家咨询期间,下属不应该是消极的倾听者,而应该成为这一过程的积极参与者。专家咨询运用标准格式,帮助人们在咨询前、咨询中以及咨询后在头脑中组织与识别相关问题。在咨询过程中,领导者协助下属确认其优缺点并制订行动计划。为使计划发挥作用,在整个实施与评估过程中,领导者都给予他们的下属以积极的支持。(见附录 B 中关于专家咨询的详细阐述。)下属可以直率地表达自我改善的意愿,并坦率地进行评估与目标设定,从而积极地投入到这一过程中。

8-70 专家咨询的类型包括三种:
- 事件咨询。
- 绩效咨询。
- 职业发展咨询。

事件咨询

8-71 事件咨询涉及特定的事件或情势。它可能出现在某些事件之前,例如,晋升或者入学之前。它也可能在某个事件之后,例如,所承担职责的绩效优异、绩效不佳或者遇到个人问题。事件咨询也被用于如下事件出现时:调进某个部队或组织、出现危机、调离原部队或离开陆军等。

绩效咨询

8-72 绩效咨询指的是对下属在某一特定时期的职业表现所做的评估。领导者与下属共同确立有关下一咨询阶段的绩效目标及清晰标准。咨询关注的是下属的优势、有待改进的地方以及潜力。有效的咨询包括提供有关优势、待改进方面的具体事例,以及对下属如何改善其绩效提出指导性意见。在军官、军士以及陆军文职人员的评估报告体系中,都要求进行绩效咨询。

职业发展咨询

8-73 职业发展咨询包括就个人成就与职业目标制订计划。职业发展咨询是发展导向的,它协助下属确定与实现组织和个人的目标。职业发展咨询涉及利用回顾来讨论和确认下属的优势与弱势,以及制订个人发展规划。规划是以现有的优势为基础来克服自身的弱点。

8-74 职业发展咨询的组成部分之一是被称为"通往成功之路"的讨论。它可以为下属确立短期与长期的目标。这些目标包括国民或军事教育机会、未来的任务分派、特殊项目或者延期服役等选择。领导者帮助制定适用于每个人的具体行动方案。例如,在对中尉和上尉进行职业咨询时,考核人、高级考核人与被考核的军官一起,讨论确定被考核者的技能与天赋如何能够最大限度地适应陆军的需要。他们尤其要考虑到被考核军官的个人喜好与能力。

专家咨询的方式

8-75 有时,在面对一名没有达到绩效标准的下属时,缺乏经验的领导者会感到不舒服。专家咨询与领导者的舒适度无关,而是为了纠正下属的绩效或者培养下属的品格。要想成为高效的咨询师,陆军领导者必须表现出这样一些品质:尊重下属,具备自我意识与文化意识,有同情心和可信度。

8-76 针对某一具体的情况采取某一适当的方式,这是专家咨询最有挑战性的方面。有效的咨询必须运用适于当时情况的技巧。某些情况可能仅仅要求发布信息或者认真倾听。下属的进步需要的可能只是一句简单的表扬。在其他情况下,也许需要进行系统的辅导,并伴之以具体的行动计划。卓有成效的领导者会针对个人采取不同的咨询方式。专家咨询包括非指令性、指令性以及混合性三种方式。不同方式之间的主要差别在于下属在咨询过程中参与和互动的程度不同。

8-77 大部分专家咨询会选择**非指令性方式**(nondirective approach)方式。领导者运用他们的经验、洞察力和判断力来协助下属找出问题的解决方案。领导者可以通过告诉下属咨询的程序并且说明对下属的期望,来部分地组织这种咨询。

8-78 在纠正简单问题、当场进行纠正以及纠正职责表现时，**指令性方式**（directive approach）最为有效。在使用这一类型时，大部分的话都是由领导者说的，他会告诉下属应该做什么以及何时做。与非指令性方式不同，领导者会为下属指出行动的路线。

8-79 在**混合性方式**（combined approach）中，领导者将非指令性方式和指令性方式结合在一起加以运用与调整，从而达成对下属来说的最佳效果。混合性方式重视下属在做出规划与决策方面的责任。

教练指导

8-80 通常说来，导师或咨询师一般比接受辅导的人拥有更为丰富的经验，教练指导主要依靠教授、指导的方式激发和强化其现有能力。从本义来看，教练指导指的是帮助他人完成一系列任务的职能。那些接受教练指导的人已经认识到或者没有认识到自己的潜力。教练会帮助他们理解自己当前的绩效水平，并且指导他们如何达到更高一级的知识与技能层次。

8-81 与专家咨询和导师辅导相比，教练指导是一种更多地被用于技能和特定任务培训的发展性技巧。教练本人在指导别人的特定领域中应该拥有丰富的知识。

8-82 教练指导的一个重要方面在于确认与制定短期和长期目标。教练与被指导者就优势、不足以及保持或提高能力的行动路线进行讨论。教练的指导原则如下：

- **关注目标**。要求教练确认本期指导所要实现的目标。教练和被指导者都应该就自己期望达成的目标进行讨论。教练与被指导对象交流本期指导所要完成的培养任务，其中可以结合对象的多源评估与反馈调查的结果。

- **澄清被指导者的自我意识**。教练直接与领导者共同工作，确定优点与发展需求。在这一指导阶段，教练与领导者就优势、发展需求、重点领域等问题进行交流，以提高领导者的绩效。双方会在发展需求方面达成共识。

- **发现潜力**。通过以问题来引导讨论的方式，教练可以促进领导者关于自身潜力与发展需求的自我意识。教练积极倾听领导者关于自身潜力的认知，其目的在于鼓励他畅所欲言。教练也就领导者是否做好了接受变化的准备进行评估,并将此纳入本期指导之中。

- **消除发展障碍**。教练与领导者共同确认发展需求,并且就可能阻碍自身发展的领域进行交流。在这一步骤中,教练帮助被指导对象决定如何克服发展障碍,以及如何实施有效的个人发展规划,以促进领导者的整体绩效。教练帮助领导者确认可以用于实施行动计划的潜在支持性资源。

- **制订行动计划与承诺**。教练与被指导对象制订行动计划,界定能够在既定时期提高领导者个人绩效的具体措施。教练利用发展性行动指导(developmental action guide)来沟通领导者可以独立完成的自主行动,以提升他在特定能力范围内的绩效。

- **后续跟踪**。在最初的教练指导阶段结束后,应该有后续跟踪作为更大转变的组成部分,即征求参与者的反馈意见,包括评估的效力、所接受的信息是否有用以及他们在实施个人发展规划方面的进展。后续的教练指导、进一步的个人发展规划以及该规划的执行,这些方面的责任通常由部队指挥链来承担。提供培训的指挥链内的领导者对其下属领导者的发展有深刻的影响力。他们也是下属的榜样,能够提供给下属关于自我发展的额外的信息与激励。负责教练指导的领导者经常提供非正式的信息反馈与及时、前瞻和正式的咨询,以此来定期地激励与提升他们的下属。

导师辅导

8-83 未来的战场环境对快速培养领导者提出了更高的要求。陆军以领导者培养体系为依托,帮助这些领导者获得必需的能力。这一培养体系强调与加快对专业知识、成熟人格、概念思维与团队建设技巧的培养。导师辅导是一种发展工具,它能为许多学习目标提供有力的支持。它是一种战斗倍增器,因为它能在自愿基础上推动积极的领导力行为。

8-84 对于领导者来说,通常没有必要具备与他们所提供咨询或指导的人同样的职业或者教育背景。相比之下,导师一般与他们所辅导的人身处同样的专业领域。导师很可能已经经历过他们所辅导的人正在经历或将要经历的事情。相应地,辅导关系倾向于具有职业性与领域性。导师具有他们所能提供支持的领域的专业知识,但是并不需要有同样的背景。导师关注的主要是培养一个较为缺少经验的领导者,使他可以在未来承担领导的责任。

> **导师辅导**是一种自愿性培养关系,它发生在经验相对丰富的人和相对匮乏的人之间,二者是一种相互信任、相互尊重的关系(AR600-100)。

8-85 导师辅导的重心是超越指挥链之外的自愿性指导。总的来说,辅导具有如下特点:

- 辅导指的是导师花费大量时间向缺少经验的领导者提供建议与咨询,以帮助他获得专业与个人的成长。
- 接受辅导者经常主动建立这种关系,并向导师寻求咨询。导师主动检查被培养者的基本状态与发展情况。
- 导师辅导关系既会影响个人的发展(人格的成熟、人际关系和沟通技巧),也会影响专业的发展(战术知识、职业发展知识)。
- 导师辅导关系有助于陆军维持一个才干出众的领导者群体。
- 导师辅导关系的优势在于以相互信任与尊重为基础。被辅导者就评估、反馈和指导进行认真的思考。对于未来的成长来说,这些思考是十分重要的。

8-86 与普遍的看法不同,辅导关系并不局限于上下级之间。在同事之间,尤其是在高级军士长和初级军官之间,也可以发现这种关系的存在。它出现在各种军衔层次之中。在许多情况下,这种关系能够持续到其中的一方离开指挥链之后。

8-87 导师的军衔不一定高于被辅导者,但其拥有更为广泛的知识与经验。在这种情况下,支持性的辅导关系就产生了。在他们的早期职业生涯中,年轻的军官与富有经验的高级军士长结成对子。通常产生于这种经历的辅导关系对年轻军官的发展往往极为有益。军官们通常承认:在他们的第一次或第二次任务中,军士长是一位重要的导师,对于他们的发展有重要影响。

8-88 个人必须是自我发展过程中的积极参与者。他们绝不能等待导师上门,而是有责任对其自身发展持积极的态度。每一名陆军军官、军士、士兵和文职人员都应该确认个人具体的优点、弱点以及需要提高的领域。然后，每一个人都应该制订发展计划，以纠正这些不足。下面是可以运用的一些策略：

- 提出问题并关注专家。
- 阅读与研究。
- 观察那些位于领导岗位的人。
- 寻求教育机会（国民教育、军事教育和函授教育）。
- 寻求与参与新的和多样性的机会。

8-89 通过积极地寻求有关绩效的反馈和持有终身学习的态度，军人能够增加自身获得辅导的机会。这些自我发展的行动有助于为获得辅导机会创造条件。寻求反馈以强化自身发展的士兵，与具有奉献精神和深厚学识的导师相结合，将会奠定一种基础，使终身学习、自我发展以及适应力等观念深深地植根于陆军的文化之中。

8-90 尽管导师辅导总是与提升职责的绩效表现和成长有密切的关联，但它并不排除精神层面的内容。在帮助个人应对压力并寻求更好的职业平衡和目标方面，随军牧师或其他在灵修层面受过训练或者有过开悟经历的个人，可能扮演重要的角色。

构建团队技能与过程

> 在战场上至关重要的凝聚力，是在连、排、班等层次上开始形成的。
>
> 爱德华·C.迈耶上将
>
> 陆军参谋长（1979—1983）①

8-91 从战场上士兵的角度来看，国家大业、使命目标或其他关注可能并不那么显而易见。尽管有这些宏大的议题，士兵执行任务却是为了班或小组中的其他人，为了团队或集体中的其他人，以及为了与他们并肩作战的人。这是个基本事实，它源于战斗精神。士兵完成任务，是因为他们不想辜负自

---

① *Chiefs of Staff* 2000, 6.

己的战友。同样,陆军文职人员认为自己是军事基地和组织团队中的一个组成部分,并且想要成为胜利者。

8-92 对于领导者来说,塑造关系紧密的团队需要艰苦的努力、足够的耐心以及相应的人际关系策略。这是一笔有价值的投资,因为优秀的团队能以现有的资源和最少的人力浪费去按时完成任务。在作战中,有凝聚力的团队效率最高并且伤亡率最低。

团队的特点

8-93 关系紧密的团队具有如下标志性特点:
- 相互信任,能够相互预见彼此的行为。
- 共同工作以完成任务。
- 彻底、迅速地执行任务。
- 达到并超越标准。
- 在严峻的挑战中茁壮成长。
- 在经验中学习,在成就中培养自豪感。

8-94 作为一个团队,陆军中包括许多不是军人的成员。在"沙漠风暴"行动、巴尔干战争、反恐战争等行动期间重要的支持性任务中,数不清的陆军文职人员、承包商和多国人员所做出的贡献,经常为人们所遗忘。今天的作战环境极为依赖后勤,如果没有陆军中勤勉工作的文职团队成员的全力支持,许多军事目标是不可能实现的。

8-95 在一个大型团队之内,小型团队可以处于不同的发展阶段。例如,一班的成员可能形成了齐心协力的习惯,他们彼此信任,并且通常在没有浪费人力的情况下超额完成任务。在同一个排的二班刚刚接收了三名新兵,班长也是刚从另一连队调过来的。作为一个团队,二班尚不成熟,若要达到一班的水平还需要一定的时间。二班的新成员们必须从做事的方式学起。首先,他们必须拥有身为团队一员的感觉。其次,在其他成员真正接纳他们之前,他们必须了解新部队的标准与风气,并且证明自己的才干。最后,他们必须练习如何齐心协力。如果领导者知道自己要什么结果,他们就能对这一融合过程进行最好的监督。

8-96 称职的领导者可以敏锐地感知团队及其成员的特点。团队的发展极为不同,而不同发展阶段之间的界线并非一成不变。发展目标有助于确定对团队的期望,以及为提升其能力所需采取的措施。

团队建设阶段

8-97 表8-1中列出了使一个团队形成整体的措施。团队凝聚力并非来自偶然。领导者必须指导团队通过以下三个发展阶段:

- 组建(formation)。
- 强化(enrichment)。
- 保持(sustainment)。

组建阶段

8-98 当新成员迅速感受到自己成为团队一员的时候,团队的合作最有成效。组建阶段的两个关键步骤——迎新(reception)与情况介绍(orientation)——在和平时期与战争时期极为不同。在作战中,无论是对于新加入者,还是对于整个团队来说,良好的新人纳入程序几乎能带来生与死的不同结果。

8-99 迎新是领导者对新成员来到该组织所表现出的欢迎态度。时间允许的情况下,还应该包括握手与个人情况介绍。介绍情况阶段从与其他团队成员的会面开始,了解工作场所的布局与时间安排,并且逐渐认识新环境。在作战中,领导者也许没有充分的时间与新成员在一起,在这种情况下,领导者将会给新成员安排一个负责人。该人将帮助新人了解情况,直到他们了解内情为止。

8-100 在作战中,陆军领导者所面对的工作千头万绪,新成员的思想状态可能并不在领导者的重点考虑范围之内。士兵无法作战会使部队遭受不必要的伤亡,而且最终可能无法完成所承担的任务。

8-101 恪守纪律与共渡难关能以强有力的方式将人们凝聚在一起。阿尔文·C.约克中士曾经以如下简明清晰的方式谈及凝聚力[①]：

> 战争会把你最恶的一面展现出来。它将你变成一个疯狂的战争野兽，但它也会使你展现出另外一面，这是一种我不知道该如何描述的东西，一种对与你并肩作战的战友的温情与热爱。

表 8-1 团队建设的不同阶段

组建阶段	下属的行动	领导者与组织的行动
常规团队建设	• 了解团队的目标、任务与标准 • 了解领导者与其他成员 • 获得归属感并被团队接纳	• 设计有效的迎新与情况介绍 • 创造学习体验 • 沟通对下属的期待 • 倾听并关心下属 • 奖励积极的付出 • 树立榜样
围绕部署的团队建设	• 适应全谱冲突的不确定性 • 应对未知伤害与死亡的恐惧 • 适应与家庭和家人的分离	• 与每一名士兵谈话 • 表现沉着镇定令士兵心安 • 传达重要的安全提示 • 提供稳定的局势 • 建立伙伴体系 • 帮助士兵解决当前的问题
强化阶段		
常规团队建设	• 信任领导者与其他成员 • 与团队成员合作 • 共享信息 • 接受做事的方式 • 调适对事情应该如何去做的感觉	• 信任与鼓励信任 • 强化期待的团体规范 • 确立清晰的权力边界 • 确立个体与部队的目标 • 确认与培养领导者 • 进行部队任务的训练 • 通过成就建立自豪感
围绕部署的团队建设	• 展示能力 • 成为团队一员 • 了解威胁 • 了解作战区域 • 避免威及生命的错误	• 展示能力 • 使部队做好作战准备 • 了解士兵 • 提供稳定的部队氛围 • 强调提升作战准备的安全性

[①] T. Skeyhill, ed., *Sergeant York: His Own Life Story and War Diary* (Garden City, NY: Doubleday, Doran. 1928), 212.

(续表)

	保持阶段	
常规团队建设 →	• 信任他人 • 自由地分享想法与感受 • 协助其他团队成员 • 保持信任与信心 • 共享使命与价值观	• 展示信任 • 关注团队合作、训练与维护 • 对下属的问题做出回应 • 设计更有挑战性的训练 • 打造自豪感与振作士气
围绕部署的团队建设 →	• 适应连续作战 • 应对伤亡 • 适应敌人的行动 • 克服厌倦 • 避免谣言 • 控制恐惧、愤怒、绝望与恐慌	• 观察与强化睡眠训练 • 保持安全意识 • 通告士兵信息 • 了解与处理士兵的想法 • 使士兵有有意义的事可做 • 运用过程内评估与事后调查 • 面对恐慌采取果敢的行动

强化阶段

8-102 新团队与新的团队成员会逐渐地从质疑一切转变为信任自己、信任自己的伙伴以及信任自己的领导。领导者通过倾听反馈、对所获信息采取后续行动、确立清晰的权力边界、制定标准等方式去学会信任。至今而言,对于领导者来说,加强团队最重要的事情是进行训练。训练把一群个体打造成为一个团队,同时使他们为完成自己的使命做好准备。训练贯穿团队建设的所有三个阶段,但在强化阶段期间具有特别重要的意义。在这一阶段,团队正处于建构共同能力的时期。

保持阶段

8-103 在这一阶段,成员形成了对"我们的团队"的认同。他们拥有它,为它感到自豪,并且希望它成功。在该阶段,团队成员将在不需吩咐的情况下就自觉地做好需要做的事情。每一项新任务都会给领导者一个加强团队联系、激励团队达到崭新成就水平的机会。领导者培养下属,因为他知道他们将是团队明天的领导者。团队应该进行持续性的训练,以保持在履行集体与个体任务方面所必须具有的卓越,从而完成使命。

第9章 实现目标

9-1 领导力为高效组织打下了基础。组织的高效与领导者的一项核心才能密切相关,这就是能够**达成结果(getting results)**。从领导力的定义来看,**实现目标(achieving)**集中关注的是完成任务。完成任务作为一种目标,必须与一种扩展的视角共存,这就是保持与增强组织在未来的能力。就短期而言,实现目标从设定目标开始。从长期来看,以清晰的愿景为基础的实现目标,需要在对目标的追求中达成结果。达成结果的重点在于对需要完成的事情进行安排,以产生一致的结果。这一能力关注的是如何组织获取这些结果的工作。

9-2 达成结果包含为了按时、按标准完成工作所采取的所有措施:

- 提供方向、指导与清晰的优先次序,包括在团队需要做什么、应该怎样做等方面给予指导。
- 制订与执行计划以完成使命和任务,包括预见到如何去完成需要做的事项、管理所需要的资源以及采取所必须采取的措施。
- 始终如一、以合乎道义的标准完成使命,也就是运用监控来识别组织、团体和个人绩效中的优点并纠正弱点。

提供方向、指导与优先次序

作战的结果是在指挥官的头脑之中决定的。

巴兹尔·H.利德尔·哈特(Basil H. Liddell Hart)爵士

《关于战争的思考》(*Thoughts on War*)(1944)[①]

[①] Robert A Fitton, ed., *Leadership: Quotations from the Military Tradition* (Boulder, CO: Westview Press, 1990), 75.

9-3 当领导者管理较大的组织时,他们的目标、方向、指导与轻重缓急的选择在运用的过程中通常带有高瞻远瞩、视野开阔的特点。与组织层面和战略层面的领导者相比,直接领导层面的领导者和小型部队的指挥官通常拥有的从事正式计划运作的时间较少。尽管领导者们根据时间的多少与参谋人员的数量而采取不同的指导技巧,但基本原理是一样的。领导者提供指导,以使下属和他人能够理解他们的目标与优先次序。

9-4 无论是管理一个步兵班、一个财务部门还是一个工程师队伍,领导者都会把需要做的工作根据情况分配给自己的团队、部队或机构。大部分工作是由标准的运作程序和分配给团体的相应任务来界定的。随着新任务的出现与优先次序的变化,指派的任务也将会不同。在高级岗位上,指挥官与指导者在其他人的协助下进行这些任务的分配,并且确定优先次序。较高层次的组织也拥有诸如运营评估与军事决策程序等来界定和协调计划中的行动(见 FM5-0)。

9-5 领导者在提供指导时,既要考虑到近期目标,也要着眼于长远发展。优秀的领导者会在太多与太少的指导之间进行深思熟虑的权衡。近期的关注建立在必须立刻完成的关键性行动的基础之上。相对而言,通过尽可能多地授权,领导者使他人做好胜任未来工作的准备,并且在需要的时候承担较高层次的协调工作。

9-6 在任务艰巨的时候,适应性强的领导者能够识别并阐明团队所需要的能力。有些任务是例行公事,很少需要领导者的解释,而另外一些任务对于团队拥有的知识与经验来说是新的挑战。当第一次与一个新团体共同执行新任务时,领导者应该对团体的组织、能力以及它们对任务的承诺保持警觉。

9-7 领导者应该把提供经常的信息反馈纳入为工作中自然的组成部分。确立有关发展性绩效咨询的各个阶段非常重要;定期提供反馈也十分关键。将反馈纳入工作中常规绩效的组成部分,是领导者用于指导下属履行职责的技巧之一。

9-8 在领导者的工作中,最有挑战性的部分是识别、澄清下属在角色与责任方面的冲突。良好的沟通技巧加上简短的回顾有助于识别冲突。在执行过程中任务可能会发生变化,一旦出现这种情况,领导者应该立刻采取措施解决。

9-9 良好的指导依赖于对任务进展情况的理解,因此领导者要懂得是否以及何时提供说明。大部分工作的人都有一种期望,就是在自己的工作中展示能力,因此领导者需要保持慎重,避免打击下属的积极性。

制订与执行计划

计划是执行指挥决策或项目的方案。制订计划是领导者或指挥官设想期望的结果并且设计实现目标的有效途径的手段。在计划中,领导者将自己的愿景、意图与决策传达给下属,并使下属关注他所期望实现的结果。

FM3-0

9-10 在日常和平时期或作战训练与行动中,领导者的主要责任是帮助组织高效运转。不管周边环境多么混乱,部队都必须完成任务。所有这一切都开始于深思熟虑的计划与充分严密的准备。

制订计划

9-11 领导者利用制订计划来确保达成目标的方法是可行的。制订计划能减少困惑,增强下属对自身和组织的自信,并能灵活地适应变化的形势。好的计划制订会促进共识的达成,并确保在作战中以最少的人力浪费与人员伤亡完成任务。FM6-0更加详尽地阐述了计划的不同类型。

考虑意图之中与意图之外的结果

9-12 计划与在计划中所采取的行动,其结果既可能在意图之中,也可能在意图之外。领导者应该深入地思考如下问题:通过一项计划或行动方案,他们期望获得什么样的结果。某些决策可能会引发有悖于所期望结果的连锁反应。意图之中的结果是领导者的决策与行动所设想的结果。意图之外的结果是由对组织或完成使命具有影响力的非计划性事件而造成的。在制订计划期间,军事演习与演练十分重要,它们可以使意图之中与意图之外的结果得到很好的处理。军事演习与演练的目的在于尽可能地减少意图之外的结果。

9-13 即使是较低级别领导者的行动也可能产生超出他们预期的结果。想象这样一个场景,在维和行动中,一名中士率领团队实行路障检查。一天清晨,一辆满载平民的卡车向路障冲了过来。在光线昏暗的情况下,这位负责关卡的军士无法看清乘客手中持有的是武器还是不会造成伤害的农具,而司机看起来似乎想继续向前,不打算停车。在几秒钟的时间内,军士就必须决定是否下令队伍向卡车开枪。

9-14 如果中士命令队伍射击以迫使卡车停下来,这一决策就会很容易带来国际性和战略性影响。如果有任何无辜的平民被杀害,指挥链与外界都将很可能会在短短几个小时之内得知这一事件。决策也因另一原因而变得艰难:如果中士没有命令队伍开火,而这些平民被证明是一伙武装叛军,那么整个团队将有可能遭受不必要的伤亡。

9-15 最终,中士作为主管领导必须采取行动。在领导者对行动的可能后果进行了充分思考,并且对指挥官的意图、优先次序、介入规则等有深入理解的情况下,他往往会做好采取正确行动的准备。在路障的例子中,意图之中的结果是显而易见的:控制人员接近,阻止爆炸品、武器和战时禁运品进入。

9-16 提前考虑意图之中与意图之外的结果,这有助于凸显制订计划过程中什么才是重要的。在关卡的例子中,如果没有给予汽车司机以适当警告的话,发动一场有效、安全的行动的意图就可能会"流产"。是否运用适当的语言书写警示牌要求司机放慢接近关卡的速度?是否设置障碍令司机放慢速度?这辆车是否受到了适当的控制以防止其绕路而行或逃跑?如果没有考虑并执行这些以及其他措施,意图之外的结果有可能是下面这种情况:司机的反应可能被误读为含有敌意的行动,因而士兵意外地射击了载有无辜平民的车辆。

9-17 有时结果并非直接且即刻呈现出来。这类结果被看作二级与三级效应。这些效应可能是意图之中的,也可能是意图之外的。在关卡的例子中,设立关卡的二级效应可能会减少在这一地区民用车辆的数量。三级效应可能是减缓了该地区商业的恢复,或者关卡可能会成为叛乱者的袭击目标,因为在白天的某些时段,平民会在这里聚集。如果军士下令向加速开来的满载平民的卡车开火,一个意图之外的结果可能是引发二级效应——地方民众的愤怒。一种可能的三级效应是引发国际性事件。然而,二级与三级效应应该不能成为阻止发挥主动性或做正确事情的依据。

反向规划

9-18 反向规划是一项特定的技能,被用于确保某一构想会产生意图之中的结果。反向规划始于在头脑中设想目标或期望的任务结果。起点是这样的问题:"我想得到什么样的结果?"从这一点开始,倒推着思考并做出计划,一直到当前的状态。循着从设定目标到当前状态这一思维过程就可以确立基本的行动步骤,并且就谁来做、做什么、什么时间做、什么地点做、为什么做等各方面做出安排,以实现目标。

9-19 在制订计划时,领导者应该考虑到协调和实现每一个步骤所需要的时间量。例如,一个坦克排必须在射击场从事部分野外训练,其副排长可能必须在射击场安排燃料补给。没有人明确地指出要在射击场从事这项工作,但副排长考虑到 M1A2 型坦克巨大的燃料消耗量,知道需要采取这一行动。相应地,副排长必须对整个步骤进行充分的反向思考:(1) 燃油补给何时必须完成;(2) 补给将花费多长时间;(3) 补给部门需要多长时间才能将事情安排妥当;(4) 补给车辆何时必须到达射击场。

9-20 在确定实现目标所必须做的事情之后,领导者将任务按逻辑排序,设立清晰的优先项目,并且确定一个现实可行的时间表。他们按事情发生的先后顺序检验所需要采取的各个步骤,如果时间允许则征求下属的意见。富有经验的下属经常会对计划提出有价值的可行性建议。下属的建议也体现了他们作为计划共同策划者的身份。积极的贡献不仅增强了彼此的信任,也提高了他们的自信心与获得成功的意愿。

准备

9-21 准备是计划的补充。从理论上说,作战准备包括计划完善、演练、侦察、协调、监督与调动。FM3-0 与 FM6-0 中有更为详细的介绍。在所有情况下，准备都涉及细致地协调与其他组织的关系，这些组织与行动或者项目存在关联，或者受到它们的影响。在非战术要求的事例中，准备可能包括确保获得必要的设施（如医院、实验室、修理厂）和其他资源（如消防人员、警察、其他快速反应人员），以支持任务的完成。

9-22 演练是准备工作中的关键要素。它使每个参与到任务中的人对自己的职责以及可能发生的事情在脑海中形成一幅画面。它可以帮助团队在对于成功完成任务非常关键的时间与地点进行协同作战。在 FM6-0 中有关于演练的一个详细附录。对关键性作战行动的演练，可以使下属明白事情应有的运作方式，并增强他们对计划的信心。即使只是简单地过一遍，也有助于领导者设想在某个特定的时间，谁应该被安排在某个特定的位置，以从事某个协同的行动。领导者可以了解事情是如何展开的，哪些方面可能出现失误，以及如何改变计划以适应意图之中或意图之外的结果。

执行

> 下周才能制订出来的计划再完美，也不如一个**现在**就可以强有力执行的好计划。
>
> ——小乔治·S.巴顿将军
> 《我所了解的战争》(1947)①

9-23 计划的成功执行，建立在此前所有工作的基础之上。成功地执行计划要求认清当前的形势，监督任务的完成，评估计划的进展，以及贯彻需要的执行或调整的决策（FM6-0）。

9-24 作战中的执行意味着通过投入作战力量来实施计划以完成任务，并运用对形势的认知来评估进展情况，以及做出执行和调整的决策。在作战中，领导者致力于把联合军种、诸兵种合成部队、非军事人员和装备等所有这些要素进行有效的整合与协调。其目的在于，将特定任务或目标分配给能力

---

① Patton, 354.

最强的组织,并授权其领导者在既定意图范围内执行任务与发挥主动性。

9-25 执行计划需要有一种意识,即在实现使命的过程中,是否完成了关键性的任务。优秀的领导者知道应该对使命中某些最重要的方面进行检查。从实际经验中了解那些会给完成使命带来困难或导致使命不成功的因素,有助于对使命进展情况的跟踪。引导组织向完成使命的方向推进,涉及如下方面:确立行动的时间安排,跟踪任务及尚有悬念之事,提醒他人何时需要他们的支持,以及根据需要做出调整。

适应变化

9-26 称职而现实的领导者也会牢记一条:摩擦与不确定性会(并且将总是会)对计划产生影响。通常来说,在与敌人发生接触之后,没有计划能够保持一成不变。因此,领导者必须随时准备以新的想法与积极的行动来替换原来计划中的部分内容。领导者必须拥有自信心与适应力来应对挫折,始终将自己的注意力集中在比自己高两级的指挥官的意图与使命上。领导者通过适应变化的形势来保持行动的自由。他们应该有能力使下属保持以使命为核心,积极主动,并且能够灵活地应对变化,与此同时,影响团队去完成计划中设想的使命。

9-27 遇到意料之外的阻碍时,需要进行调整。在越来越忙碌的时代,领导者需要提供一种环境,使下属能专心致志地去完成关键性的任务。尽量减少和阻止干扰性的因素,可以使下属全神贯注于完成使命上。领导者应该确保额外的任务在部队或组织的能力范围之内;否则,领导者就应该向上级说明额外的工作量会对部队所产生的影响,以寻求减轻部队的压力。经验丰富的领导者能够预见到周期性的工作量,并且做出相应的安排。称职的领导者将会就针对军职和文职人员何时该施加压力、何时该减轻压力做出正确的决策。如果下属的绩效表现处于下滑的状态,就缩小任务的范围,只将注意力集中于一个或两个最为重要的任务上。

9-28 领导者应该持续地对工作环境与使命情况进行检查。有了对形势的清楚了解,领导者就会知道形势什么时候发生了变化,或者计划什么时候没有取得预想的成果。如果形势发生了重大变化,领导者将会思考下一步行动的选择，包括对在新环境下出现的所有意外事件进行评估。领导者会在行动的过程中当场进行调整，以继续向指定的目标推进。

管理资源

9-29 领导者——无论是军官、军士还是陆军文职人员——的一个主要责任是完成所分配的任务，这涉及最有效地利用可以获得的资源。有些陆军领导者擅长管理单一种类的资源，例如弹药、食物、人事与财务，但是所有领导者都有兴趣监督各类的资源都能得到供应，并被他们的团队明智地用到了该用的地方。

9-30 资源管理包括多个环节，这些环节需要不同的方法乃至不同的技能。在许多情况下，陆军领导者需要去获取自己或他人必需的资源。资源表现为多种形式：金钱、物资、人员与时间。获取资源的过程可能是相对直接的，即通过适当的途径提出请求。而在其他情况下，领导者可能需要有更多的创造性与灵活性，这时，影响力策略的有效运用（见第 7 章）将可能对成功获取所需资源提供有益的帮助。

9-31 在获得资源后，领导者有责任根据不同的需要和重点以公平的方式对资源进行分配。领导者对那些有限的资源可能存在多重需求，因而需要做出以最佳的方式进行资源分配的决策。在进行资源分配时，需要坚决根据陆军价值观（见第 4 章），来确认并解决分配过程中潜在的道德困境。最后，领导者必须决定如何最佳地分配资源以满足陆军使命的需要。领导者需要公开、诚实地进行资源分配的决策，并且做好应对那些认为自己的要求没有得到公平、高效的解决的人们的反应。

9-32 领导者应该进行评估，以确定有限的资源是否得到了明智而有效的运用。资源是否推动了陆军与部队使命的实现？反过来说，资源是否被浪费了？或者，资源的运用方式是否加强了个人、部队或陆军整体的战斗力？假如在某些方面资源没有得到明智的运用，领导者在评估之后，应该对那些应为所涉资源负有责任的人给予适当的建议。

完 成 任 务

学校与训练指出了较好的做事方式,但只有经验能够使我们利用这些知识。对学习成为更能干的军人的人来说,从错误中受益的过程是重要的阶段。

——威廉姆·G. 班布里奇(William G. Bainbridge)
陆军总军士长(1975—1979)[①]

9-33 达成结果的一个关键因素,是采取措施加强持续完成任务的能力。持续地达成结果,取决于采取正确的做法,这体现在其他方面的能力上:有清晰的愿景、关心下属、树立良好的榜样、加强组织、鼓励领导者的成长,等等。持续的绩效表现可以运用以下技巧:

- 监控集体绩效。
- 强化良好绩效。
- 贯彻制度以改善绩效。

监控绩效

9-34 领导者根据期望的结果、既定的价值观以及道德标准,对形势进行准确、可靠的评估的能力,是他们持续地达成结果和成功完成使命的重要工具。评估始终存在于计划、准备和执行的过程中,而不仅是一种事后评价。准确的评估需要有以经验和知识为基础的本能与直觉。它也要求对信息及其来源的可靠性与正确性有一种感觉。定期的评估对于确定组织的不足与防止事故的发生来说非常必要。对于训练的管理、下属领导力的培养和质量改进的启动来说,准确地查明原因十分重要。

评估技巧

9-35 有很多种不同的方式可以收集信息以用于评估的目的。这些方式

[①] William G. Bainbridge, "Quality, Training and Motivation," *Army Magazine* (October 1976): 28.

包括向团队成员提问,以掌握他们是否了解了信息;与人们会面,以询问任务和目标是否合理,并且检查计划的协同情况。评估也涉及研究与分析电子数据库。无论领导者运用什么技巧,重要的是要证明信息的准确性。

9-36 参谋人员和重要下属会为组织及战略层面的领导者管理与加工信息,但这并不意味着把后者从决策过程中的一个重要部分即分析信息方面的责任中解脱出来。领导者经常从各种来源获取信息,以能够将它们进行比较并建立多维的图像。领导者也常常派出熟知指挥官意图的联络官,让他们充当自己的耳目,从而达到这一目的。

9-37 现场的人和耳目会传递出很多有用的信息,而为了及时地进行评估,领导者们也可以利用技术手段。在数字指挥与控制的世界中,指挥官可以建立各种指挥与控制体系,以监控关键部门的状况、选定的敌方参数以及重要的计划与执行时间表。他们可以在信息系统中设立提示,就所选择的重要事件提出警告。信息系统可以提醒机动部队的燃料不足,航空飞行人员的时间安排紧张,以及敌人炮兵的集结,等等。组织环境中的管理信息系统可以跟踪电子邮件或新创建文件的数量。

9-38 在处理自动化信息或时间有限的情况下,过度分析有时是很危险的。在分析信息时,领导者应该注意避免僵化、焦躁或者过分自信,这些问题可能会导致其分析产生偏见。

设计有效的评估体系

9-39 设计有效的评估体系的第一步是确定评估的目标。尽管评估目标各有不同,但大部分都属于如下类别之一:

• 评估组织目标的进展情况,例如,运用紧急展开战备演练来检查部队的战备工作,或者通过接收(reception)、中间整备(staging)、前运(onward movement)和整合(integration)各个阶段来监控部队的进展情况。

• 评估系统的效率。资源耗费与所获成效的比值,例如,将用于维修保养的时间量与组织的准备完好率相比较。

• 评估系统的效果。所产生的结果的质量,例如,分析布雷德利射击成绩的变化。

- 对照标准，比较相对的效率或效果。
- 将团体中的个人行为与既定标准相比较，例如，陆军体能测试或射击成绩。
- 评估支持组织的系统，例如，根据"无欠款"原则，检查军士支持渠道在此方面的行为。

9-40 尽管系统与领导者的代理人可以在评估组织绩效上给予领导者很大的协助，但领导者通过抽查人员、绩效、装备、资源等，依然在评估工作中起核心的作用。领导者借鉴最佳的商业实践，运用绩效表现指标来进行检查，以确保组织达到标准，并向领导者设定的目标前进。

9-41 在评估的同时，优秀的领导者会寻找机会进行即席的指导。初级领导者可以通过对有经验的二级军士长或一级军士长检查日常训练、着装的观察，学习应该如何进行抽查。要注意这些有经验的领导者是如何观察士兵、武器和装备的，以及是如何辨别出差距和良好表现的。他们的行为显示出，经验是如何使监控、检查和纠错成为日常职责的例行部分的。

强化良好绩效

9-42 为持续地完成使命，领导者需要在团队中保持动力。一个最好的保持团队动力的方式，是认可与奖励良好的绩效。那些认可个人和团队成就的领导者，将会塑造出未来的积极动力与行动。在上级和他人面前对个人及团队表示认可，将会使那些做出贡献的人越发有"值得这样做"的感觉。如果军职和文职人员认为自己的贡献是被看重的，他们就会受到鼓舞去保持和改进绩效。

9-43 领导者不应该忽略给下属以荣誉。分享荣誉会为建立信任和为以后的行动提供动力带来莫大的回报。一个领导者如果能够理解个人对团队成就的感受，将会更好地做到以团队成员的利益为基础来进行鼓励。

改进组织绩效

9-44 高绩效部队是抓住机会改进绩效的学习性组织。领导者需要对改进绩效的心智模式进行鼓励,这种模式不但会使他们考虑标准的要求,而且会超越标准谋求更高的效率与效益。有几项措施是典型的改进绩效行动:

- 提出如何更好地完成任务的深刻问题。
- 预见变化与行动的需要。
- 就行动进行分析,以此确定如何实现或影响希望达成的最终结果。
- 找出改进部队和组织程序的方式。
- 思考信息与通信技术如何能够提高效益。
- 塑造批判性和创造性的思维并鼓励他人也这样做。

9-45 领导者常常在没有察觉的情况下阻碍了理念的产生。结果是,下属变得不愿意向领导提出有关工作的新想法。领导者从自己的角度,对下属的想法做出什么是被期待的、什么是不被期待的这样的回应。这可以被看作一种保守,是对军职或文职人员的洞察力的轻视。"我们以前试过了。""没有这方面的预算。""你误解我的要求了。""别捣乱了。"诸如此类的说法会扼杀积极性,并且导致他人甚至连想都不愿意去想通过变化来改进组织的事务。领导者应该鼓励一种对组织进行反思的氛围,并且鼓励改进的想法。终身学习的观念不仅适用于个人,也同样适用于集体性组织。

取得成功的能力

> 美国人民只要求我们做一件事:那就是赢得胜利。你们所做的无非就是他们所要求的。你们已经赢了。
>
> ——戈登·沙利文(Gordon Sullivan)将军
>
> 陆军副参谋长
>
> "沙漠风暴"行动胜利后在第三军参谋部的演讲(1991)[1]

---

[1] Gregory Fontenot, E. J. Degen, and David Tohn, *On Point: The United States Army in Operation Iraqi Freedom* (Fort Leavenworth, KS: Combat Studies Institute Press), 5.

9-46 在陆军的历史上曾经有过很多这样的事例:因为拥有称职、富有多种才干的领导者,部队能够持续而合乎道义地完成它们的使命。取得持续而合乎道义的结果并不仅与作战或军事领导力有关。无论身处何时何地,称职的军职与文职领导者都会尽可能地追求卓越。

9-47 称职的领导者确保所有的组织成员了解他们所承担的角色的重要性。他们每天寻找日常环境中出现的榜样:士兵如何挖掘战壕,如何做好警戒工作的准备,如何修理无线电,如何安放炮架;陆军文职人员如何改进维护程序,如何处理重要的战斗补给,如何支持现役人员的家庭。称职的领导者知道,这些人中的每一位都正在为陆军的使命做出重要的贡献。他们明白,若要持续而合乎道义地完成陆军的使命,就需要无数的团队每天按照标准要求完成无数的细小工作。

9-48 称职的领导者也是现实主义者。他们理解,领导力中的卓越并不意味着完美;相反,称职的领导者给予下属一定的空间,让他们从错误与成功中去学习。在开放、积极的工作氛围中,人们善于改进,并且接受经过计算的风险来学习。这是提升战斗力的最佳方式,也是为未来培养自信的领导者的唯一途径。称职且自信的领导者对不是因为失职而产生的无心之过持宽容的态度,因为实现组织的卓越并不是达到完美境界的比赛。它需要进行尝试、学习、再尝试,并且每一次都变得越来越好。然而,即使是付出最大的努力和拥有良好的意图,也并不意味着可以消除个人为自己的行动所应承担的责任。

9-49 在某一天或某种生涯结束时,军职与陆军文职人员回首往事,并且能够充满自信地认为:正是他们的努力创造了一支持续卓越的陆军。无论他们指挥的是一支数千人的进攻部队,还是一个由三个人组成的技术支持部门,他们都发挥了积极的作用。

实现成功与领导力的卓越①

第二次世界大战期间,马修·B.李奇微(Matthew B. Ridgway)将军成功地领导了第82空降师和第18空降军。其后,在朝鲜战场上,他指挥过陆军第8集团军。李奇微将军以自身的事例证明了一个称职而富有多种才干的领导者所具有的素质。对美国军人、其他军种、盟军、外国文化以及总体战略形势的了解,使他能够拥有明确的预期。在抵达战区后,这些预期为他评估自己的指挥奠定了基础。他不断前往第8集团军的各个部队,与士兵及他们的指挥官交谈,评估指挥氛围,并采取行动,以清晰的意图、高度的自信以及严格的战术纪律塑造了个人风格。

通过分享自己关于作战领导力的想法与期待,李奇微将军一直致力于培养与辅导下级指挥员及其参谋人员。他经常亲赴前线,感受作战部队的情况,分担他们的困难,并且要求给他们以关照。他爱护自己的部队,要求后勤部门不仅提供作战供给,还要提供物质享受。他消除对目标的怀疑态度,向士兵们阐明作战的意义,通过小规模的胜利来帮助士兵们获得自信。李奇微将军树立了榜样。

在李奇微被任命为联合国军总司令之前,他为期四个月的第8集团军指挥官的所作所为,生动地体现了他作为领导者的才干。他的经历告诉人们:领导者能够在各个层面的领导岗位上发挥作用,以持续而合乎道义地完成自身的使命。

---

① Jack J. Gifford, "Invoking Force of Will to Move the Force," *Studies in Battle Command* (Fort Leavenworth, KS: Combat Studies Institute, U.S. Army Command and General Staff College, 1995), 143—146.

第10章 影响领导力的因素

10-1 领导者每天都要面对新的挑战,一些是可以根据经验预见的,另一些则是无法预见的,是因军人当时所处的环境或地点而冒出来的。领导者必须做好准备,以应对压力、作战恐惧、来自媒体的外在影响、地缘政治环境、技术变化的冲击等因素所产生的效应。

10-2 有一些因素是可以通过清晰的认知、适当的培训、公开与坦诚的讨论而得到缓解的。陆军必须考虑这些外在影响因素,并且制订相应的计划。高效的领导者了解适应变化的形势所需要的工具。(在第 10-10 到 10-48 中有进一步的讨论)。

作战环境的挑战

领导力的作用就是要将挑战转化为机遇。

——丹尼斯·J.赖默尔(Dennis J. Reimer)将军

陆军参谋长(1995—1999)[①]

适应不断变化的威胁

10-3 在利用最新的技术变革并且根据社会变化做出调整的同时,21 世纪的美国陆军必须适应不断变化的威胁。作为美国武装力量的一个组成部分,陆军受更为宽泛的国家军事战略的指导,这一战略概括了应该如何——

- 保卫美国。

---

① *Chiefs of Staff* 2000,99.

- 防止冲突与突然袭击。
- 战胜威胁美国领土、武装力量或盟国与盟友安全的敌对势力。

10-4 国家军事战略也为了什么是成功确立了优先次序,并且随每届政府而变化,以应对美国所面对的新挑战。威胁所具有的不确定性始终对陆军领导力构成主要的冲击。就陆军而言,随着1989年柏林墙的倒塌与相继而来的苏联解体,一个新的时代开始了。自2001年9月11日以来,反恐战争已经成为美国的主要工作与长期的安全关注点。除了适应不断变化的问题,美国武装力量也必须保持进行全谱行动的能力。这要求陆军作为美国战争力量的重要组成部分,能够拥有充分的能力在冲突的光谱中实现无缝转换。战争与和平之间界限的模糊,使领导者面临的挑战变得持续而无法预见。

10-5 在陆军的各个领导层面,灵活与适应能力对于处理不能完全预见到的形势,正变得越来越重要。在新的作战环境中,直接层面的领导者——军士与初级军官——在充满压力的情况下做出正确决策的重要性,已经具有了新的意义。直接层面的领导者——执行任务的中士和中尉——所做出的决策和采取的行动,很容易就会具有重大的战略和政治含义。

10-6 美军在阿富汗和伊拉克曾经经历了许多需要在运用战术手段与外交手段之间进行权衡的情况。在大部分战术对抗中,初级领导者通过在指挥官意图之内做出恰当的反应,确保了使命的完成。

媒体的影响

10-7 影响领导力的另一个因素是媒体。对于领导者来说,媒体既可以成为有用的东西,也可能成为障碍。随军媒体,如在"自由伊拉克行动"中的那些媒体,能够从士兵的角度向焦虑的国内民众进行报道。媒体能提供实时的信息,有时这些信息是未经过滤的原始信息,敌人可以利用这些信息作为改变地区政治氛围的手段。

10-8 领导者必须确保下级领导者和士兵接受训练以与媒体打交道,并且明白某些特定的故事和图片会产生长远的影响。如果媒体呈现出的总体看法过分消极,或者军事行动没有取得成功,士兵与国民的士气就会受到影响。这将会对此后多年的征兵、超期服役以及老兵待遇问题造成不利的影响。领导者可以运用媒体提供的机会做出解释,说明陆军的使命是如何服务于国家的利益的,士兵是怎样在为完成任务而不懈努力的,以此抵消消极的影响。

多部门与联合军种的作战环境

10-9 与从前相比,军人们发现自己有更多的机会与其他军种的成员、后备役人员以及其他国家的军队一起行动。在一个反复无常、瞬息万变的世界中,了解各类团体独特的文化与亚文化,对取得成功来说是很重要的。

10-10 领导者必须认识到:有关军人的大部分政策与规则是全面适用的,但后备役人员的晋升、薪金、福利、退休制度等方面有具体的差别。了解这些差别对于有效地发挥所有人员的作用来说,是十分必要的。

10-11 领导者应该认识到陆军中亚文化的存在,例如,专业人士、执法机构、医疗人员、特定机构社团(branch-specific community)等。这些亚文化团体的成员在他们的职业生涯中横跨不同的部门与军种,以执行特定的任务。因此,在执行军事任务时,参与行动的领导者需要了解这些专门机构的成员是怎样训练与工作的。这些成员常常从不同的视角着手任务,有时会运用非常规的方式来完成任务。特种作战部队通常是以小型独立团队的形式实施行动,经常与本地平民和其他政府部门成员接触。由于军事行动的原因,他们可以不被要求像常规部队一样披露其部队的例行信息。后勤人员和行动计划制订者可能需要制订创造性的方案,以使特种作战部队拥有自主权,同时,允许联合特遣部队或其他指挥官保持对于这些人员的了解与控制,并且向特种作战队员提供必要的后勤支持。

10-12 其他亚文化团体,如执法人员,则遵循他们机构的既定规范,并且分享他们通过具体任务与院校学习所获得的经验。当陆军需要向某一方面的专家咨询时,这些功能性亚文化团体可以为交换知识、提供整体解决方案发挥作用。

地缘政治形势

10-13 尽管世界各地因为技术和经济的增长而联系得越来越紧密,但它们在宗教、文化、生活状况、教育、卫生等方面依然是多样化而分裂的。在政治影响的范围内,通过谨慎的外交与军事安排来维持美国在国外的存在,依然是一项重要的挑战。领导者必须认识到:外交和军事力量之间的平衡是脆弱的。在动用武力之前,陆军领导者必须要始终考虑对当地民众、文化与宗教财产所可能带来的影响。

10-14 人们期望未来的领导者能够在世界上诸多不同的环境中从事军事行动。大部分士兵的第一语言是英语[①],但持续性的军事部署与全球合作要求懂得其他语言和文化。人们预计在未来数年中,将会有更多的人讲汉语、印度语、阿拉伯语和西班牙语。领导者需要掌握多种语言,并且需要对相关的其他地区的文化和历史进行研究。技术是获取与地缘政治形势有关的知识的工具。

随技术而变

10-15 作战压力已经持续存在了数世纪之久,但人的维度的另一方面,也就是迅速进步的技术对组织和人员所产生的影响,表现得日益重要。尽管军事领导者一直在应对技术变化所带来的影响,但现在的变化与以往不同。它正在迫使陆军及其领导者重新思考和重新设计自己。

10-16 现代陆军领导者必须紧跟技术进步的步伐,了解它们的应用情况、带来的优势以及提出的要求。领导者可以与技术专家一起,使技术为军人服务。将合理的技术进行恰当的整合,将会增强作战效用、战场生存率以及杀伤力。

---

① *National Geographic News*(26 February 2004): < http://news.nationalgeographic.com/news/2004/02/0226_040226_language.html >. Mike Bergman, "Nearly 1-in-5 Speak a Foreign Language at Home; Most Also Speak English 'Very Well,'" *U. S. Census Bureau News* (8 October 2003): < http://www.census.gov/Press-Release/www/releases/archives/census_2000/001406.html >.

10-17 陆军领导力所面临的技术上的挑战包括：

- 了解那些为团队及其使命提供支持的技术所具有的优点与弱点。
- 深入思考如何与其他技术水平较高或较低的部队——如联合部队、跨军种以及多国部队——共同从事军事行动。
- 考虑技术对分析问题、制定决策以及采取行动所需要时间的影响。今天是一个迅速变化的时代，陆军领导者所遇到的压力也相应地增大。
- 在采取后传行动与分散性行动（reach-back and split-based operations）的可行性与必要性日益增强的情况下，运用技术影响虚拟团队（virtual team）。

> 虚拟团队指的是以时间、距离或技术为调控进行互动的任何团队。[①]

10-18 技术也会引发军事行动中的问题。自"沙漠风暴"行动以来，对新型全球定位系统导航技术依赖的日益增强，降低了人工地面导航技术在训练中的重要性，如果技术失败或程序错误，就会使军队变得更加容易受到攻击。领导力所面对的部分挑战就是确定如何在运用全球定位系统导航技术的同时对该技术的弱点保持警觉。这一问题的答案就是加强训练。这包括重新引入作为重要支持的地面导航训练，强调足够的电池供给，以及对维护和使用全球定位系统导航技术接收设备给予详细的指导。

10-19 没有与士兵同在现场的领导者，一定不能低估士兵可能经历的恐惧心理。考虑到士兵的心理状态，没有经历同样危险的领导者很容易落入做出被证明是不可行的决定的陷阱。负责指挥与控制一支分散性团队或虚拟团队的陆军领导者，应该向士兵或下级指挥员征求详细的意见和建议，因为这些人更接近行动层面，能够提供有关形势的最准确的信息。

10-20 技术正在许多方面改变着领导力的环境，尤其体现在决策者可以获得的信息量方面。与以往相比，尽管电子数据处理技术方面的进步使现代领导者能够更为容易地处理大量的信息，但技术方面的提高也会带来可能的

---

① J. E. Driskell, P. H. Radtke, and E. Salas, "Virtual Teams: Effects of Technological Mediation on Team Performance," *Group Dynamics: Theory Research and Practice*(2003), 297—323.

二阶效应即信息过载。

10-21 信息太多与信息不足同样糟糕。领导者必须对提供给他们的信息进行筛选、分析与综合，并且只将重要的数据提供给上级指挥链。上级领导者依赖他们的下属进行信息处理，提炼出重要的信息以促进决策的制定。领导者将设计信息收集与报告程序的工作交给他们的下属，这样不会给已经超负荷运作的参谋人员和部队带来更多的工作量。

10-22 陆军领导者与参谋人员永远需要确定哪些是与任务相关的重要信息，把收到的报告排出优先次序，并且迅速处理。当前技术所提供的信息量，使这一能力变得越发重要。解决这一问题在于需要灵活、适应性强的头脑。有时，技术之外的方法能够将洪水一般的技术性支持分流到领导者与参谋人员可以管理的渠道中。例如，对领导者意图的透彻理解和想清楚指挥官需要什么样的关键信息，将会帮助领导者摆脱过量的非必要信息的干扰。在信息过载的环境中，陆军任务指挥（mission command）的概念甚至变得更加重要。任务指挥将大部分决策授权给等级相对较低的军官，以便解放更高级别的领导者去做那些只有他们才能做的关键性决策。陆军领导者应该不断抵制集权决策的诱惑，即使与以往相比他们能够获得更多的信息。

系统协同

10-23 与过去相比，今天的陆军领导者需要具有系统认知的能力，以及更多的技战术知识。领导者必须拿捏好对新系统的能力的合理性质疑与拒绝技术所带来的好处的非理性敌视二者之间的微妙界线。适应性强的领导者能够意识到先进技术的能力与缺陷，并确保下属也了解这些情况。

10-24 所有的领导者都必须考虑他们组织内部的各种系统——它们是如何一起发挥作用的，如何利用一种系统影响其他的系统，如何从整体上产生最佳的绩效。他们必须考虑他们自己组织之外的问题，思考他们组织的行动是怎样影响其他组织甚至整个团队的。

10-25 技术也正在改变着战场的分散程度和作战行动的速度。即时的全球通信正在加快军事行动的步伐。全球定位系统导航技术和夜视能力意味着陆军能够在夜间以及能见度有限的情况下进行作战,而在过去这类情况会迟滞部队的军事行动。此外,非线性的军事行动使指挥官想确定战场上的关键点变得更加困难。(FM3-0 就持续性军事行动进行了讨论。)

10-26 现代技术同时也增加了陆军所需技能的数量和复杂性。陆军领导者必须谨慎管理低密度的职业专长(low-density occupational specialty),并且确保关键性的岗位由受过适当训练的人员担任,这些人精通时效性很强的高技术技能。陆军领导者必须在领导力、人事管理以及训练管理之间进行权衡,以确保他们的组织拥有经过相应专业训练的人员,并且使整个组织训练有素、历经考验并随时做好准备。

作战中的压力

> 所有的人都会恐惧。人们越是聪明,就越会感到恐惧。有勇气的人就是尽管感到恐惧但依然迫使自己坚持下去的人。
>
> ——乔治·S.巴顿将军
> 《我所了解的战争》(1947)[1]

10-27 作战是突发的、暴烈的,并且危及生命。在作战中杀敌是军人的天职。但是很不幸,作战行动可能会出现意外地杀死无辜的男人、女人和儿童的情况。军人们无法确定他们将在作战中如何行动,直到那一刻到来。作战中所经受的压力,甚至在准备、等待以及支援作战时所经受的压力,都是非常大的。

10-28 领导者必须理解人性的这一特点,并且能够预见到士兵对于压力的反应。领导者必须具有精神的自制力和适应力,才能战胜计划失败、士兵伤亡、敌人发起的意外进攻等问题。

10-29 在进行战争准备时,领导者必须使他们的士兵在行动的所有阶段——动员、部署、相持与重新部署——彻底地适应并能应对作战的压力。

---

[1] Patton, 340.

(见 FM6-22.5 中关于更多作战压力的阐述,FM3-0 中有关于具体展开阶段的描述。)在作战中,对抗压力和减少心理崩溃的最为有效的对策是[①]:

- 承认在作战中存在恐惧。
- 确保领导者与下属之间的沟通渠道畅通。
- 不要承担不必要的风险。
- 提供良好的、体现关爱的领导力。
- 如同对待作战伤害一样对待作战的压力反应。
- 认识士兵的忍耐力限度。
- 公开地讨论作战中行为的道德含义。
- 奖励与认可军人及其家庭所做出的个人牺牲。

10-30 在进行动员与准备部署期间,部队处于稳定的状态。在部队经历严格的作战技能检验或特定战区训练的同时,稳定的状态能够使领导者和士兵构建一种信任的关系。对领导者、战友、训练与装备的信心是作战取得胜利的关键性因素。

10-31 在最初的部署阶段,应该让部队逐渐进入使命状态。例如,先实施日间军事行动,然后实施夜袭。在训练与演习继续进行的同时,领导者深化自己与士兵之间领导和被领导的关系,这种关系建立在信任的基础之上,而不是出于对军衔与职责岗位的敬畏。

10-32 在相持作战期间,所有层次的部队都应该讨论和吸收重要的作战经验,帮助个人应对最初的作战压力。应该鼓励士兵在他们的战友圈子中表露自己真实的感受。如果部队出现伤亡,领导者应该公开讨论他们的状况。在该阶段,让人们了解伤员和已撤离团队成员的情况,并衡量部队的失败与成功,是很重要的。应该举行纪念活动,向阵亡者致敬。在作战行动期间,对不能成功实施行动的士兵与领导者应该给予再培训、辅导或重新分配任务。在执行任务期间,应该给部队以适当的休息时间。确保有严重问题的士兵在必要的情况下接受心理健康专业人士的帮助。

---

① LTC Carl A. Castro and COL Charles W. Hoge, *10 Unpleasant Facts about Combat and What Leaders Can Do to Change Them* (Silver Spring, MD: Walter Reed Army Institute of Research, 31 August 1999).

10-33　在准备重新部署时,军人们应该就他们的经验进行讨论。领导者与指挥官应该率先出席这一活动,必要时请心理学家或牧师提供帮助。在这一阶段,领导者必须强调军人有义务遵守纪律,正如他们在部署期间曾经表现得那样。军人们必须参加所提供的重新整合筛选与咨询活动。领导者应该强调,寻求适当的心理帮助是可以接受的,而不是可耻的。

10-34　一旦返回常驻地,部队一般应该保持稳定的状态,在个人接受新任务之前,进一步分享共同的经历。对经常在重新部署后不久就解散的后备役军队来说,这样做可能是困难的。

10-35　在可能的情况下,士兵们应该能够自由地寻求医学专家和牧师的帮助,以继续得到身体和心理上的康复。在帮助和医治士兵们的心理创伤时,专家们应该与部队指挥链携手工作,以强调维持良好秩序与纪律的重要性。以攻击性或犯罪性的行为来补偿其战时经历的创伤是不可接受的。

10-36　为了治疗严重的创伤后遗症,陆军针对所有从前线归来的军人,实施了一个综合性精神健康康复计划。良好的领导力、部队的凝聚力和亲密的战友之情,对于从战争经历中迅速恢复心理健康来说是很重要的。

克服作战的恐惧

> 的确,我很害怕,但在那种环境下,如果我不害怕的话,我会疯掉的……恐惧没有什么错。没有恐惧,你就不会有勇敢的行动。
>
> ——特里萨·克里斯迪克(Theresa Kristek)中士
> 巴拿马正义事业行动(1989)[1]

10-37　领导者需要理解这样一点:危险与恐惧永远是他们工作的一部分。与恐惧做斗争并不意味着要否认自己的恐惧。它意味着承认恐惧,并且有效地应对恐惧。通过对形势的了解,以及用有远见和目标的行动来克服它,恐惧最终将会被征服。陆军领导者必须预见到恐惧的产生,在挫折出现、部队没有完成某项任务或者发生伤亡的情况下,人们都会为恐惧所攫服。恐

---

[1] Donna Miles, "The Women of Just Cause," *Soldiers Magazine* (March 1990): 23.

惧会使一名士兵陷入瘫痪状态。坚强的领导者与他们的士兵面临同样的危险，但领导者会通过运用自己的才干和所受到的全面训练来赢得士兵的信任与忠诚。现代战场的场景是非常可怕的。对未知事物的惧怕也是如此。亲眼目睹自己的朋友遭受伤亡，士兵心中会突然感受到更大的精神压力——他们意识到自己正面临死亡的命运。

10-38 作战领导力是一种不同类型的领导力，领导者必须了解自己的专业、士兵以及战争工具。直接层面的领导者必须是坚强的战术家，必须能够在令人恐惧的情况下做出决策并激励士兵。他们必须能够在噪声、尘土、爆炸、混乱以及在伤员和垂死之人痛苦的尖叫声中，执行重要的作战和训练任务。他们必须了解如何在逆境中激励自己的士兵。

10-39 一位领导者曾经展示了所有这些品质，并帮助他的士兵克服了作战的恐惧，这个人就是瑞克·瑞思考勒。

无畏的领导者——一个两度经历危难的英雄①

1965 年年底，在著名的越南德浪河谷战役（Battle of La Drang）中，与哈罗德·穆尔（Harold Moore）中校共同作战的"年轻士兵"*中，有一位是西里尔·理查德·"瑞克"·瑞思考勒（Cyril Richard "Rick" Rescorla）中尉。他是英国人，军人的楷模，在他 24 岁时，就已经因其在塞浦路斯和罗德西亚的经历而成为久经沙场的军人。瑞思考勒来到美国，参加了在越南的战斗。

摩尔中校称瑞思考勒为自己所见过的最优秀的排长。瑞思考勒

---

① James B. Stewart, "The Real Heal Heroes are Dead," *The New Yorker* (11 February 2002): < http://www.newyorker.com/fact/content?020211fa_FACTI >. Greyhawk, "911 Remembered: Rick Rescorla Was a Soldier," The Mudville Gazette Web site (September 2003): < http://www.mudvillegazette.com >. Michael Grunwald, "A Tower of Courage," *The Washington Post* (28 Ocober 2001): F01.

* yong soldiers, 出自哈若德·摩尔（Harold Moore）和约瑟芬·盖尔威（Joseph Galloway）所著的自传体畅销小说《我们曾是年轻士兵——德浪河谷：一场改变越战的战役》(*We Were Soldiers Once... and Young: Ia Drang: The Battle That Changed the War in Vietnam*)

的下属因为他的勇气与无畏而热爱他。第7机动部队第2营的整个连在"X光登陆战"(Landing Zone X-Ray)中几乎被全歼,第二天晚上,瑞思考勒的连队奉命接替他们,驻守曲逢山脉(Chu Pong ridge)山脚下的环形防线。

那天夜晚,年轻的中尉做了所有正确的事情,使他的士兵做好作战的准备:研究地形、重新布置散兵坑、设置陷阱、重新配置武器。他所做的最出色的事情,是展示了自己的信心。

在午夜后的某个时候,他开始唱起一首慢节奏的康沃尔人矿歌——*Going up Cambourne Hill Coming Down*。他的一名中士还记得,瑞思考勒在他的散兵坑处停下来进行检查,并分析了他的火力范围。

"那天晚上我们都认为我们就要战死了,"中士说,"他让我们恢复了勇气,我想,如果他能唱着歌在附近走来走去,至少我能让自己停止颤抖。"

第二天早上,这个视死如归的连队打退了敌人四次进攻,消灭了二百多名敌人,而自己却只有数人受伤。不过,他们的任务并没有结束。次日,当他们的营陷于敌人险恶的埋伏时,瑞思考勒的部队奉命前去解救。中尉再一次冒着战火赶到,并立刻激发起了疲惫不堪的士兵们的斗志,这些士兵原来以为自己已经完了。

瑞思考勒离开越南后重归平民生活。他在陆军后备役结束了自己的军旅生涯,获得的最高军衔是上校。2011年9月11日,他当时是摩根士丹利添惠公司负责安全的副总裁,就在那一天,一架喷气式飞机撞进了世贸中心大厦。

再一次,瑞思考勒在压力之下表现得十分镇定。以前的军事领导者经历使他很好地引导了近2700名雇员脱离险境。当雇员们离开大厦时,瑞思考勒依然留在内部搜寻掉队的人,以保证一个人都不会落下。人们最后一次看见他是在第10层的楼梯井附近,他正在重新确

> 认每个人都已安全脱险。人们传说他又一次唱起了康沃尔人的歌曲,并带领人们唱起"上帝佑护美国"。
>
> 瑞思考勒打电话告诉自己的妻子,是她给了他美好的人生。他死前最后的几通电话中的一个,是打给一位从越南来的名叫丹·希尔(Dan Hill)的老朋友的。
>
> "典型的瑞思考勒,"希尔回忆道,"在烈火之中如此令人难以置信。"

10-40 周密的准备、良好的计划和严格的训练,能够令士兵们战胜作战所带来的可怕挑战并且在险恶的形势下展开支援行动。围绕关键使命与战争演练而发展出来的实战性训练,是取胜所必需的适应性和信心——以及在事情变得棘手甚至在让人几近绝望之时,也拥有一种坚持到底的能力——的主要来源。领导者的才干、信心、敏捷、勇气以及适应能力,有助于部队不屈不挠,并在面对最为棘手的问题时寻求可行的解决方案。战斗精神与适应能力能够激励人们在战争的混乱中夺取胜利,去克服恐惧、饥饿、匮乏与疲惫,无论胜算多少,也要完成自己的使命。

战士心态

10-41 对于军人来说,在身处危险的环境中时,培养与坚持战士心态是很重要的。在更多的情况下,人们更需要一种适应能力与战斗精神,而不仅是血气之勇。有时,领导者必须在十分困难的情况下长期坚持下去。军人所面对的困难不仅是身体的危险,还有身体、感情与思想的巨大压力。

10-42 战士心态的一个必要组成部分是纪律。纪律将团队凝聚在一起,而适应能力、战斗精神、才干和信心能够激励军人在不利的情况下继续自己的使命。原始的血气之勇可以让军人们为机关枪装上子弹,但以职业才干为支撑的适应能力、纪律与信心,则能够帮助军人在敌我力量对比令人绝望地悬殊的情况下继续战斗,并且在可怕的环境中生存下来。

训练中的压力

> 战争对军人的力量与勇气有着极为苛刻的要求。因此,在和平时期,要对你的下属提出严格的要求。
>
> ——欧文·隆美尔(Erwin Rommel)元帅
> 《步兵攻击》(Infantry Attacks)(1937)[1]

10-43 欧文·隆美尔在1937年写下了上面这句话,在反恐战争的复杂作战环境下,这句话依然适用:高标准的训练——运用高度模拟真实战场下压力与结果的场景——对于在作战中获取胜利和保障生存来说是很重要的。

10-44 仅仅是为下属创造出一种情境并使他们做出反应,并不能激发作战训练所要求的那种压力。意义深远、富有成效的使命,结合详尽的约束、限制以及高标准的绩效要求,才会激发基本水平的压力。为了达到较高程度的真实性,领导者必须在基本的训练压力水平上再附加以一些不可预见的情况,以营造出一种苛刻的学习环境。

应对变化的压力

10-45 自冷战结束以来,陆军经历了很多变化——各部门中军职与文职人员数量的削减、任务政策方面的改变、基地的关闭、新型组织结构以及许多其他的变动,这一切,都增添了军职和文职人员及其家庭的压力。尽管陆军人员数量削减,但从事维稳行动与反恐方面的军事部署却大大地增加了。在适应变化的同时,陆军领导者必须持续保持部队的战斗力并使各部门的军人做好应对作战压力的准备。

10-46 为了能够在不断变化的环境中取得成功,陆军领导者应该强调陆军价值观、团队合作与纪律所具有的不变价值,同时帮助下属们预见、适应变

---

[1] Royle, 55.

化，并寻求新的改进方式。称职的领导者意味着掌控、适应变化，并使变化服务于整个团队。领导者确定哪些方面需要改变。通常来说，比较好的方式是依托现状来限制压力。

10-47　压力是领导力环境的一个主要构成部分，无论是在和平时期，还是在战争时期。压力的主要来源包括：千变万化的地缘政治形势，作战压力与相关的恐惧心理，快速的变化节奏以及日益增加的技术复杂性。尽管有环境的压力和变化，领导者的品格与专业才能仍然是缓解组织压力和完成任务的重要因素。在利用这些因素时，适应能力对于取得成功来说极为重要。

适应能力的工具

10-48　适应能力是一种个人能力，它指的是人们认识环境变化、识别新形势中的关键因素，并根据新的要求启动相应变革的能力。①

> **适应能力是为应对变化的形势而采取的有效的行为改变。**

10-49　具有适应能力的领导者能够观察环境，从中提取出形势的关键特征，并且清楚在变化的环境中应该采取什么样的行动。领导者必须特别关注环境发生意外性变化的蛛丝马迹。他们认识到自己所面对的是适应能力极强的对手，并且是在一种动态的、不断变化的环境中作战。有时，在同样的环境中，事态会发生突然的变化，并且出人意料地从一种平和的、相对安全的行动转变成一种直接交火的局面。另外一些时候，环境非常不同（从战斗部署到人道主义行动），因而需要适应能力以促进心态和直觉的变化。

10-50　具有高度适应能力的领导者能够轻松地进入陌生的环境。他们拥有正确的思维模式，能够在任何组织中根据任务指令来实施行动（参见

---

① Tools for Adaptability: S. S. White, R. A. Mueller-Hanson, D. W. Dorsey, E. D. Pulakos, M. M. Wisecarver, E. A. Eagle, Ⅲ, and K. G. Mendini, *Developing Adaptive Proficiency in Special Forces Officers* Research Report 1831 (Arlington, VA: U. S. Army Research Institute for the Behavioral and Social Sciences, 2005), 2.

FM6-0)。成功的任务指挥来自下级各层次的领导者在上级指挥官意图之内、以纪律为基础的主动性的发挥。所有适应能力强的领导者都能对形势进行迅速的评估，并确定进行应对所需要的技能。如果他们过去所习得的技能不足以使他们在新环境内获得成功，适应能力强的领导者会寻求应用新的或改进过的技能，以及适用的能力。

10-51 适应能力强的领导力会成为变革的动因。这意味着能够帮助组织的其他成员，尤其是关键性的领导者来认识环境的变化，并在变革发生时达成共识。共识达成之后，适应能力强的领导者能致力于影响组织的路线。根据问题的紧迫性，适应能力强的领导者可以运用数种不同的方式来影响组织。从召开"危机行动会议"（在时间很短的情况下）到发布白皮书或其他"思想片断"（thought pieces），来阐述变革的必要性（在拥有更多时间的情况下）。

10-52 缺少适应能力的领导者会以一种态度应对所有的局面，经常期望他们在一项工作上的经验可以运用到另一项工作上。结果是，他们可能会运用不适当的或已过时的战略。缺乏适应能力可能会导致新环境中的绩效不佳甚至组织的彻底失败。

10-53 决定何时适应与确定如何适应具有同样的重要性。适应变化并不意味着变化一定会产生好的结果。有时，坚持既定的行动路线也许比变化更加值得。

> 这个世界上没有什么能够取代坚持这一品质。才华不会……天赋不会……教育不会……只有坚持与决心才是无所不能的。"继续前进"这一口号已经并且永远会解决人类的问题。
>
> ——卡尔文·柯立芝（Calvin Coolidge）
> 美国总统（1923—1929）[①]

10-54 适应能力强的领导者能够自如地面对各种模糊性。他们灵活而有创造性——随时可以用现有的资源应对手头的挑战。这样的领导者最有可能是一个充满激情的学习者，能够应对多种要求，轻松自如地调整重点并

---

① Coffey, 248.

发生迅速的转变。适应能力强的领导者将强加给他们的每一个变化都看作一种机会而非负担。

10-55 适应能力有两个关键性的组成部分：

- 在每一种全新的情况下，领导者识别出与绩效相关的关键因素的能力。

- 领导者通过迅速地充分利用优势、尽量减少弱项的方式来改变其通常的做法，或改变部门的能力。

10-56 如同自我意识，适应能力的养成是需要付出努力的。为了具有适应能力，领导者必须通过寻找全新而陌生的环境，来挑战自己以前的观点与假设。一个安全地待在现成的教育、训练和经验所提供的舒适环境中的领导者，永远不会去学习认识变化，或者去理解自身环境中必然的变化。适应能力会受到一些思维习惯的推动。这些思维习惯包括：开放的心态，拥有多种视角的思考能力，对一种形势或它所具有的含义不妄下论断，乐于冒险，拥有从挫折中恢复的能力。为了成为一个更具有适应性的人，领导者应该做到以下几方面：

- **通过适应来学习适应**。领导者必须走出令他们感到舒适的环境，通过多样的、动态的挑战来使自己习惯于经历陌生的事物。例如，陆军最好的训练，就是像敌人一样展开思考，以此来帮助领导者认识与接受这样的事实，即一旦与敌人接触，没有计划会保持不变。这种训练会鼓励适应性的思维。适应性训练围绕变化而展开，那些可能已经成为常规的训练尤其如此。

- **跨文化领导**。领导者必须积极寻找多样性的关系与情境。在今天，联合军种、跨部门以及多国部队人员所参与的任务，不仅为跨文化互动，也为深入了解那些与大部分军人或普通美国公民在思维和行动上很不相同的人，提供了具有挑战性的机会。通过把握而非回避这些机会，领导者能够增强他们的适应能力。

- **寻求挑战**。领导者必须寻求并参与包含作战环境重大变化的任务。领导者可以是专家，但他们仍然应该有广泛的阅历作为基础。随着阅历广度的增加，适应变化的能力也会增强。体验变化并接受新挑战的领导者将会认识到适应能力所具有的重要价值。他们将这一技能发扬光大,以培养具有适应性的军人、文职人员、部队与组织。

10-57 尽管适应能力是重要的工具,各层面的领导者还必须发挥他们的认知能力,通过符合逻辑的问题解决程序,来应对作战环境中的挑战。FM5-0中有关于这些问题的详细讨论。

在组织与战略层面领导

在掌握核心领导能力的同时,所有职业陆军领导者都始终在为承担更大的职责做准备。当他们成为组织层面与战略层面的领导者时,应该是具有多种技能的人,能够自如地从事各个领导层面的工作,并且运用他们渊博的知识与经验,在各种形式的冲突中取得成功。他们监督陆军的持续转型,应对不断变化的作战环境。他们也在指导与培育未来军队的领导层。

第 11 章 组织层面的领导力

11-1　无论是在战时争夺关键地形,还是在平时训练中致力于做好战争准备,组织层面的领导者都必须能够将复杂的概念转化为容易理解的作战和战术计划以及果敢的行动。组织层面的领导者编写程序与计划,协同相关的体系,从而使小型部队的士兵可以把战术和作战模式转化为具体行动。

11-2　通过以身作则、广博的知识以及领导才干的运用,组织层面的领导者构建起一个又一个纪律严明、凝聚力强、相互信任、技能娴熟的团队。通过传达清晰的意图、可靠的作战理念以及系统性的执行方式,他们使整个组织直到最基层的部队都专注于眼前的使命。

实 施 领 导

11-3　成功的组织层面的领导者一般拥有直接层面领导的经验。由于他们领导着复杂的组织,例如特遣部队、旅战斗队、师级以及军级部队,组织层面的领导者经常同时运用直接层面、组织层面和战略层面领导力中的要素。作战节奏大大加快,训练周期被压缩,作战行动具有突发性以及部署周期频繁,这一切都要求领导者能够迅捷灵活。现代组织层面的领导者必须在军人与身着制服的外交官这两种角色之间进行平衡,以审慎地将其影响力扩大到传统的指挥链之外。

领导他人

美国军人已经证明:有了妥善的装备、训练和领导,世界上将不会有比它们更为优秀的军队了。

——卢西恩·K. 特拉斯科特（Lucian K. Truscott）少将

第二次世界大战期间第五军司令[1]

11-4 现代组织层面的领导者是多技能的综合性领导者。他们有纪律、战术、技术与程序方面的坚实背景，并且充分理解这些知识的运用所会产生的地缘政治影响。从作战与战术层面的那些个人经历中，他们形成了本能与直觉与知识，从而可以理解战术与作战进程的相互关系（FM3-0）。完善的战术技能使他们能够理解、整合与协同多体系的行动，调动所有的资源与体系来应对各种冲突。

11-5 由于组织规模日益扩大，组织层面的领导者更多的是以间接方式来发挥其影响力，而非事必躬亲。他们更多地倚重于培养下属并授权下属履行所承担的责任与任务来发挥影响。在制定决策时，他们应该可以设想到由此会对组织及其使命所带来的大范围影响。士兵与下级领导者则会期望组织层面的领导者能够制定切实可行的标准，提供清晰的意图以及必需的资源。

11-6 与那些直接层面的领导者相比，组织层面的领导者的决策与行动将会在更长的时期内，对更多的人产生更大的影响。鉴于有时行动与效果之间的联系更为疏离且难以预见，组织层面的领导者需要比直接层面的领导者花费更多的时间，来就他们正在做的事情以及他们做事的方式进行思考与反省。组织层面的领导者对行动、政策和程序要有清晰的理念，以控制和监督其执行。

将影响力扩展到指挥链之外

11-7 组织层面的领导者一方面主要通过其指挥链和参谋人员来发挥直接影响，另一方面也通过其他手段将其影响力扩展到指挥链和组织之外。这其中包括说服、授权、激励、谈判、冲突解决、磋商、辩护与外交。在联合军种、

---

[1] Lt General Lucian K. Truscott, Jr., *Commmand Missions: A Personal Story* (New York: E. P. Dutton and Company, Inc., 1954), 556.

跨部门机构以及多国部队所从事的任务中,他们身为军事谈判者、共识达成者以及军事外交官,经常需要运用各种各样的技能。陆军内外那些特别部门的领导者也需要这些技能。身为领导者,他们在自己的作战区域之内,通过警察局长、市长、部族长老等地方领导者来扩大他们的影响力,以此影响作战形势的发展。在"自由伊拉克行动"中的无数经验表明,当组织层面的领导者能够有效地平衡作战指挥官与军事外交官这两种职能时,他们就能够为被派遣区域的军事、政治和社会稳定奠定基础。

影响联合军种、跨部门机构和多国部队的能力

11-8 旅战斗队、特遣部队和营级部队经常参与联合军种与多国部队的行动。相应地,组织层面的领导者和参谋人员必须理解联合作战的程序与关注点,如同他们懂得陆军的程序及其关注点一样。此外,军或师可能需要指挥他国部队。这意味着军、师甚至旅级战斗队的司令部甚至以下,可能会有来自其他国家的联络官。在某些情况下,美军参谋机构中也可能会有其他国家派遣的常驻人员,从而形成一种多国参谋机构。

11-9 当今的作战行动,使所有陆军领导者特别是组织层面的领导者,面对的是非线性的动态环境。变化的态势造就的是信息密集的环境,这就要求领导者能在其传统指挥链之外对各方的行动进行协同。现今任务的复杂性,也要求在非军事、非政府组织之间进行充分的整合与合作,以便完成任务。

谈判、建立共识与解决冲突

11-10 领导者经常不得不利用谈判技巧来获得必要的合作与支持,以完成超出传统指挥链之外的任务。在复杂的作战行动中,不同形式的联合部队、跨部门机构和多国力量的行动可能处于他们国家或组织体系的特殊制约之下。这就意味着要更多地运用谈判与冲突解决的技巧,而不能只是以简单的程序来发布具有约束力的命令。

11-11 成功的谈判意味着各方要表明对相关议题的清晰立场,以及对各方动机的综合认识。同时,还要传达出就其他问题进行谈判的意愿。这就需要认识到什么对于谈判各方都是可以接受的,并且达成可行的妥协。优秀的谈判者会设想出几种可能,同时又始终很清楚,从上级的角度来说,什么才是最理想的结果。

11-12 在联合军种和多国部队的作战行动中,领导者经常需要就美国立场的可信性去耐心地说服他人,以便达成共识。他们必须使对方相信,美国充分理解和尊重他们的利益与关心的事。说服艺术对于扩展影响力来说是十分重要的手段。以积极、开放的方式解决争议性问题,将有助于消除对某种观念或计划的抵触,并赢得支持。积极主动地参与进来的伙伴们会进行自由的交流,并重视彼此的意见。开诚布公地讨论自己的立场,并积极地对待不同的观点,经常会化解冲突、促进信任并节省时间。

以身作则

> 如果你是领导者,你的部属会期望你去创造他们的未来。他们凝视着你的眼睛,期望从中看到力量与愿景。为了成功,你必须鼓舞与激励那些追随你的人。当他们凝视你的眼睛时,他们必须看到你与他们同在。
>
> ——戈登·沙利文将军
> 《希望并不是一种手段》(*Hope is Not a Method*)(1996)①

11-13 自冷战结束以来的陆军作战行动表明:所有组织都必须能够适应迅速变化的形势。迅速做出高质量的决策并且能够在敌人的决策周期内加以贯彻,这样的能力往往决定了哪一方将在突发性的交火或作战中赢得胜利。

11-14 将关注点保持在与敌人作战而不是计划上,在这一点上陆军组织层面的领导者起着关键性的作用。他们身处适应作战环境变化和把握新兴机会的第一线,为此他们要综合运用直觉、分析解决问题、整合系统、以身作则等方式——尽最大可能贴近行动。

11-15 为了观察与感受当前的情况,并通过亲临现场、以身作则地实施

---

① Godon R. Sullivan and Michael V. Harper. Harper, *Hope is Not a Meshod*: *What Business Leaders Can Learn from America's Army* (New York: Crown Publishing Group, 1996),232—233 (hereafter referred to as Sullivan)。

领导力，组织层面的领导者要尽可能地使自己接近前线，并运用所有的必要手段，保持与关键作战人员及其总部的联系。在"自由伊拉克行动"期间，威廉·S. 华莱士（William S. Wallace）少将指挥的第五军前方指挥部是一个精干、机动的指挥控制机构，它大大提高了前线许多复杂组织的领导效率。这一指挥部由大约八十名核心成员组成，有三辆指挥控制车和十辆支援车辆。华莱士将军的前进指挥部机动性相当强，这使得他及核心参谋人员能够亲自观察与感受作战现场，并与关键作战的部队保持密切联系。

11-16 接近前线会使当今的组织层面的领导者拥有必要的意识，即在与下级领导者的合作中，思维要快速且有创造性。在将合理的战术与作战方案运用于变化中的战场现实时，这种意识有利于促进计划中缺陷的调整，并会缩短反应的时间。在"自由伊拉克行动"中的某些作战区域，在实现从机械化作战向以城市为中心的维稳行动的迅速转变中，富有创造性的组织层面的领导力作用非凡。在转变的过程中，要求建立专门组织，整合新装备与技术，并调整作战规则。

11-17 在收集、记录和研究已有的战术与作战教训问题上，组织层面的领导者是关键一环。在他们的指导下，一些关键的经验和新的概念最终会被融进军事学说以及未来的训练中。他们利用陆军学校与作战训练中心来培训和指导下级领导者，以在部队内部乃至整个陆军传播创新性的方案。组织层面的领导者积极地指导与培训下级领导者，以使他们能够承担起未来的领导者角色。

沟通交流

> 我们在太多情况下把理解的包袱甩给了那些职位高于或者低于我们的人——想当然地以为彼此之间存在相同的语言和动机。
>
> ——爱德华·C. 迈耶（Edward C. Meyer）将军
> 陆军参谋长（1979—1983）①

---

① *Chiefs of Staff* 1997, 7.

确保共享的理解

11-18 组织层面的领导者了解自己，了解任务，也了解情况。他们将这一点归功于自己的组织与下属在尽可能多地共享信息方面所做出的努力。开放、双向的信息交流会增强共享的团队价值观，并且发出欣赏建设性意见的信号。

11-19 与上级进行坦率而清晰的沟通很重要，对组织层面的领导者来说尤其如此。了解上级的意图、优先次序和思维程序，可以使组织层面的领导者更容易地预见到将来的计划制订以及资源分配的轻重缓急。理解了更高级别的总部的方向，可以使下级部门减少对方向的修正，由此最大限度地降低摩擦，保持稳定的组织气氛。

利用参谋作为沟通工具

11-20 组织层面的领导者需要不断了解组织内部所发生的事情，了解同级组织的进展情况，了解上两级组织的进展情况。参谋之间的关系网络会使组织层面的领导者对总体的作战环境及其特点有更宏观的了解。协调可以使领导者通过多个渠道进行持续的互动，分享彼此的思想、观念与所关注的重点，从而对情况拥有更为全面的了解。有了可靠的信息，参谋人员就可以提供更为有效的协助，将政策、概念、计划与项目转化为可达成的结果和优秀的作品。

11-21 通过与上一级参谋人员的交流，组织层面的领导者能够更好地了解上级所关注的重点以及将要发生的变动。这为他们确定自己的需求与变动提供了参考条件。通过不断地感知、观察、谈话、问询与积极倾听，组织层面的领导者能够更好地识别和解决潜在的问题，或者避免这些问题的出现。这使他们可以预先做出决策，最大可能地将组织置于时间与空间上的最佳位置，从而做出合适的反应与执行。

运用说服的方式来建立团队和达成共识

11-22 对于组织层面的领导者来说，说服是一种重要的沟通手段。良好的说服技巧与开诚布公以积极的方式解决分歧，可以帮助组织层面的领导者消除抵触、赢得支持。在与其他的组织领导者和多国合作者的相处中,以及在社会政治领域,这些特质都非常重要。说服可以通过减少误解来节省在解决不重要议题上所浪费的时间。它也确保他人的参与,与他人进行坦诚的交流,并重视他人的意见——所有这些都是重要的团队建设行动。以开放的方式来讨论个人的立场,并以积极的态度对待不同的意见,经常可以化解紧张并节省时间。通过展示这些特质,组织层面的领导者为下属提供了可以用于自我发展的范例。

11-23 说服在某些场合可能并不适用。在作战中,所有领导者都经常必须迅速地做出决策,这就意味着作战行动中的领导与决策需要采取更直接的方式。

发　　展

11-24 相比较而言,组织层面的领导者会着眼于长远来推动整个组织的发展。他们会为组织做好下一季度、下一年度甚至是随后五年的准备。决定我们的陆军会如何进行下一次战争的责任,责任就在今天的陆军领导者尤其是组织与战略层面的领导者身上。组织层面的领导者更多地依靠间接的领导手段,这会给发展、领导和实现目标带来更大的难度。

营造积极的环境

> 光靠作战是不够的,决定性的是我们在作战中所表现的精神状态。赢得胜利靠的是士气。
>
> ——五星上将乔治·C.马歇尔
> 陆军参谋长(1939—1945)[①]

11-25 组织风气源于领导者的态度、所为与优先考虑的事项。而这些都

[①] U.S. Army Command Information Unit, *Quotes for the Military Writer* (Washington, DC: Office of the Chief of Information, Department of the Army, 1972), 13-1. (hereafter known as *Military Quotes 1972*).

渗透在组织的选择、政策与计划之中。一旦身居组织层面的领导职位,领导者就需要用自下而上地对组织进行评估的方式,来确立组织的风气。一旦评估完毕,领导者就能够提供清晰的指导和焦点(目标、方向与动机),以推动组织向着理想的最终状态前进。

11-26 推崇陆军价值观与培育战斗精神的风气会鼓励学习,推动创新与绩效,并能增强凝聚力。良好的道德风气是积极环境的基础,尽管只有这一点还不够。成功的组织风气具有如下特点:清晰而广为人知的目标;训练有素而充满信心的士兵;纪律严明而具有凝聚力的团队;可信而称职的领导者。

11-27 为了营造这样一种风气,组织层面的领导者会把失误看成是学习的机会,创建有凝聚力的团队,并通过给那些有品格、有才干的领导者以更大的责任,来奖励他们。当今作战环境中,组织层面的领导者珍视真诚的反馈,并不断运用各种可能的方式来保持对组织的感觉。专业参谋人员可能是高质量的反馈来源,例如机会均等顾问(equal opportunity advisors)、牧师、医务官、法律顾问等。组织层面的领导者的反馈方式包括举行市镇会议、展开调查、召开政务会议等。

自我准备

11-28 领导力是自上而下进行的,领导力的发展也是如此。组织层面的领导者始终关注组织应该走向何方,以及什么是所有领导者都必须有能力做到的。身为众人都看在眼里的典范,他们需要不断提升自我,并积极为下级领导者提供职业发展辅导。身处组织层面,指挥官要确保系统与状态能随时为组织中每位成员提供客观反馈以及提供咨询与辅导。

11-29 自我意识强的组织层面的领导者了解自己的组织,通常都会取得高质量的成果。自信而称职的组织层面的领导者不会羞于向自己最亲密的下属征求非正式的反馈意见。反馈包括对他们在重大训练中的领导行为的看法。这仅仅是公开的评估与反馈工作的一部分。在他们参与正式的事后评估(AAR)时,组织层面的领导者也应该邀请下属就领导者可以如何把事情做得更好发表看法。这一点很重要,因为组织层面的领导者所犯的错误比较容易被发现,且经常会影响到他们所领导的那些人。因此,承认错误、分析错误、从错误中学习,可以大大提升训练的价值。陆军组织层面的领导者,同其他层面的领导者一样,在和平时期进行反思、学习和采取矫正措施,对于有效地处理危机至关重要。

11-30 尽管不同层面基本的领导能力都是相同的,从直接领导职位转变为组织层面的领导者,还需要领导方式上的转换。专业军事教育与国民教育体系的目的,就在于帮助领导者进行职责范围和广度的转变。领导者需要去习惯运用相比起来不是那么直接的方式,如指示、控制、监督等。

11-31 领导者的发展不仅意味着获取更多的技能,也需要放弃某些东西。不同的层面对领导者的要求也各不相同。可能会占用较低层面的领导者大量时间去做的事情(例如对士兵面对面的监管),较高层面的领导者却只需要投入少量的时间。对于直接层面的领导者来说非常重要的专业技能,对于战略层面的领导者来说,却可能没有什么重要性,因为后者需要把大部分时间花费在战略和系统级的领导议题上。因此,随着领导力重心的变化,领导者就相对不再那么看重某些技能。

培养他人

11-32 组织层面的领导者的一项重要职责,是营造学习的环境,以帮助和支持组织内部的人员从自己及他人的经验中学习。作战领导者明白,他们负有为未来的陆军培养领导者的重大责任。他们依赖于这样一种环境——军职和文职人员在整个职业生涯中可以充分利用三种学习资源:院校培训,作战任务中的教育培训,以及通过如多源评估、反馈等多种程序来实现自我发展。为了加强组织的学习,组织层面的领导者可以利用四种相互依赖的终身学习途径:任务导向的训练、模拟训练、学习中心以及虚拟训练。

11-33 高效的组织层面的领导者在其组织内部培养各个层面的领导者。组织层面的领导者会判断出他人的潜力。这需要对他人有特别的了解,以灵活地发挥其优势,弥补其弱点。在这一层面上培养他人具有相当的挑战性。组织层面的领导者必须在工作的重要程度、谁是最合适的人选、所有下属的发展需求这三者之间进行平衡。

11-34 组织层面的领导者必须考虑的另外一个问题是,人们需要学习什么以及应该怎样学习。通过反复试验和犯错的方式来学习,对于某些领导者来说可能没有问题,但其他领导者需要经历更多的成功而非失败,以增强其自信心与主动性。

建立团队的技巧与过程

> 如果团队不再关注个人成绩,而是学到信任团队,那么卓越就会成为现实了。
>
> ——乔·佩特诺(Joe Paterno)
> 宾夕法尼亚州橄榄球队主教练[1]

11-35 组织层面的领导者意识到陆军是一个团队,也是一个由许多团队构成的团队。就其本身而论,它由众多的功能性组织构成。设计这些组织的目的在于执行必要的任务与使命,这些任务与使命合在一起就产生了所有陆军各部分有组织的行动。战略层面的领导者在中程影响着组织层面的领导者。而作为领导者的领导者,组织层面的领导者又反过来影响着下级领导去实现组织的目标。

11-36 总体上说,组织层面的领导者依靠他人来追随并执行他们的意图。将战场愿景或训练目标变成现实,需要组织内外众多团队的共同努力。组织层面的领导者通过培养和训练来打造可靠而高效的团队。

11-37 当下属们训练有素,并且意识到自己是一流团队的一员时,他们就会努力工作、顽强作战。对集体的信心产生于在挑战与压力下所取得的成功,这一点最初体现在训练之中。对集体的归属感产生于娴熟的技战术的体验——首先是个人的体验,然后是集体的体验。这种娴熟体现在团队成员对

---

[1] Joe Paterno in Lewis D. Eigen and Jonathan P. Siegel, *The Manager's Book of Quotations* (New York: The American Manaement Association, 1989), 471.

其战友与领导者的信心之中。最终,富有凝聚力的团队构成了一个网络——一个由团队组成的团队。高效的组织以协同的方式与各个团队共同工作,以完成任务与使命。

鼓励主动性与承担责任

> 永远不要告诉人们**如何做**。告诉他们**做什么**,他们会用自己的智慧让你大吃一惊。
>
> ——乔治·S.巴顿将军
> 《我所了解的战争》(1947)①

11-38 大一些的组织所承担的使命也相对比较复杂,并且涉及许多平行机构的工作,因此,较高层面的领导者必须鼓励下属发挥他们的主动性。高效的组织层面的领导者必须授权并支持他们下属的决策,同时也要求他们为自己的行为负责。

11-39 成功的授权涉及使下属相信自己被赋予权力并且拥有独立行动的自由。获得授权的下属明白,他们不仅承担着完成任务的责任,在指挥官的意图、所领受的任务、特混编队以及可用资源的范围之内,他们有权力根据自己认为适当的方式采取行动。这有助于领导者对下属实施果断的领导。

11-40 在组织层面的领导力中,授权是取得成功的一个关键因素,因此领导者必须了解下属的特点。最终的成功可能就掌握在一个得到恰当授权的下属手中。组织层面的领导者必须了解组织成员的内在才能,并且使下属做好在必要情况下承担重要职责的准备。在一个更大规模的组织内部授权给不同的成员,组织层面的领导者还必须充分发挥由称职而可信的下属构成的富有创造力的参谋机构的作用。

选择能干的参谋机构领导

11-41 高效的参谋机构始于将合适的人放到合适的位置上。组织层面的领导者通常会被局限在其组织内部资源中寻找合适的人才。尽管如此,在

---

① Patton, 357.

如何使用优秀人才方面,他们还是有选择权的。他们会在深思熟虑之后,从整个组织中选拔出优秀的人才——富有创新性思维的军官、军士和文职人员。组织层面的领导者会腾出时间来对参谋人员进行评估,并通过集中培训使他们的能力得到充分的发展。他们避免对参谋管得过细,而是信任并授权他们创造性思考,以提供如实的答复与可行的选择。

11-42 对指挥官来说,最为重要的决定之一,就是要选择合适的参谋长或文职副手。根据规定,除了指挥官亲自掌控的职责之外,参谋长或文职副手作为指挥官的主要助手,负责指导、协调、监管和训练参谋人员。参谋长或文职副手作为领导者,拥有团队对他们的尊重,并且在指挥官不在时负责参谋机构,和对这一机构进行聚焦、激励和推动,以取得成果。虽然各个参谋部门之间是平等的工作关系,但也需要优秀的参谋长来领导,使它们作为有凝聚力的团队来运行。(FM6-0中讨论了参谋长的作用。)

11-43 随着领导者职业的发展,以及权力跨度的增加,让下属参与评估并从他们那里获得客观的反馈就变得越来越重要。有这样两种让下属参加评估的行之有效的技巧:

- 过程评估(in-process review,简称IPR)。
- 事后评估(AAR)。

过程评估

11-44 过程评估是在完成任务过程中进行质量控制的检查手段。评估的第一步是尽可能早地了解组织的整体绩效。领导者应该预见到组织可能会在哪个方面遇到麻烦,并给予关注。一旦组织开始执行一项任务,持续的过程评估会就组织的绩效进行评估,并给予及时的反馈。领导者可以把过程评估运用于重大计划和行动,也可以运用于日常事务。

11-45 过程评估是正式程序,领导者也应该考虑以非正式的方式来收集反馈信息。向可以信赖的下属征求有关领导行为的坦诚意见,是领导者对组织进行评估的另一种方式。今天,军人的技战术知识增长是如此迅速,以至于他们的反馈是不容被低估的。

事后评估

11-46 事后评估在任务结束时扮演了同样的角色。事后评估是一种结构化的评估程序,它使参与任务的士兵、领导者和部队能够了解在活动期间发生了什么事情、为什么会发生这样的事情,以及下次怎样可以做得更好。陆军领导者利用事后评估作为培养下属的机会。当下属们一起参与总结成败原因时,也就自然掌握了做事的方式。事后评估也给了领导者以难得的机会,使他能够了解下属心里到底在想什么。

11-47 事后评估要想有意义,关键在于领导者能够把评估建立在精确观察并正确记录观察的基础之上。比如要评估一次为期十天的野外演练,好的记录对于回想所发生的一切必不可少。在记录观察到的情况时,以系统的方式来看待事物也会很有帮助。领导者可以从某一具体事件或关注某一作战系统入手,来记录所观察到的情况。最重要的是,领导者必须亲自观察,且不能忽略那些需要进行主观判断的方面,如部队的凝聚力、纪律、士气等。(FM7-0 与 FM7-1 讨论了有关训练评估的问题。)

11-48 喜欢追问的领导者会定期对自身及其组织进行评估,因而会以最高的标准要求他们的组织。和平时期所进行的反思与矫正,对于在危机时刻能够表现出色非常关键。可以想一想"沙漠风暴"行动中那 100 个小时的地面作战。作战在实施之前就已经取得了胜利,靠的就是在无数的野外演练中、射击场上以及作战培训中心里所付出的艰苦努力。持续性的评估过程有助于组织层面的领导者将和平时期的重要教训转化为战争时期的果敢行动。

实 现 目 标

11-49 要想持续地取得成果,组织层面的领导者必须善于计划、准备、执行和评估。领导者固然会不断强调团队精神与合作意识,但他们也明白,良性竞争可以成为一种有效的激励手段。领导者提出的意图必须有清晰的重点,这样,不管最初的计划发生了什么变化,下属们也能完成任务。

及时地提供方向、指导与清晰的重点

> 听取所有人的意见是我的职责，但是，最终，我必须，在自己的权限范围之内，判断应该做什么、应该克制什么。
>
> ——亚伯拉罕·林肯（Abraham Lincoln）
> 给查尔斯·D.德瑞克（Charles D. Drake）和其他人的信（1863年10月5日）

11-50 与直接层面的领导者相比，组织层面的领导者更有可能需要在信息不完全的情况下提供指导并做出决策。组织层面的领导者所做的分析中，必须明确以下几个问题：他们究竟是否需要做出决策；哪些决策应该由他们自己做出；哪些决策可以交由较低的层级。在确定什么是正确的行动方针时，他们需要考虑由此可能产生的二级与三级效应，并且需要着眼于未来的发展——数月甚至数年。

始终如一，完成任务

11-51 在作战行动中，组织层面的领导者需要对所有可用的联合军种、跨部门机构以及多国部队的资源进行整合与协同。他们分配具体的任务以完成使命，并授权其下属在特定意图内去执行。要想成功地贯彻大规模作战行动的要求，全靠领导者的远见、团队的信心与以专业化为核心。

11-52 尽管单个领导者也可以独自做出正确的决策，但是，在作战动量的支配下，在作战周期已经是全天候，且决策需要着眼于未来的情况下，组织层面的领导者需要一个富于创造性的参谋机构，以做出高水平的决策。在今天所面临的复杂作战环境中，组织层面的领导者必须依靠富于创造性且值得信赖的参谋机构，来帮助他们获取并过滤海量的信息，监管重要的资源，协同系统的运作，并且对行动的进展与成功进行评估。

11-53 今天的组织层面的领导者需要处理数量惊人的信息。分析与综合对于有效的决策和计划发展来说至关重要。分析可以将问题分解成若干组成部分，而综合则将复杂而无条理的数据组合为解决方案。

11-54 好的信息管理有助于过滤相关信息，以便使组织层面的领导者与参谋机构能实施有效的指挥与控制。信息管理运用程序和信息系统来收集、

加工、储存、显示与传播信息。(FM3-0 就信息管理进行了讨论,FM6-0 则论及相关性信息。)

11-55 组织层面的领导者会分析系统与结果,以改进组织及其流程。系统的绩效指标与标准可以支持这种分析。一旦组织层面的领导者完成了评估并识别出存在的问题,他们就能够制订出适当的方案来解决这些问题。

掌握资源与系统

11-56 组织层面的领导者必须是资源的掌控者。资源——包括时间、装备、设施、预算以及人员——为实现组织目标所必需。组织层面的领导者积极地管理资源,并且将之按优先顺序进行配置,以确保组织处于最理想的战备状态。当预料之外的事项(比如实施紧急部署)使组织的优先次序发生变化时,领导者的工作将会变得更加困难。

11-57 组织层面的领导者是部属以及领导者自身时间与精力的好管家。他们不会浪费资源,而是熟练地评估目标,预测资源需求,并有效分配掌握的资源。他们在可得资源与组织需求之间进行平衡,并以最能实现组织战时或平时目标的方式来进行资源分配。

11-58 例如,在作战行动的早期阶段,机场和通向该地区的供给线路往往十分简陋,甚至根本就不存在。富有创新精神的后勤人员会对空运进行协调,对运往前方基地的物资进行时序划分(time-phasing)。什么是应该优先考虑的?子弹、食物、水、燃料、人员轮换还是邮件?优秀的组织层面的领导者会根据多种信息来源来确定优先顺序,例如作战人员的评估意见、支援部队的观点、个人状况评估、指挥官的意图等。

11-59 组织层面的领导者的影响力,有更为间接的本质,所以需要不断地对相互关联的系统进行评估,并制订长期计划以完成任务。他们必须不断加强自己对环境、组织与人员进行评估和权衡的能力。组织层面的领导者需要判定产生问题的原因及其影响,并将了解到的新情况转化为可行的计划与方案。然后他们会给予下属一定的空间,去执行与完成任务。

11-60 达到组织层面的领导者,必须已经发展出了综合而系统的洞察力。这会让他们平衡好理论、组织、训练、物资、领导力和教育、人员、设施之间的关系。上述系统与陆军价值观和战斗精神一起,提供了在各个层次上对人员和组织发挥影响力的框架。它们构成了开展各种各样的行动、并不断提升组织与战斗力的基础。

理解与协同系统

11-61　所有领导者,尤其是组织层面的领导者,都会从系统的角度来打造和利用自己的组织。理解并有效地利用系统的能力,对于实现组织的目的、目标和任务来说至关重要。组织层面的领导力,加上有效的信息与系统管理,就可以通过出色的后勤保障有效地生成战斗力。

利用后勤系统增强战斗力

在1990年"沙漠盾牌行动"期间,一支由陆军文职人员组成的分遣队被派到一个战区供应站,为美国陆军第三军提供重要的作战补给和装备。

两名高级陆军文职领导者——一位是供应站负责维护的副站长,另一位是负责车辆部门的主任——面临一个关键问题,即怎样生成更多的战斗力。他们必须设计一个计划,以把即将抵达的几支部队的标准M1式坦克置换为升级的M1A1s型坦克,这种坦克拥有更强大的火力、更坚固的装甲,以及更先进的核防护与生化防护系统。然而,只是简单地部署是不够的。这支文职分遣队必须进行半年一度与一年一度的维护检查,还要进行重要的改装,例如,加上额外的装甲,以沙漠伪装模式重新为坦克上色。

在和平时期,有些部署可能需要18—24个月来完成,但两个后勤领导者雄心勃勃地设立了一个6个月的目标。对按标准完成工作所需要的系统与资源,这个团队有着清楚的了解。尽管最初存在一些疑虑,但他们在2个月内完成了这一项目。

> 这一文职后勤部队的成功牢固地建立在如下因素的基础之上：清晰的意图、坚定的目标、系统的知识、创新能力与以身作则的领导力。通过协调一致的努力,参加"沙漠盾牌行动"的所有重要作战部队在出征之时,都对其武器系统的可靠性与杀伤力充满了信心。

协同战术系统

11-62 组织层面的领导者必须精通战术与作战协同。他们必须从时间、空间和目标几个方面安排好活动,以便在决定性的地点与时间,集中起最大限度的相关战斗力或组织行动。通过协同行动,组织层面的领导者集中各方面的作战职能,以便在所选择的地点与时间集中战斗力,压倒敌人或掌控局势。作战职能包括如下几方面：

- 情报。
- 调遣与机动。
- 火力支援。
- 防护。
- 支持。
- 指挥与控制。

11-63 军和军以上的组织层面的领导者可以通过动用所有联合的军事及非军事资源来提供补给与增援,来进一步强化协同,从而在一个或多个决定性的点上压倒敌人。有效的协同需要领导者将技术、人际关系与概念能力整合在一起,并将其运用于作战目的、目标与任务上。

11-64 协同一系列的战术和作战事项的运作技巧,要求很高,并且影响深远。下面的例子表明了协同联合军种、多国部队以及民用资源以帮助美国人和外国人的撤离行动所具有的复杂性。

> **在确保回应行动中的联合与多国协同行动**①
>
> 在利比里亚进行的确保回应行动（Operation Assured Response）中，来自格鲁吉亚、意大利、德国的军队与美国的特种行动部队、空军、海军以及海军陆战队一起，展开了一项非作战的撤离行动。1996年年初，利比里亚首都蒙罗维亚的大街上遍布武装分子，该国已经分裂成不同的武装派系，各派都想夺取政权。局势由于各派人员劫持人质而更加恶化。
>
> 1996年4月9日，美国总统克林顿下令美军撤离美国人和指定的第三方外国人。作为迅速的回应，陆军派遣了特种部队、一个空降连、通信增援分队和一支医疗队伍，它们成为驻欧特种作战司令部属下特种作战特遣部队的一个组成部分。
>
> 陆军部队入驻蒙罗维亚的曼巴点使馆区，在那里，他们为总部设在这里的国际救援机构提供安全保护。更多的陆军军队增援守卫美国大使馆的海军陆战队，以确保核心撤离人员集合点的安全，海军直升机随后将被撤离者运送到塞拉利昂。
>
> 在美国陆军、其他军种和多国部队的共同努力下，美国人以及来自73个国家的外国公民从利比里亚安全撤离，这一联合能力体现了协同联合军种、多国部队行动的高效与重要。

评估以确保任务成功与组织进步

11-65 对形势进行可靠的评估——并观察组织及各部门的状态——对组织层面的领导者取得持续性的成果与成功完成任务来说极为重要。精确的评估需要领导者的本能和直觉，而本能和直觉以可靠的信息与资源为基

---

① Gil High, "Liberia Evacuation," *Soldiers Magazine* (July 1996): 4—5. John W. Partin and Rob Rhoden, *Operation Assured Response: SOCEUR's NEO in Liberia, April 1996* (Headquarters, US Special Operations Command, History and Research Office, Sep. 1997).

础。高水平的组织评估可以确定弱点并进行有针对性的改进。

11-66 除了设计有效的评估体系之外，组织层面的领导者还要制定切实可行、便于衡量的评估标准。在参谋人员、指挥链以及其他可以信赖的顾问的协助之下，领导者可以确保自己的组织达到相关标准。为了制定合理的标准，组织层面的领导者会提出如下问题：

- 什么是标准？
- 对所有相关的人员来说，标准是否都是合情合理的？
- 我们达到标准了吗？
- 可以用什么体系来衡量它？
- 谁为体系负责？
- 我们如何加强或纠正我们的发现？

11-67 领导者的决策具有宏观的影响，因此领导者必须对自己的行为会怎样影响组织的风气非常敏感。辨别和预见二级与三级效应的能力，将有利于组织层面的领导者就组织风气的健康程度进行评估，并能向下属提供建设性的反馈。

11-68 尝试去预测二级与三级效应，可以使领导者确认组织与流程的资源需求及变动。例如，当陆军参谋长批准一个新的陆军军事职业专业代码时，其影响会非常广泛。它可能会产生如下二级效应：专业化的院校教育，修订的晋升体系以针对不同的职业模式，支撑新专业所需要的更多的理论和训练素材。它还可能引发以下的三级效应：相应的训练中心与院校需要得到训练素材和追加的教员职位等资源。所有领导者都有责任预见到任何行动所可能产生的后果。透彻周密的计划与参谋人员的分析确实能够提供一些帮助，但预见也离不开想象力、愿景以及对他人、人才与组织的重视。

第12章 战略层面的领导力

最终的决策并不是由在前线的人做出来的,而是由那些千里之外只能猜测潜在可能性的人做出来的。

——道格拉斯·麦克阿瑟将军

《回忆录》(*Reminiscences*)(1964)①

12-1 这一章涉及战略层面的领导力,并且所有那些为战略层面的领导者提供支持的人的视角来分析其角色的。要想高效地支持战略层面的领导者——将军、某些高级校官以及高级陆军文职人员,人们就必须充分了解这些领导者工作的独特环境,以及在这种环境中需要特别考虑的因素。

12-2 战略层面的领导者是陆军中顶级的多技能人才。他们完美地集高明的思想家、娴熟的战士、地缘政治方面的军事专家等角色于一身。同时,战略层面的领导者还传承陆军的文化,提出未来军队的愿景,并将这种愿景传递给众多的人。他们经常亲自引导体制变革。他们拥有巨大的影响力,一般说来,会影响到数千乃至数十万的军职与文职人员。

12-3 为了保持工作重点,战略层面的领导者会对当前陆军的外部环境进行调研,以更好地理解机构以后所处于其中的情境。他们运用自己有关当前军队的知识,将未来军队的愿景建立在脚踏实地的分析上。除了具备直接层面和组织层面的领导者所要求的条件之外,战略层面的领导者还要懂得更多的知识、经验、技术和技能。在极端复杂、模糊而易变的战略环境中,战略层面的领导者必须经常地展开思考,并有更多的适应性和灵活性,以管理变革。

---

① Peter G. Tsouras, ed., *The Greenhill Dictionary of Military Quorations* (Mechanicsburg, PA: Stackpole Books, 2000), 133.

除了接受自身的行动会带来严重后果之外,战略层面的领导者需要在与许多高层领导者进行互动的环境下扩展自己的影响力,而对于这些人,他们只拥有极少的正式权力,或者根本就没有权力。

12-4 战略层面的领导者在他们自己的作战领域以及领导大型组织方面都是专家,同时也必须在国家决策中的部门环境与政治环境中游刃有余。他们必须胜任与公共部门、行政机构和立法机构打交道的工作。美国复杂的国家安全环境也要求战略层面的领导者对作为国家实力的外交、信息、军事和经济手段以及它们之间的相互关系有深刻的认识。领导者不仅要了解自身以及自己的组织,也要了解各种各样的参与者、规则和情境。

12-5 战略层面的领导者会敏锐地意识到国家和国际安全环境的复杂性。他们的决策需要考虑到诸多因素,例如,国会听证会、陆军预算约束、后备役部队问题、新系统的采购、陆军文职人员项目、研究、发展、承包以及军种间合作,等等。战略层面的领导者会迅速处理来自这些领域的信息,并对可选方案进行评估。然后,他们会制定切实可行的决策并寻求对决策的支持。要想在国家和国际层面达成文职及军职决策者之间的共识,高超的人际关系能力至关重要。

12-6 战略层面的领导者不仅需要了解组织内部的政治,也要了解国家政治和世界政治。他们是在一个相互重叠、有时是相互竞争的复杂网络中运作的。他们参与其中,并且努力在他们的权限之外发挥作用。作为机构的领导者,战略层面的领导者在军人、陆军文职人员、平民、政府官员、媒体以及其他军种和国家面前代表的是他们的组织。与不同听众进行有效的交流,对于任何机构的成功来说都至关重要。

12-7 直接层面与组织层面的领导者,更关注近期与中期的发展,而战略层面的领导者则必须专注于未来。即使不得不经常应对中期和眼前的问题与危机,他们还是要用大量的时间考虑长期的目标并着眼于长远的成功。由于这样的视角,再加上他们的岗位稳定性较弱,战略层面的领导者很少能够在任期内看到自己的理念付诸实际。

12-8 要想创建适应能力强并能进行自我更新的强大组织和机构,战略层面的领导者及其参谋人员需要在机构与部门内建立由有见识的人员所组成的网络,这一网络可以对组织施加积极的影响力。通过不断的评估,战略层面的领导者寻求了解在特定问题上主要参与者的个人优势与劣势。战略层面的领导者精于解读他人,同时规范自己的行动与反应。依靠对他人的深入了解、自我控制的能力以及成熟的人际网络,战略层面的领导者可以通过开展优秀的领导、提供及时而有价值的信息,以及接近对口人员与部门的机会,来影响外部事务的发展。

实施领导

领导力意味着理解下属,并让下属参与进来帮你完成工作。这需要具备所有的优秀品质,像诚实正直、献身目标、大公无私、知识渊博、技能娴熟、执着坚定、决不服输,等等。

——阿伦·A.伯克(Arleigh A. Burke)海军上将

《海军领导力:经验之谈》(*Naval Leadership Voices of Experience*)(1987)[1]

12-9 在陆军、国防部和国家安全机构的最高层实施领导时,军职与陆军文职战略层面的领导者会面对自陆军内外极为错综复杂的需求。不断变化的世界向他们的决策能力提出了挑战。尽管有这些挑战,战略层面的领导者还是会亲自讲述陆军的沿革,制定长期的决策,塑造陆军的文化,以影响部队及其国内外的战略伙伴。在不断评估新兴威胁和军队准备情况的同时,他们会在全谱冲突的范围内制订应对不测的计划,并分配资源以做好行动准备。为稳步推动陆军的发展,战略层面的领导者会培养继任者,引导军队变革,在减少风险的同时不断优化系统与作战行动。

---

[1] Karel Thomas M. McNichols, Jr., Anthony J. Cotti, Jr., Thomas H. Hutchinson Ⅲ, and Jackie Eckart Wehmueller, eds., *Navvl Leadership: Vorces of Experience* (Annapolis, MD: Naval Institute Press, 1987), 16.

领导他人

12-10 战略层面的领导者既致力于影响其组织,也影响其外部环境。与直接层面和组织层面的领导者一样,战略层面的领导者通过以身作则来实施领导,并通过沟通、鼓舞与激励的方式来发挥其间接的领导力。

12-11 如前所述,战略层面的领导者运用自己的才智和参考框架来识别与形势相关的信息。他们也会利用自己的人际交往能力,在那些能够影响他们自己组织的机构中,建立起由有见识的人员所组成的网络。他们会鼓励参谋人员也创建类似的网络。通过这些正式与非正式的网络,战略层面的领导者积极地获取与他们的组织有关的信息,并积极物色那些可以在某些方面为自己和参谋人员提供帮助的专家。利用这样的网络,战略层面的领导者就可以求助于国家最好的大脑与信息资源,因为他们可能会面临这样的形势,在其中这样的资源必不可少。

提供愿景、动机与灵感

> 我们已经做了大量的工作以使陆军为下一个世纪做好准备,但是工作还没有完成——而且永远不会。变革永在路上,没有终点。
>
> ——戈登·R. 沙利文将军,陆军参谋长(1991—1995)
> 在国际战略管理大会上的演讲(1995)[①]

12-12 对于战略层面的领导者来说,提供清晰的愿景的能力至关重要,然而,除非领导者能与广大受众分享愿景,赢得广泛的支持,并把它变成组织的指南针,否则形成愿景毫无意义。要想使愿景提供目标、方向与动机,战略层面的领导者自己必须投身于愿景,赢得整个组织的承诺,并不懈地追求目标,从而把愿景传播到组织的每一个角落,最终将其变成现实。

12-13 在战略层面上,领导者必须确保愿景清晰,以避免在联合军种以及多国部队之间引起混乱。清晰的愿景可以使各方都能将作战理念转化为

[①] Gordon R. Sullivan, "Strategic Change: The Way Forward," United States Department of Defense Web site(24 April 1995): <http://www.defenselink.mil/speeches/1995/s19950424-sullivan.html>.

行动计划。1990年11月14日,美军中央总部指挥官诺曼·施瓦兹科普夫(Norman Schwarzkopf)将军,召集他的22名高级指挥官前往沙特阿拉伯的达兰,向他们传达了自己有关"沙漠风暴"行动的愿景与设想。其结果成为清晰简明原则的范例。

从愿景到胜利[①]

诺曼·施瓦兹科普夫将军知道,1990年11月14日的作战吹风会,可能是他在"沙漠风暴"行动策划阶段最重要的行动。他需要确保每个人离开时都不会有对今后任务的疑问。

他列举了对伊拉克武装力量的分析:军队的战斗力,使用化学武器的意愿,以及他们的弱点。他强调了己方军队的优势并展示了自己的愿景,列出了几个目标,包括摧毁伊拉克军队的有效作战力量。他的信息非常清晰:"摧毁共和国卫队(the Republican Guard)。"

施瓦兹科普夫属下的一名指挥官在后来的一次采访中指出:它是"一项即使是二等兵也能够理解的任务,一项人们可以为之全力以赴的任务"。

作为开始,"小范围通报计划"程序(a close-hold planning process)是进行横向与纵向的交流,以使每位师级以上的指挥官都能够听到施瓦兹科普夫亲自阐述关于作战行动的设想。

施瓦兹科普夫很高兴总统和国防部长授予他全权来负责任务的完成。反过来,他也不干涉他的指挥官的行动,以便使他们专注于自己的指挥,而不会受到上级指挥部门的干扰。

[①] Richard M. Swain, *Lucky War*: *Third Army in Desert Storm*(Fort Leavenworth, KS: U. S. Army Command and General Staff College Press, 1997), 71—138. Carl H. Builder, Steven C. Bankes, and Richard Nordin, *Command Concepts*: *A Theory Derived from the Practice of Command and Control*(Santa Moniea, CA: RAND Corporation, November 1999), 25—42. United States Central Command. *Operation Desert Shield/Desert Storm Excusive Summary*. Unclassified Document(Tampa, FL: U.S. Central Command, 11 July 1991), 10—11. H. Norman Scnwarzhopf, *It Doesn't Take a Hero*(New York: Bantam Books, 1992), 380.

> 1991年1月中旬,当布什总统下令行动时,负责执行命令的人员十分清楚他们的指挥官要什么。行动成功地驱逐了伊拉克占领军,解放了科威特。美军取得并保持了空中优势,在冲突中,萨达姆·侯赛因的大量基础设施和指挥控制机构被摧毁。海湾地区重新恢复了稳定,共和国卫队的战斗力再也未能完全恢复。

12-14　战略层面的领导者需要识别那些会对陆军的未来产生影响的趋势、机遇与威胁,并积极动员有助于创立战略愿景的力量。1991年,陆军参谋长戈登·R.沙利文将军组织了一个24人的研究小组,来帮助他构建未来陆军的愿景。在这一过程中,沙利文将军认为愿景是谁提出的都远远比不上愿景分享的重要①:

> 一旦愿景被阐明、争取认同的程序被启动,就必须不断地解释愿景。在有些情况下,愿景可能会很快为各个层面所理解。而在另外一些情况下,愿景必须被解释——用更适当的语言——针对组织的每一个部门。还有一些情况下,可能需要找出能够代表愿景的象征物。

12-15　战略层面的领导者乐意接受来自众多渠道的提议,而不仅局限于自己的组织。这方面的一个例子就是允许妇女参军,这一愿景具有长远的战略意义和广泛的社会效应。

> **好主意所产生的战斗力**②
>
> 　　1941年,美国军队正在进行战争的准备,国会女议员伊迪丝·诺斯·罗杰斯(Edith Nourse Rogers)正确地预见到了扩军将会引起工业

---

① Sullivan, 91.
② Judith A. Bellafaire, *The Women's Army Corps: A Commemoration of World* II *Service* CMH Publication 72—15, (Washington, DC: Department of the Army, Center of Military Histoty), < http://www.army.mil/cmh-pg/brochures/wac/wac.htm >. Cynthia F. Brown, Major AN, Army Nurse Corps histotian, SUBJECT: "Women in Leadership," memorandum, 4 November 1998.

> 与军队中人手缺乏。为了满足日益增长的需求,她提议组建一支25 000人的妇女陆军预备军团(Women's Army Auxiliary Corps,简称WAAC),从事非作战性行政勤务工作,以使男性解放出来到作战部队服役。
>
> 美国参战之后,非常明显,这项工作非常有效,但还需要进一步的深化。于是罗杰斯议员提出了另一个议案,即增加150 000名妇女陆军团成员。尽管这一议案在一些国会议员那里遭到了强烈的反对,但议案的一个版本获得了通过。最终,妇女陆军团诞生了,并被认为是一个主要的战斗力倍增器。
>
> 国会议员罗杰斯在如何最大限度地满足一场全球性战争对于额外军事人员需求这一问题上的远见卓识,为赢得第二次世界大战做出了重要贡献,并为发挥女性军人的巨大才干打开了大门。

12-16 陆军制度性的、以价值观为基础的文化,通过严格的标准、领导力的培养和主动的终身学习,来肯定个体和组织质量的重要性。通过致力于全面的领导力培养,陆军会时常重新界定军人的含义。陆军战略层面的领导者一直在实施变革,来改进军容风貌与绩效标准。引进身高和体重标准、提高体能标准、采用新技术、戒烟戒酒,这些都有助于陆军的体制性文化发生根本变化。

拓展影响力

12-17 无论是在私下交谈还是在公开演讲中,战略层面的领导者都会积极不断地通过谈论陆军正在做什么以及陆军将走向何方,来作为整个陆军及其成员的代表。他们的听众包括陆军本身、美国国民以及世界其他国家的国民。向美国人民解释陆军的事务是一项重大的责任,因为正是美国人民给予陆军以必需的经费与人员保障。无论是与联邦机构、媒体、其他国家的军队、其他军种一起工作,还是在他们自己的组织,战略层面的领导者都越来越依赖写作和公开演说来强化陆军的核心使命。

12-18 在整个美国历史上,战略层面的领导者一直在明确并强化着这一触及国民灵魂并团结武装力量的使命。1973 年,各个层面的陆军领导者将"五大"(The Big Five)作为首要的变革使命。它以武器系统为核心,目的是将征兵而来的陆军转变成职业化的志愿兵组成的军队,以对付苏联的威胁。"五大"包括一辆新型坦克、一辆步兵战斗车、一架先进的攻击型直升机、一架新型通用直升机以及一套防空系统。根据这些计划,美国不久就开发了 M1 艾布拉姆坦克、M2/M3 布雷德利步兵战车、AH-64 阿帕奇直升机、UH-60 黑鹰直升机以及爱国者导弹系统。

12-19 这些现代化的创举不仅体现在更新、更好的硬件上,有关如何应对并战胜大规模的苏式军队的理念与条令也得到了发展。军人们在院校和战场实践着这些发展。新装备、新观念以及优秀领导力的协同作用,最终成就了陆军的卓越。

12-20 在危机与战争期间,战略层面的领导者运用集中发布的信息来拓展影响力并赢得公众支持。在陆军领域之外拓展影响力的一个范例是"沙漠盾牌行动"。在部队部署阶段,战略层面的领导者决定邀请各地记者到战场来,以集中报道来当地社区所动员的后备役军队。这类集中报道产生了多重的积极效应。它将陆军部署的情况传达给了美国本土的公民,不计其数的公民所写的邮件如同洪水般涌向了部署过程的军人手中。所有军人很快就感受到了最显著的效应:重拾对他们自身及陆军的自豪感。

12-21 借鉴在海湾战争中的经验,在"持久自由行动"(Operation Enduring Freedom)和"自由伊拉克行动"中,陆军战略层面的领导者改进了他们分享陆军报道的做法。随军记者向公众传播了军事文化,并向美国人民和世界展示了陆军在各个行动阶段所取得的成就。

12-22 当领导者发出某种有象征意义的信息时,战略领导力经常会超出传统的指挥链之外。约书亚·张伯伦对美国最大的贡献可能并不是在葛底斯堡战役中,而是在阿波马托克斯(Appomattox)。那时,作为一名少将,张伯伦奉命检阅罗伯特·李将军所率领的已经放下武器的北弗吉尼亚军队。格兰特将军已经举行了一个简单的仪式宣告联邦军的胜利,没有对邦联军进行任何羞辱。而张伯伦将军意识到,还需要做更多的事情。当投降的军队经过时,张伯伦将军不但没有洋洋得意的样子,反而指示他的号手命令下属们立正以举枪礼向南方军队致敬。这一军人荣誉的举动,象征着一个尊重、和解与重建的新时代的开始。它也凸显了一个杰出而又谦逊的领导者的形象:战时勇敢无畏,平时彬彬有礼。

国内与国际谈判

12-23 战略层面的领导者经常必须运用谈判的技巧,以获取必要的合作和支持,从而完成使命或满足指挥的需要。北大西洋公约组织(NATO)在这方面提供了许多很好的事例。根据1995年《代顿和平协议》(*Dayton Peace Accords*),北约组织派遣国家分遣队的行动作为联合国驻波黑维和部队(IF-OR)的一个组成部分前往波斯尼亚,所有的分遣队都受具体国家的限制。所有分遣队的指挥官都保持着与本国政府的直接联系,以对那些可能超过限制的问题立即做出解释。基于这些政治与文化上的壁垒,过去通常只需要发布简单的命令即可展开的计划和行动,北约的战略领导者却不得不进行谈判。本着合作的精神,指挥官们不得不对他们所有的要求都进行解释,以使一个甚至多个外国政府能够满意。

12-24 联合国驻波黑维和部队的经历告诉我们:成功的谈判需要广泛的人际关系技巧。为了解决相互的观点冲突,战略层面的领导者会设想出几种可能的结果,但同时也会从国家指挥官的视角,清楚地知道什么才是最优的结果。有时,战略层面的领导者也必须能运用策略,来坚持那些没有商量余地的立场,同时仍然表现出对其他参与者的尊重。

12-25 成功的谈判者必须特别善于积极倾听。其他重要的个人特质包括良好的判断能力与敏捷的思维能力。谈判者必须能够确定那些没有放到台面上的议题,并能从谈判程序中跳出来。成功的谈判还需要就所有的问题都表明清晰的立场,但同时也表现出就可以谈判的部分进行协商的意愿。这需要弄清什么是各方都能接受的结果,并朝着一个共同的目标努力。

12-26 为了达成各方都可以接受的共识,战略层面的领导者经常需要在谈判初期就散发提案,以使接下来的谈判能够围绕关键议题及其解决方案而进行。尽管对自己的能力充满信心,但战略层面的领导者并不会认为每一项好建议都应该是自己的功劳。他们对无私奉献的承诺,使他们能够把个人获得认可的需要放到一边,而把找到积极的解决方案,为组织、为陆军、为国家做出最大的贡献放到第一位。

建立战略性共识

12-27 战略层面的领导者善于达成共识与构建联盟。他们可以将这些技能运用于完成任务,如设计作战司令部、联合特遣部队、政策工作组等,也可以用于确定一级司令部(major command)或陆军作为一个机构的方向。战略层面的领导者通常会汇集指定的人员,一起来完成一些持续数月乃至数年的任务。运用伙伴式领导力而非依靠严格的等级权威,战略层面的领导者小心地监控着事情向着设想中的最终状态发展。他们注重建立良好的人际关系,这对于达成目标非常有必要。人际交往为职业关系确定了基调:战略层面的领导者必须老练得体。

12-28 在第二次世界大战期间,德怀特·D.艾森豪威尔将军所创建的盟国远征军最高司令部(SHAEF),在建立联盟与维持脆弱的关系方面是具有启发意义的范例。艾森豪威尔将军通过一个一体化的指挥与参谋机构来行使他的权力,该机构尊重所有参战国的贡献。为了强调合作性的团队精神,在盟国远征军最高司令部内部,部门的正职与副职一定是由不同国籍的人来担任的。

12-29 在大西洋的另一边,陆军参谋长乔治·C.马歇尔将军,也必须与他那些挑剔的同僚,如身兼美国舰队司令与海军作战部部长的欧内斯特·J.金(Ernest J. King)海军上将,寻求建立战略性的共识。马歇尔将军花费了大量精力来确保在军种高层之间的意见分歧不会削弱美国的战争行动。金上将是位个性很强的领导者,经常持有和别人不同的见解并且坚持自己的立场,尽管如此,他与马歇尔将军在这一点上却拥有一致的看法。由于两人在寻求共识方面所具有的能力,富兰克林·D.罗斯福总统在发布决策与指令以后,就几乎不再需要去解决会引发严重后果的争议问题。

以身作则地实施领导

> 真正有价值的东西是不会因为你的从容不迫而失去的。如果有什么目标,使你迫不及待地要采取行动,采取在你经过审慎考虑后决不会采取的行动,那么那个目标的确可能会因为你的从容不迫而无法达成,但是,一个好的目标是不会因为你的从容不迫而失去的。
>
> ——亚伯拉罕·林肯
> 第一次就职演说(1861年3月4日)

12-30 战略层面的领导者拥有大量的概念资源,其中包括一个分享思想的知识网络,为组织谋划如何能够不断取得成功并保持良好状态。战略层面的领导者所制定的决策——无论是作战指挥官部署军队,还是后勤领导者启动预算项目——经常需要投入大量资源。一旦开始实施,这些决策都耗资巨大并很难逆转。因此,战略层面的领导者在整个决策过程中都需要依靠及时的反馈信息,以避免在信息不足或错误的情况下做出最终的决定。领导者所提出的目标、方向和动机是自上而下地传达,而信息与建议则是自下而上地呈现的。战略层面的领导者运用国防部、联合参谋部以及陆军战略计划系统的程序为下级领导者提供目标与方向。这些系统包括:

- 联合战略计划系统。
- 联合作战计划与执行系统。
- 计划、规划与预算系统。

12-31 无论涉及多少系统,也无论系统多么复杂,提供完成任务的动机依然是战略领导者的首要职责。战略层面的领导者一直在介入计划的制订,战略层面的决策又经常是复杂的,而且要依据众多的变量,因此,可能会引发过度分析。领导者的责任心、学识、才干、判断力与适应能力,会帮助他们明白应该何时做出决定。在战时,战略层面的领导者在关键时刻所做的决定,能迅速改变整场战役的进程。

引导与激励体制变革

> 如果你不喜欢变革,你就更不会喜欢细枝末节。
>
> ——埃里克·新关将军
>
> 陆军参谋长(1999—2003)①

12-32 为了履行使命,陆军必须能够应对无法避免的变革。陆军战略层面的领导者认识到,陆军作为一个机构,几乎是在持续不断地变革:审核与加入新人员、新使命、新技术、新装备以及新信息。战略层面的领导者所面对的挑战,是开创扎实的、以未来为导向的变革。

12-33 战略层面的领导者通过以下方式来引导变革:

- 确定实现国家军事战略所必需的军事能力。
- 下达战略和作战任务,包括资源分配的优先次序。
- 准备全谱作战行动中的军力使用计划。
- 创建、支持与维护组织系统,包括:
    - 推行军队现代化计划。
    - 必要的人力与装备资源。
    - 基本的指挥、控制、通信、计算机和情报系统。
- 发展与改进理论以及为它提供支持的训练手段。
- 制订计划以应对变革所带来的二级与三级效应。
- 坚持高效领导力培养计划,积极开发其他人力资源。

12-34 战略层面的领导者积极而非被动地接受变革。甚至在他们使自己的组织屏蔽掉一些不重要的干扰性影响的时候,他们就已经预见到了变革的到来。后越战时代志愿兵役制显示出在继续应对日常行动与要求的同时,战略层面的领导者是如何有效地影响变革来促进机构发展的。

---

① General Eric K. Shinsei, "Prepared Remarks General Eric K. Shinseki, Chief of Staff, United States Army, at the Association of the United States Army Seminar," U. S. Army news release(Washington, DC, 8 November 2001). From U. S. Army Web site, < http://www4. army. mil/ocpa/printphp? story_id_key = 1417 > .

越南战争后的变革

陆军从20世纪70年代初开始,只招募志愿者入伍。要想转变为完全的志愿兵役制军队,需要大量的条令、人事以及训练创新方面的变革,而这需要数年的时间才可以成熟完善。在变革的同时,陆军还要应对社会变化,例如,吸毒、种族关系紧张以及经济的衰退。在人事方面变化的同时,新的装备、武器、车辆与制服的变化进一步增强了军队的能力和准备的程度。

凭借愿景、信心和个人的示范,陆军战略层面的领导者成功地对陆军的条令进行了彻底的改革,创建了能全面提高训练水平的环境。新的训练管理条令和作战训练中心项目,为统一对作战的理解奠定了坚实的基础。

所有的这些变革,都需要雄心勃勃的长期计划和积极进取的领导行为。其结果是,"沙漠风暴"行动中的陆军,与15年前相比,已经是一支大不相同的军队了。陆军的变革并非偶然。战略层面的领导者吸取过去的经验教训,并把它们与面向未来的愿景结合在一起,形成了陆军改革的蓝图。接下来就是将蓝图付诸现实,以及战场上的最终胜利——靠的是直接层面和组织层面的领导者以及所有陆军团队成员的付出。

12-35 一般来说,战略层面的领导者明白,体制变革需要的是以承诺为基础的影响力,而不是被迫服从。组织的各个层面都必须持续地强化成员的承诺。尽管各个层面的领导者都在引导变革,但战略层面的领导者所进行的是最彻底也是最长远的变革。要想准备发起变革以取得长久进步,战略层面的领导者会通过八个清晰的步骤来指导自己的组织。引导组织变革的主要步骤如下:

- 通过展示变革的好处与必要性,来营造出变革的紧迫感。

- 组建指导联盟,共同致力于从形成改革观念到具体实施的整个变革进程。
- 通过指导联盟及相关小组,制定出未来的愿景以及实现愿景的战略。
- 将清晰的未来愿景传达给整个机构与组织。只有得到所有成员的拥护,变革才会取得最好的效果。
- 授权各级下属,以寻求广泛的齐头并进的努力。
- 为近期的成功制订计划,以证明关键项目的有效性和保持愿景的可信性。
- 巩固成功的项目,推动进一步的变革。
- 确保变革在文化层面得到保护。

12-36 结果为成就了一个不断地准备和塑造未来环境的机构。战略层面的领导者致力于使陆军成为这样的机构。

在逆境之中展示自信——应对不确定性与模糊性

> 战胜困难你就赢得了机会。
>
> ——温斯顿·丘吉尔(Winston Churchill)公爵
> 第二次世界大战期间的英国首相[①]

12-37 战略层面的领导者所面临的环境越来越具有动荡、复杂和模糊的特点。变革可能不期而至,战略层面的领导者必须做好知识上的准备,以应对各种威胁与局面。计划与预见不可能预测或影响所有的未来事件,因此,战略层面的领导者通过国家在外交、信息、军事、经济手段等方面的力量,凭借他们的品格、才干与自信,审慎地影响未来的发展。

12-38 对于战略层面的领导者来说,应对复杂局势的最好方式是拥抱它。这意味着要扩大自己的参照体系(frame of reference)以适应形势,而不是简化形势来适应自己的先入之见。他们拥有责任心、才干、才智以及明晰的判断力,因此他们能够容忍模糊,因为他们知道永远不可能拥有想要的所有

---

① R. Dale Jeffery. *The Soldier's Quote Book* (Houston, TX: DaVinci Publishing Group, 1999), 197.

信息。战略层面的领导者审慎地就事态进行分析,并且确定何时做出决策,他们意识到自己必须进行创新并且接受某些风险。一旦做出决策,战略层面的领导者就会就此向自己的组织、陆军以及国家做出说明。

12-39 除了显示出处理竞争性需求所需要的适应能力之外,战略层面的领导者理解复杂的因果关系,并可以预见到其决策在组织中将会引发的二级与三级效应。有些二级与三级效应是人们乐于看到的,领导者会有意地采取具体行动来取得这些效应。虽然动荡的战略环境可能会诱使一些战略层面的领导者主要去关注短期的目标,但他们不能允许自己陷入眼前的危机中。他们必须保持自己职责的重心,那就是形成可以在此后的 10—20 年间成功运作的组织或政策。

沟通

12-40 战略层面的沟通涵盖了非常丰富的内容。它涉及大量的参谋人员、相互影响的职能部门和作战部门,还有一些外部机构。这些复杂的信息共享关系,要求战略层面的领导者在代表他们的组织时能够运用综合性的沟通技巧。战略层面的领导者和其他层面的领导者之间存在一个显著的差异,那就是前者更多地强调象征性的沟通。与直接层面和组织层面的领导者相比,战略层面的领导者所树立的榜样——他们的言辞、决策与行为——其意义会超出结果本身。

12-41 战略层面的领导者必须识别出什么样的行动会传播信息,并审慎地运用他们的声望与权威,把信息传递给合适的目标受众。战略层面的领导者通常会传递出强化传统、陆军价值观和支持某项特定计划的宏观信息。宏观信息也有助于战略层面的领导者表明他们的重点和方向。为了影响那些受众,战略层面的领导者必须同时在信息中展现出职业的操守与信心,以赢得广泛的信任。正如乔治·C.马歇尔将军所指出的那样,战略层面的领导者应该成为说服艺术的专家。

12-42 为达到理想的效果,战略层面的领导者在不同的场合以不同的形式反复传递一些共同的、有力的而且前后一致的信息。他们会设计并且遵循书面的或观念上的沟通行动计划,该计划概述了如何与每一个目标群体打交道。在准备针对特定受众的演说时,战略层面的领导者会提前确定好内容与议程,这样他们就会知道如何才能最大限度地抓住听众。他们会仔细地从各个方面就信息的影响进行评估:媒体、频率、特定词汇、整体环境等。确保将信息传达给所有的目标团体并实现理想的效果,这一点至关重要。

12-43 当说服个人而非团体时,对话是战略层面的领导者必须有效运用的一种沟通方式。对话是采取主张与询问的形式进行的谈话。主张寻求的是提出一种立场,询问则是更多地去弄清对方的立场或观点。对于领导者来说,将主张与询问结合在一起的对话是很有价值的,因为他们必须处理某些比其个人经历更为复杂的问题。要主张一种观点,领导者就必须进行清晰的论证,邀请他人对之进行认真的思考,鼓励他人提出不同的看法,并且探讨观点之间存在的差异。当询问对方的观点时,领导者应该说出自己的假设,并且识别出支持该另一观点的证据。坦率的对话有助于克服在考虑不同观点方面所具有的抵触心理。

发　　展

12-44 战略层面的领导者着眼于长远来对机构进行投入。他们的根本目标是使陆军变得更为出色。这样做需要尝试与创新的勇气。要想实现机构、组织及其人员的发展,需要不断地在今天的行动与明天的发展之间进行权衡。战略层面的领导者会发挥其智慧,并运用细化的参照体系,去了解哪些传统应该继续保持,哪些沿袭已久的方法应该改进。最重要的是,通过培养那些能够将组织能力推向更高水平的下属,战略层面的领导者为组织的长远发展创造了条件。

创建积极的环境,为机构的未来定位

一名优秀的军人,无论他领导的是一个排,还是一支大军,他都应该做到既能回顾过去,又能展望未来。但是,他在思考问题时必须只着眼于未来。

——道格拉斯·麦克阿瑟将军
在美国军事学院毕业典礼上的讲话(1933年6月17日)①

12-45 国家有这样的期望:军事专业人员作为个体、陆军作为机构,能够从他人的经验中学习,并运用这种知识来理解今天,以及为明天做好准备。这样的学习要求无论是个体还是机构都要全力投入。战略层面的领导者会运用自己的榜样与重要的资源性决策,来支持那些鼓励个体和陆军学习与进步的组织文化及政策。

12-46 与组织层面和直接层面的领导者一样,战略层面的领导者必须通过他们的所有行为来塑造品格。只有去亲身体验才能真正印证陆军价值观。在目睹身边那些确实以陆军价值观为准则的人的行为之后,下属们将会了解陆军价值观的含义。

12-47 战略层面的领导者应该确保陆军价值观和战斗精神一直是陆军体制性文化的基础。文化将会影响到人们彼此之间的相处方式以及与外部机构交往时的行为方式,同时还会影响到他们达成使命的方式。巩固的、以价值观为基础的文化有助于确定可接受的行为的边界,从如何正确着装,到如何适当地与外国文化互动。它有助于人们确立如何去处理问题、做出判断、辨别是非以及确立恰当的优先次序。文化通过指导机构运作的条令、政策、规则以及理念,塑造了陆军的习惯与传统。专业杂志、历史作品、各种仪式——甚至有关组织的民间传说——都包含陆军体制性文化的佐证。

12-48 健康的文化是强有力的鼓动手段。战略层面的领导者可以利用它来指导和激励大规模、多样化的组织。他们运用体制性文化来支持愿景、完成使命、改进组织。富有凝聚力的文化能够锻造组织的士气,强化牢固地建立在陆军价值观基础之上的道德风气。

12-49 战略层面的领导者建立旨在研究军队与未来环境的制度,以推动

---

① *Military Quotes 1972*, 18-3 [Graduation Speech at the United States Military Academy, 17 June 1933, MacArthur Menorial Records Group 25(Addresses, Statements and Speeches), Norfolk VA].

学习。他们提供资源支持,不断地就陆军的作战方式与成功取胜的条件进行思考。这要求不断对文化进行评估,并有意识地鼓励创新与学习。

12-50 战略层面的领导者将研究与发展的重心集中到实现联合、跨部门以及多国部队的协同行动上以取得成功。他们也会就时间安排和预算问题进行协调,以使相互兼容和支持的体系可以共同发挥作用。

12-51 战略层面的领导者同时也应该关注,演变中的军队的作战能力会随着时间的推移达到最佳的状态。他们会做好计划,一旦有了组件,就会立即将新的装备和理念整合进军队之中,而不是等待体系中的所有要素万事俱备后才开始行动。为了及早获得反馈,在从事专门设计的训练期间,经常需要就系统或单独组件的整合进行演练。1941 年路易斯安那对抗演习(The Louisiana Maneuvers)使陆军了解了机械化战争将会是什么样子,以及应该如何为之做好准备。美国在机械化战争方面的成功,证明了他们从演习中所学到的东西大部分是正确的。50 年后,一项有着同样名称的研究课题捏出了 21 世纪军队的概念性构想,将第 4 步兵师重建为第一个数字化师。战略层面的领导者之所以授权从事这些前瞻性的项目,是因为陆军必须了解新环境下的作战特点以及如何应对不断变化的威胁。直接层面与组织层面的领导者在任务来临之前,会在相对较低的层面进行演练行动,路易斯安那对抗演习可以被视为在战略层面所进行的对应行动。

12-52 在把陆军锻造为终身学习型组织的行动中,战略层面的领导者走在最前面,他们会支持陆军包括正规军、后备役部队以及陆军文职人员。现代战略层面的领导者必须运用不断演进的信息技术与分散性学习方式,将众多机构变成一个个没有围墙的课堂。首要的目标,是提供适当的教育与培训,并将最优秀的理念吸收进陆军条令,以达到提高与完善作战准备的目的。

用战略性定位来做好自我准备

12-53 所有具有自我意识的战略层面的领导者都会建立个人的参照体系,这种参照体系源于他们的院校教育、以往经历、自发学习,同时也源于他们在思考当前事件、历史与地理时所进行的评估。战略层面的领导者需要创建综合性的参照体系,既涵盖他们的整个组织,又能将组织置于战略性的环境中。为了构建一个能够发挥作用的参照体系,战略层面的领导者需要勇于尝试新的体验,接受他人包括下属所提出的建议。战略层面的领导者善于沉思,考虑周到,并且不畏惧反思过去的经历,以从中吸取经验教训。他们乐于接受作战和战略环境中常见的抽象概念,并且致力于理解他们自己、他们的组织及国家所处的环境。

12-54 战略层面的领导者与情报分析师很相似,他们观察事件,了解模式,以确定何时干预或行动。战略层面的领导者所拥有的宽泛的参照系,有助于识别与战略形势密切相关的信息,并在无须分心的情况下找出事件的本质。认知事物的能力、综合性的参照体系、从以往的经历中获得的智慧,以及敏捷的思维,所有这一切将会使战略层面的领导者具备能力去应对那些起因复杂的事件。他们能设想出创造性和创新性的解决方案来。

12-55 一个良好的参照体系能够使战略层面的领导者对组织的子系统及其互动过程有透彻的认识。意识到了系统间的互动关系,战略层面的领导者就可以预见某个系统可能会对其他系统产生的影响。这种远见使得他们能够预测与防止潜在问题的发生。

拓展文化与地缘政治领域的知识——掌握战略艺术

> 华盛顿与反对他的指挥官们之间在军事上存在的决定性差异(除了天赋之外)在于,他们相信自己知道所有的答案,而华盛顿却每时每刻都在努力地学习。
>
> ——詹姆斯·托马斯·弗莱克斯纳(James Thomas Flexner)
> 《美国革命中的乔治·华盛顿》(George Washington in the American Revolution)(1968)①

12-56 战略层面领导者的工作,如同在一幅开阔的画布上进行创作,它需要广泛的技能以及对战略艺术的掌握。从广义的角度来看,战略艺术指的

---

① Janes Thomas Flexner, *George Washington in the American Revolution* (1775—1783) (Boston: Little, Brown, and Company, 1968), 535.

是熟练地构想、协调与运用目标、方法和手段,以促进和捍卫国家利益。战略艺术的掌握者能够将真正的战略家所承担的三种角色恰当地融为一体。

- 战略领导者。
- 战略执行者。
- 战略理论家。

12-57 利用自己对组织内部体系的了解,战略层面的领导者努力应对战略环境的复杂性与不确定性,并将抽象的概念转化为具体的行动。熟练掌握领导力理论、程序、进度与系统,有助于组织层面的领导者获得成功。而对于战略层面的领导者来说,领导才能往往是无形的,他们可以凭借长期积累的丰富经验,最终创造出杰出的艺术品。

12-58 通过对陆军的需求与政治和经济的约束因素进行协调,战略层面的领导者可以通过战略与预算程序的结合,来为军队找到前进的道路。他们会花费大量的时间来获取与分配资源并把握理念的方向,尤其重视那些被认为对未来的战略定位具有关键影响的走向,以及为了防止出现准备不足情况而必须关注的方面。他们也监督《美国法典》第10款所规定的陆军职责的履行状况。

12-59 战略层面的领导者并不特别关注内部程序;相反,他们更为关注如何使组织适应国防部与国际舞台的要求。他们需要思考宏观的问题,例如:

- 外部各组织之间存在什么关系?
- 组织与陆军必须在其中运作的宏观的政治社会体系是什么?

12-60 由于存在复杂的报告与协调关系,战略层面的领导者必须充分理解自己的角色、角色的边界,以及其他部门与机构对自己的期望。对于陆军外部那些相互依存的关系的把握,会有助于战略层面的领导者在国家以及陆军内部的方案、系统与人事等问题上做出正确的决策。

12-61 1990年夏天,曾经发生过一场战略与体制性的挑战。当时陆军正在进行有史以来计划最周密的裁军活动,陆军参谋长卡尔·乌诺(Carl Vuono)将军却不得不终止这一进程,以迎接不断迫近的波斯湾危机的挑战。仓促之中,乌诺将军被要求召集、调动与部署必要的兵力来应对迫在眉睫的海湾危机，同时还要保持在其他战区的足够战力。在成功地完成"沙漠盾牌"和"沙漠风暴"行动后，他在1991年对美国第3军进行了重新部署，遣散了所动员的后备役军队，并将陆军重新裁减为20世纪30年代以来规模最小的现役军队。在采取这些举措的同时，陆军的战备能力并没有大幅下滑，这充分展示了乌诺将军精湛的战略艺术。

自我意识与对他人影响的认知——利用概念能力

> 从知识的角度看，在普林斯顿的学习经历对我有着深刻的影响。它从根本上改变了我对生活的态度。所设课程的基本目的是赋予学生一种能力，使他们认识到政治体系与问题是何等复杂，又是如何地具有多样性……最重要的是，必须从变化中的团体与个人关系中寻求答案，以及政治渗透到所有的人类活动中。这一事实不应受到诟病；相反，我们应该了解并加以利用。
>
> ——威廉·J.克罗（William J. Crowe）海军上将
> 参谋长联席会议主席（1985—1989）[①]

12-62 与直接层面和组织层面的领导者相比，战略层面的领导者更多地运用他们的自我意识和概念能力来理解与处理所面对的更为复杂的环境。来自环境的挑战包括国家安全、战区战略、在战略与战区背景下的作战行动，帮助大型的复杂组织发展，等等。战略层面的领导者所关注问题的多样性和广泛性，要求他们在纯粹的知识之外，还应该运用更为复杂的概念与智慧。

培养领导者

可以确定地说，马歇尔将军作为领导者成功的缘由是，他不仅个人一心向学，而且期望与其同事和下属——无论军衔为何——共享他所获得的知识。他热切并自愿地这样做，从不考虑个人的荣誉，只是为了共

[①] William J. Crowe, Jr. with David Chanoff, *The Line of Fire: From Washington to the Gulf. The Politics and Battles of the New Military* (New York: Simon & Schuster, 1993), 54.

同的事业。

——小埃德加·F.普里尔(Edgar F. Puryear, Jr.)
《19颗星:领导力研究》(Nineteen Stars: A Study in Leadership)(1971)①

12-63 战略层面的领导者通过培训、提供政策与资源、分享其观点与经验(指导)等方式来培养下属。为了弥补组织层面和战略层面的领导者之间在知识上的差距,有经验的战略层面的领导者会通过介绍重要的参与者并指点关键的地区与行动的方式来帮助新人。战略层面的领导者为成长中的领导者的学习、工作、项目与理念提供支持,来促成人才的成长。通过培养他人,战略层面的领导者帮助建立一支领导者团队,以备将来将他们安排在重要的位置上。

专家咨询、教练指导、导师辅导

12-64 不仅是遵从程序和结构化的会议,战略层面领导者的导师辅导意味着给合适的人以知识上的助推器,以使他们实现飞跃,在最高层面上能够成功地开展行动和创造性地思考。

12-65 鉴于在高级军事院校以外很少存在正规的领导者培养项目,战略层面的领导者会特别关注下属的自我发展。领导者就以下方面对他们进行指导:学习什么内容,关注什么重点,视谁为学习的榜样,如何规划自己的职业生涯,等等。为了在教练与辅导之外传授他们的智慧,领导者在军事院校发表演讲时,会谈及他们所在层面发生的事情,与那些尚没有达到陆军高级领导层面的人分享他们的看法。今天的下属将会成为下一代的战略层面的领导者。

团队建设技巧与过程

12-66 身处这样一个信息传播越来越快的时代,今天的战略层面的领导者经常需要用更少的时间去评估形势、制订计划、准备适当的反应,以及为了成功而实施行动。世界战略环境变幻莫测,也使建设无畏、诚实且称职的参谋机构与指挥团队变得越来越重要。

---

① Edgar F. Puryear, Jr., *Nineteen Stars: A Study in Military Character and Leadership* (Novato, CA: Presidio Publishing, 1994), 101.

12-67 战略层面的领导者需要锻造参谋机构与组织团队，使他们能够收集简明、客观的信息，并在组织间建立起各种网络。战略层面的领导者做出的许多决策都是涉及面广并相互影响的，因此，他们必须依靠富有想象力的参谋人员与下属，这些人员了解环境的状况，能够预见到不同行动的后果，并且能识别出关键信息。

12-68 战略层面的领导者必须弥补自身的不足，因此，他们不能容忍参谋人员只是盲目地同意他们所说的每一件事情。战略层面的领导者鼓励参谋人员与他们公开对话，讨论不同的看法，探讨所有的事实、假设与可能的影响。这样的对话能够协助战略层面的领导者充分地评估一个问题的所有方面，并能够帮助他们厘清自己的愿景、意图与指导。战略层面的领导者需要建立并运用高效的参谋机构，因此他们不断地从各种背景的军职与文职人员中寻求诚实且干练的人才。

评估发展需求与促进在职发展

12-69 战略层面的领导者不只是指导个人，而且寻求为整个军队提供指导。通过为所选择的计划和项目提供资金，或者对特定的行动投入更多的时间与资源，战略层面的领导者能够确立事务的优先次序。最终，那些奉献自己见解的军职与文职人员成为可以信任的骨干力量。战略层面的领导者能够明智地选择那些将现在与未来联系在一起的观点，并且游刃有余地就如何最大限度地为重要观点和人员提供支持做出决定。

12-70 由于时间和预算的约束，战略层面的领导者必须在"机构发展需要多少资源才足够"等类似问题上做出困难的决策。他们可以计算培育未来陆军的领导者和理念所花费的时间。他们会在今天的作战需要与未来的军队结构和领导力需求之间进行权衡。他们的目标是培养一支拥有相关才干的陆军核心领导队伍，以引导军队走向未来。

12-71 类似于行业培训、高级国民教育、派驻国外地区军官培训等这样的一些项目，可以弥补陆军院校中训练与教育的不足，并有助于培养那些将会影响陆军未来的领导者。战略层面的领导者运用现有的陆军资源来发展机构。他们还巧妙地运用其他军种或公共部门提供的资源来作为补充。

12-72 越南战争之后,陆军领导层意识到在军官培养方面进行投入至关重要,因此他们开发了新的课程,以振兴面向军队的专业教育。训练与条令司令部的建立使陆军条令重新成为该军种的一个重要的知识支柱。1986年《戈德华特-尼克尔斯国防部重构法案》同样十分关注这一点,并且更加重视专业性的联合教育与条令。

12-73 同样,在培养专业陆军军士方面,陆军也给予了大规模的投入。1973年,美国陆军军士学院成立。这所学院成为陆军军士正规军事教育的最高学府。

12-74 作为以培养军官、准尉和军士为对象的军事教育体系的补充,文职人员教育体系是陆军旨在培养文职领导者的项目。它贯穿于个人的职业生涯,体现了终身学习的主动性。文职人员教育体系提供了一种渐进、有序、以能力为基础的领导力培训项目,它从入门级开始,贯穿整个管理层级。高级军事学院是文职领导者培养教育的顶点,其目的是培养能够理解复杂政策与作战挑战、深谙国家安全使命的文职领导者。"国防领导力与管理项目"是一种综合性的项目,旨在教育和培养高级国防部文职领导者们,使他们具备如下素养:国防部的开阔视野;国家安全使命的丰富知识;与军职工作伙伴之间的相互理解、相互信任,并拥有相同的使命感;卓越的领导力和管理技能;等等。总之,与他们身着军装的工作伙伴们一样,这些项目为陆军文职人员提供了必要的教育培训机会。

实 现 目 标

> 对于任何组织的生命与活力来说,延续与变革都是很重要的……通过维持延续与创造变革,我们实现了一种良性的平衡。
>
> ——小约翰·A.威克姆
> 陆军参谋长(1983—1987)[1]

---

[1] *Chiefs of Staff* 2000, 24—25.

12-75 战略层面的领导者在国家安全战略与国家军事战略的指导下为自己的组织开发愿景。在致力于实现愿景时,战略层面的领导者必须针对不同的组织精确地解释成功的具体含义。他们通过亲身的观察、有组织的评估与分析、战略性的管理规划以及与军职和文职人员的非正式讨论,来监控行动的进展与结果。

提供方向、指导与清晰的愿景

12-76 在提供方向、给予指导和设定优先次序时,战略层面的领导者必须实事求是地判断未来的态势。他们吸收新观念、新技术和新能力。他们把观念、事实、推测与个人经验结合起来,设计出组织未来发展的图景,以及要想获得理想的结果而必须采取的行动的方向。

12-77 战略层面领导者的愿景为组织中的每一个人都提供了有关目标、方向与动机的终极意义。它是制定具体的目标与计划的出发点,是衡量组织成就的准绳,是检验组织价值观的标尺。组织上下共享的愿景对于变革的承诺非常重要。战略层面的领导者关于组织愿景的设想可能需要数年甚至数十年的时间才能实现。

12-78 战略层面的领导者应该努力使他们的愿景与外部环境、联盟目标、国家安全战略、国家防御战略以及国家军事战略保持一致。下级领导者则应该使自己的愿景和意图与战略层面领导者的愿景保持一致。战略层面的领导者的愿景体现在所有事务上:小到小规模的行动,大到正式的书面政策声明。

12-79 定期公布的概念性文件创造性地列举了应对新兴威胁的未来技术与军队架构。尽管没有人能够详尽地预见到未来军队的确切状况,但这类文件仍然为人们提供了有关未来可能性的概貌。

战略计划与执行

12-80 战略层面的计划必须就国防部内部众多机构之间相互冲突的需求进行权衡。制订战略层面的计划的基本要求,与直接层面和组织层面的计划是一样的。在所有层面,领导者都需要确立现实的优先项目并下达决策。会对组织产生影响的人员与资源的绝对数量,增加了战略层面计划的复杂性。

12-81 在下面的摘要中,前美国陆军二级军士长保罗·R.豪(Paul R. Howe)描述了那些对于成功地计划和执行任务来说具有重要意义的关键计划、实践与训练策略。

最为迅速有效的计划方式①

警示部队: 确保你所用于发出警示与召集部队的体系能够正常运作并且简单而有效。准备一个基本通信手段和一个备用通信手段。

提交报告: 所有成员都应该报告自己的情况,领导者们应该得到一份简明扼要并可以传达给所有团队成员的任务说明。

开始计划: 在知会其团队后,团队的领导者应该向核心计划区域报到,以获得最新的信息和上级指导。

传达信息与准备演练区域: 信息应该尽可能迅速地传达到终端使用者(各种团队)那里。某些团队可能共同负责安排一个演练场地。

简述计划: 一旦计划制订并且指挥官发布前进命令,就应该召集手头的骨干力量以小组的形式进行简要的情况介绍。如果可能的话,检查那些需要解决的常规性风险与问题。

演练: 应该进行自下而上的演练,然后根据目标优先的原则采取行动。人们所期望的状况是,一旦助理团队领导获得行动命令并且做好装备上的准备,他们就应该率领自己的队伍,开始自行进行演练预排工作。他们能够大致过一遍流程,并针对锁定目标讨论其外线调动、断点程序、内线调动、近战程序以及加固程序。他们也能够检查医疗环节,并且进行装备调整,以确保所有任务必需的装备各就其位并运转正常。

---

① Paul R. Howe, *Leadership and Training for the Fight* (New York: Skyhorse Publishing, 2011), 170—172.

解决问题：演练应该从各个团队如何拿下攻击对象或者如何针对目标采取行动开始。然后，演练参谋应该提出某些问题，供部队进行思考并确保他们的备用计划能够运作并切实可行。一旦完成这一步骤，你能够着手进入行动阶段，并整合全套行动与计划。

再度演练，重新简述计划并将所有的资源整合进计划之中：如果在最初的计划中存在太多的问题，领导者应该向所在团体就整个计划重新进行简要说明。过多的变化将会使每个人对当前的计划感到困惑，包括主要领导者。因此，花些时间重新做出阐释能够使大家避免感到困扰。

准备执行任务：一旦完成最后的演练，部队就可以进行休整并为执行阶段做好准备。执行的时间可能马上就会来到，也可能行动还需要花费数天的时间。领导者应该采取相应的行动，并确保参加人员不会因为太长时间地处于高度紧张状态而耗尽体力。让他们放松自己是很适当的做法。然后，重新进行演练以保持军队的战斗状态。

12-82　不到十年的时间里，从冷战向地区性冲突和反恐战争的转变，显示出战争的特点在不断地变化。因此，战略层面的领导者必须不断地获取有关战略环境变动的最新信息，以确定应该做好何种军事力量准备。

12-83　战略层面的领导者必须考虑如下问题：

- 下一个威胁将会出现在哪里？
- 我们应该建立联盟还是单独行动？
- 我们的国家目标与军事目标是什么？
- 我们的退出战略将是什么？

12-84　战略层面的领导者必须能够应对那些与在非对称战场上执行任务相关的技术、领导力以及伦理问题，这些问题典型地体现在美国在伊拉克和阿富汗原有权力结构崩溃后所从事的军事行动中。在传统形态的战争与工业化世界之外，涌现出了的许多全新形态的多方冲突之间，在这种情况下，战略层面的领导者发现自己比以往任何时候都更加多地处于紧张的中心。

恰当地分配资源

12-85 鉴于生命的宝贵与资源的稀缺,战略层面的领导者必须就优先次序做出艰难的决定。在战略上,陆军的优先考虑是投射陆上力量:这种能力指的是通过威胁、武力或占领的手段来迅速地获取、保持与利用对土地、资源和人员的控制(参见 FM1)。

12-86 在制订未来计划时,战略层面的领导者始终运用他们有关预算过程的知识来确定如下事务:在作战行动、作战支援与作战勤务支援方面,哪一种技术将会提供与所付出代价相匹配的飞跃式的能力发展?在20世纪七八十年代,富有远见的领导者认识到:卓越的夜战系统和超远射程武器将会降低军人作战的危险,并能消灭更多的敌人。领导者投入了必要的资金来开发、采购这种先进的系统和辅助装备。"沙漠风暴"行动最终证明了他们的远见卓识与英明决策,在这一行动中,在苏式装甲部队接近其最大有效射程之前,美军的坦克就已经将其摧毁。

运用联合、跨部门以及多国武装力量的资源

12-87 陆军是国家总体国防力量的一部分,战略层面的领导者负责监督他们的组织与国家政策机构之间的关系。在他们的长期的职责中,战略层面的领导者需要从事以下工作:

- 在国家政策论坛上提供军事咨询。
- 解释国家政策的指导方针与方向。
- 规划并维持在执行国家政策方面所需要的军事能力。
- 提出组织的资源需求。
- 制定战略以支持国家目标。
- 在作为国家战略组成部分的政治决策和必须执行这些决策的个体与组织之间架起桥梁。

12-88 正如直接层面和组织层面的领导者需要考虑他们的兄弟部门与支持性机构一样,战略层面的领导者也要考虑其他军种和政府机构,并与之共同工作。可以想想看,今天陆军的大部分四星上将都在联合部门或多国部门中工作。将近一半的陆军中将在联合参谋部、国防部或作战司令部从事类似的工作。其他战略层面的领导者在名义上是单一军种的组织(如陆军司令部、陆军训练与条令司令部和陆军器材司令部等)中工作的同时,还经常在陆军系统以外工作。此外,许多陆军文职战略层面的领导者所居的职位也要求他们具有全面而多元的视野。

12-89 联合与多国部队的要求具有双倍的复杂性。首先,多国参与者在利益、文化和语言上的不同,使得沟通变得更加复杂。甚至美国的不同军种之间在文化与术语方面也存在差异。其次,"下属"一词可能与单纯的陆军组织中的"下属"含义并不相同。战略层面的领导者和他们的部队可能处于国际作战指挥部的领导之下,但同时还要保持对自己国家指挥官的忠诚与服从。在"持久自由行动"和"自由伊拉克行动"中,联合国与北约的下属指挥部,如联合国特别行动执行部队,以及在北约各成员国之间或多国部队之间的合作安排,都是这种复杂安排的实例。

在多元文化背景下的作战与成功

12-90 要想在国际环境下取得成功,创建出第三种文化经常会起到关键性的作用。这是一种混合型的文化,它可以在多国行动参与者之间建立起联系的桥梁。战略层面的领导者需要花时间了解他们伙伴的文化,包括政治、社会、经济等方面。若要在传统的指挥链之外完成任务,具有文化敏感性和地缘政治意识非常关键。

12-91 当陆军的直接需要与其他部门的目标相冲突时,战略层面的领导者应该致力于调和这些分歧。长期的不和会破坏陆军服务于国家的能力。相应地,战略层面的领导者所制订的陆军行动方案必须能够反映国家的政策目标,并且还要考虑到其他组织与部门的利益。

运用技术

12-92 美国的技术赋予战略层面的领导者在军力远程投送、指挥与控制以及生成压倒性的战斗力方面以极大的优势。技术的运用加快了作战的节奏,提高了机动的速度,强化了火力的精确度,并且加快了处理关键信息的步伐。管理良好的信息技术不仅增强了人们之间的交流,还提高了对局势的理解能力。在2003年的"自由伊拉克行动"中,美国军队迅速地击败了伊拉克的常规部队,这清晰地展示了技术的协同作用。

12-93 运用新兴技术包括展望所需的可以通过特定技术开发出来的未来能力,另一方面是重新思考组织的形态与构成,以便充分利用以前无法获得的新方法。

始终如一、合乎道义地完成任务

12-94 为了能够将战略性愿景、概念与计划付诸实施,战略层面的领导者必须利用可靠的反馈系统,来监控行动的进展情况,坚守正确的价值观与伦理原则。他们必须设法来对环境中众多的因素进行评估,以确定政策、行动或转型的愿景是否取得了成功。与其他层面的领导者一样,他们也必须进行自我评估。例如,他们的领导力风格、优点与缺点,以及他们在专业领域的表现。另一类评估努力涉及对美国人民意愿与观点的了解,在部分程度上,这些意愿与观点是通过法律、政策、美国领导者以及媒体表达出来的。

12-95 为了获得全面的认识,战略层面的领导者需要对自己的组织进行大范围的评估。他们开发绩效指标,以显示他们与各层次指挥官的沟通程度,检验现有的系统与程序在平衡条令、组织、训练、物资、领导力和教育、人员与设施等必要性方面运作是否良好。在每个行动的初期评估就会被启动,并一直持续到行动圆满结束。他们可能会对各种领域进行监控,例如,资源的运用、下属的培养、行动的效率、压力与疲劳的影响、军队的士气、伦理的考虑、任务完成的情况,等等。

12-96 战略层面的领导者在日常工作中需要处理的政策往往具有多样、复杂、模糊、变动性、不确定、相互冲突等特点。他们负有形成合理的立场,并向国家最高领导者提供自己的看法与建议的责任。为了陆军与国家的利益,战略层面的领导者需要努力进行如下判断:对当前重要的是什么,什么对未来来说是重要的又是什么。

12-97 "沙漠风暴"行动期间,戈登·沙利文将军在任命美国第5军指挥官小弗雷德里克·弗兰克斯(Frederick Franks, Jr.)将军为美国陆军训练与条令司令部司令时指出,陆军应该汲取今天的经验教训,并将之运用于关于未来的远见之中。在给弗兰克斯将军的建议中,沙利文将军详细地指出①:

> 我们生活在一个所谓的"新世界秩序"即戈德华特-尼克尔斯时代(Goldwater-Nichols era)。你将告诉我们,并进而教会我们如何看待这个时代的战争。我们关于未来的条令、组织、装备和训练的思考,必然是经过历练的专业人士之间热烈而充满智慧的讨论的结果。

12-98 沙利文将军所说的专业人士,指的就是那些在我们陆军各个层面上工作的称职的领导者。

---

① Gordon R. Sullivan, General CSA, SUBJECT: "Reshaping Army Doctrine," memorandum for Lieutenant General Frederick M. Franks, Jr., 29 July 1991 quoted in Gregory Fontenot. E. J. Degen, and David Tohn, *On Point: The United States Army in Iraqi Freedom* (Fort Leavenworth, KS: Combat Studies Institute Press, 2003),6.

附录 A 核心领导能力与领导者特质

A-1 核心领导能力直接来自陆军关于领导力的定义。

> 领导力是指在采取行动以履行使命、改善组织时,通过提供目标、指示与动机来发挥对他人的影响力的过程。

A-2 领导力定义包括三个基本目标:领导他人,发展组织和培养个体成员,履行使命。陆军的战略目标是通过有效的领导力使陆军一直发挥重要的作用并保持良好的战备状态。而领导力定义中所包含的三个目标正是陆军战略目标的延伸。本书表 2-2 的陆军领导力需求模型对陆军领导者实现这些目标所应该具备的特质和核心领导能力进行了概括。

核心领导能力

A-3 核心领导能力强调领导者的职责、作用与作为。下面的讨论与数字就其构成要素的种类和行动给予了详细的介绍,以阐释每一种能力所涉及的行动。以行动为基础的能力并不包括品格特质(如激情、合作与适应性),这将会做专门的阐述。

实施领导

A-4 实施领导的全部内涵就在于影响他人。领导者与指挥官设定目标并确立愿景规划,然后,必须动员或影响他人努力为这一目标而奋斗。领导者可以通过两种方式中的任何一种来影响他人。要么通过领导者与下属的直接交流,要么通过领导者在每天的日常行动中的以身作则。有效交流的关键在于达成共识。以身作则是一种强有力的影响他人的方式,并且是领导力首先以陆军价值观和战斗精神为基础的原因所在。作为一种职责典范,领导者需要展示其品格、自信与能力,以激励他人获取成功。在常规指挥链之外的影响力是一种考察领导力职责的新方式。领导者很多时候是在联合、跨部门、政府间和多国的环境中工作,需要通过外交、谈判、解决冲突、建立共识等方式来实施领导。为了更好地发挥在这些场合中的作用,领导者需要在传统指挥链内外建立信任关系,并且需要了解他们影响力的范畴、手段以及局限性。(表 A-1 到表 A-4 列出了前四种能力与相关的构成要素和行为。)

表 A-1 领导他人的能力与相关构成要素和行为

领导他人	
领导者动员、激励与影响他人,以发挥主动性,致力于一个共同的目的,完成重要的任务,实现组织的目标。影响力主要在于鞭策他人超越个人的利益并为共同的福祉而奋斗。	
确立与传达清晰的意图和目标	• 确定目的或目标。 • 确定必要的行动方案,以达到实现目标与完成任务的要求。 • 以适合组织的语言来复述上级指挥部的任务。 • 向下属传达指令、命令与指示。 • 确保下属理解与接受指示。 • 授权下属。 • 强调情势中最重要的方面。
运用适当的影响力技巧来激励他人	• 运用从获得服从到取得承诺的广泛技巧(施加压力、合法的要求、交换、个人的号召力、合作、理性的说服、通告、激励、参与、关系建设)。
传达工作的重要性	• 激励、鼓舞与指导他人完成任务。 • 在适当的时机,阐明一些任务是如何为使命提供支持的,而这些使命又是如何为组织的目标提供支持的。 • 强调组织目标的重要性。
保持与强化高水平的职业标准	• 强化标准的重要性与作用。 • 改进个人与集体的工作以达到标准。 • 承认且为不良表现承担责任,并进行适当的处理。

(续表)

在使命与下属福祉的需求之间进行权衡	• 就使命的履行对下属精神、身体和情感上的影响进行评估与日常的监控。 • 对下属的士气、身体状况和安全性进行监控。 • 当任务遭受挫折或人员遇到极大风险时提供适当的救助。
创建与传播未来愿景	• 阐释有关未来环境、任务和使命的信息。 • 预测可能出现的情况与结果,并制定战略做好应对准备。 • 将更好地理解未来环境、挑战和目标的必要性告诉他人。

表 A-2　在指挥链之外扩展影响力的能力与相关构成要素和行为

在指挥链之外扩展影响力 领导者需要在其直接权威与指挥链之外发挥其影响力。这种影响力可以扩展到联合军种、跨部门、政府间、多国部门以及其他团体。在这类情况下,领导者需要运用非直接的影响力手段,如外交、谈判、调解、仲裁、合作、解决冲突、建立共识、协调等。	
了解影响力的范围、手段与局限性	就形势、使命和任务进行评估,以确定参与决策和支持决策的各方,以及可能出现的对决策的干涉与抵制。
建立信任	• 坚定、公正并尊重他人,以赢得信任。 • 确认共同之处。 • 引导其他成员共同参与行动与目标。 • 履行与他人期望相关的行动。 • 及时通报行动与结果。
进行谈判以达成谅解、建立共识和解决冲突	• 利用信任来达成协议与确立行动方案。 • 澄清情势。 • 确认个人与团体的立场和需求。 • 确认角色与资源。 • 促成冲突立场的谅解。 • 提出与促成提出可能的解决方案。 • 在与他人一同工作时获得帮助或支持。
建立与维持联盟	• 与在谋求发展、目标实现和提出建议方面拥有共同利益的人建立联系并进行互动。 • 维护友谊、业务联系、利益团体和支持性网络。 • 影响他人对组织的看法。 • 了解伙伴关系、协会与其他合作性联盟所具有的价值,并且从中获得知识。

表 A-3　以身作则实施领导的能力与相关构成要素和行为

以身作则实施领导	
领导者经常发挥典范的作用,被他人视作榜样。因此,他们必须坚持标准,并通过自己的行动来担当表率。所有的陆军领导者都应该坚守陆军价值观。领导者所树立起的典范展示了他们的恪尽职责与行动,使人们感知与了解到什么样的行为是被期望的,并强化了言语指导的作用。	
始终通过行动、态度和沟通来展示模范遵守陆军价值观的品格	• 通过高标准的职责表现、个人仪表、军事与职业人员的风度、良好的体能、身体与道德素养,为下属树立学习的榜样。 • 培养道德风气。 • 展示良好的道德判断与行为。 • 根据指挥官意图,按照标准及时完成个人与部队的工作任务。 • 遵守时间并按时完成工作。 • 表现出决心、毅力和耐心。
展现战斗精神	• 排除或克服各种阻力困难与艰苦去完成使命。 • 表现出求胜的意志。 • 展示身体与情感的勇气。 • 交流如何展现战斗精神出来。
表现出对国家、陆军、部队、军人、社区与多国伙伴的承诺	• 表现出对于完成任务的热情,如果必要的话,说明完成任务的方法。 • 乐于帮助同事与下属。 • 与下属同甘共苦。 • 主动参与团队工作与任务。
在逆境下充满自信地实施领导	• 在适当的时间与适当的地方展现领导者风度。 • 展示自控能力、沉着镇定与积极的态度,尤其是身处逆境之时。 • 有适应能力。 • 在发现错误时依然保持决断力。 • 在没有指导的情况下采取行动。 • 面对挫折不气馁。 • 局势混乱或发生变化时保持乐观。 • 下属表现出脆弱时给予鼓励。
体现出技战术知识与技能	• 达到使命要求,珍惜资源。运用技战术技能,以现有资源完成任务。 • 展示与装备、程序和方法匹配的知识。

(续表)

了解概念性技能的重要性并给他人示范	• 在开放的系统中展示自如的工作状态。 • 在缺少事实支持的情况下做出符合逻辑的假设。 • 识别关键问题,在制定决策和利用机会时以此为指导。 • 认可并促成创新性解决方案。 • 联系与对比不同来源的信息,以识别可能的因果关系。 • 运用良好的判断力与逻辑推理能力。
寻求与接纳多样性的思想与观点	• 鼓励参谋机构和决策者之间相互尊重、坦诚沟通。 • 探讨完成任务的其他思路与方法。 • 强化新理念;表现出从其他视角思考解决难题的意愿。 • 发挥有见识之人与相关领域专家的作用。 • 识别出并且不鼓励个人从串通中获得利益。

表 A-4 沟通交流能力与相关构成要素和行为

沟通交流 领导者通过清晰地表达观点与积极地倾听他人来进行有效的沟通交流。通过了解沟通的性质和重要性,练习有效的沟通技巧,领导者将会与他人建立更好的联系,并能够将目标转化为行动。对所有其他领导力的能力来说,沟通都是十分重要的。	
积极倾听	• 认真倾听与观察。 • 适当地做记录。 • 体会他人讲话的内容、情绪与迫切需求。 • 用语言或非语言的方式让讲述者感受到你在倾听。 • 在发表观点之前先仔细考虑一下新的信息。
确定信息共享战略	• 与他人和下属共享必需的信息。 • 保护机密。 • 与上下级、同事以及相关组织就计划进行协调。 • 保持上下级指挥部以及上级和下属之间的信息畅通。
运用有吸引力的沟通技巧	• 阐明目标以鼓励他人接受并据此行动。 • 发言时富有激情并且保持听众的兴趣与投入。 • 在讲话时运用适当的眼神交流。 • 运用合适的手势,但要避免分散听众注意力。 • 必要时运用直观教具。 • 判断、识别并消除误会。

(续表)

传达思想与理念以确保达成共识	• 向个人和团体清晰地表达思想与理念。 • 运用正确的语法与符合条令的正确措词。 • 识别出可能的误解。 • 运用适当的手段传递某一信息。 • 在组织上下、内外进行清晰简明的交流。 • 当目标、任务、计划、表现预期以及职责方面出现问题时,予以澄清。
提出可取的建议以使他人明了其中的利益	• 在对话中使用逻辑和相关的事实。 • 避免谈话偏离正题。 • 表达理念时深思熟虑、精心组织。
在沟通中保持对文化因素的敏感性	• 保持对沟通习俗、表达方式、行动或行为的清醒意识。 • 对他人表现出尊重。

发展

A-5 领导力的第二个方面是发展组织,它涉及三种能力:创建能够促进组织繁荣发展的积极环境;做好自我准备;培养其他领导者。领导者采取行动来营造团结合作的风气,鼓励发挥主动性与增强个人的责任意识,设定与保持现实可行的目标,并且关心下属——这是领导者最重要的资源。自我准备包括以下几个方面:为完成使命做好准备;扩展与保持在动态议题方面的知识,如文化与地缘政治事务;具备自我意识。培养他人是指挥官的直接责任。领导者通过专家咨询、教练指导与导师辅导的方式——每一种方式所涉及的步骤不同——来培养他人。通过直接互动、资源管理和为未来做好能力准备等行动,领导者进行团队与组织的建设。(表 A-5 到表 A-7 列出了三种发展能力和相关构成要素与行为。)

表 A-5 营造积极环境的能力与相关构成要素和行为

营造积极的环境 领导者有责任创造和保持积极的期望与态度,这会为确立健康的关系和高效的工作表现提供有利的环境。在完成使命的同时,领导者还肩负着促进组织发展的责任。他们离任时组织应该比他们刚任职时发展得更为出色。

(续表)

增强团队工作与凝聚力,促进协作与忠诚意识	• 鼓励大家进行有效的合作。 • 促进团队工作和团队成就以建立相互的信任。 • 重视不良合作所造成的后果。 • 对成功的团队合作给予认可和奖励。 • 迅速将新成员整合进团队中。
鼓励下属发挥主动性,勇于承担责任,拥有主人翁意识	• 让他人参与决策,并使他们了解与之相关的结果。 • 就工作责任进行分配。 • 指导下级领导者就问题进行独立、深入的思考。 • 在合适的范围内将决策工作分配至最低的层级。 • 采取行动以扩展和强化下属的能力与自信。 • 对首创精神给予奖励。
营造学习的环境	• 运用有效的评估与训练方法。 • 鼓励领导者及其下属充分发挥其潜在的能力。 • 激励他人进行自我发展。 • 指明与他人互动交流以及寻求辅导的做法的重要性。 • 激发他人的创新精神与批判性思考。 • 发现解决问题的新方式。
鼓励公开坦诚的交流	• 向他人指明应该如何完成任务,同时还要保持对他人的尊重、坚定的决心与专注的精神。 • 表现出积极的态度,以激励他人与鼓舞士气。 • 对相反意见和少数观点的表达给予支持。 • 对新的或相互冲突的信息与观点给予适当的反应。 • 对团体思维保持警惕。
鼓励公平与包容	• 提供精确的评价与评估。 • 倡导机会均等。 • 防止所有形式的骚扰。 • 鼓励了解并运用多样性。
表达与展示对人们及其福祉的关心	• 鼓励下属和同事开诚布公地表达自己的观点。 • 确保下属及其家庭得到生活上的保障,包括他们的健康、福利与发展方面。 • 捍卫下属的利益。 • 对士气进行日常监控,鼓励真实的信息反馈。
预见人们的在职需求	• 认识与观察下属的需求与反应。 • 关心任务和使命对下属士气的影响。
设立与维持对个人和团队的高标准要求	• 清晰地表明自己的期望。 • 营造鼓励良好表现、表彰优秀表现、拒绝不良表现的氛围。 • 激励他人向领导者的典范看齐。

(续表)

接受合理的挫折与失败	• 阐明保持专业水准与零差错心态之间的区别。 • 说明既称职又积极的重要性,但是也接受会出现失败。 • 强调从错误中学习。

表 A-6　自我准备的能力与相关构成要素和行为

自我准备	
领导者需要确保他们已做好了承担领导职责的准备。他们能够认识到自己的优点与弱点,并努力寻求自我发展。领导者需要保持强健的体魄与良好的精神状态。他们不断增强其领导职责和职业所需要的专业领域的知识。一个人只有时刻做好应对使命和其他挑战的准备,拥有清醒的自我意识,了解形势,并执着于终身学习与发展,才能担当起领导的责任。	
保持身心健康	• 识别出自身行为中的失调与不当。 • 决策时排除情感因素。 • 决策时或与情绪激动的人互动时,运用逻辑与理性。 • 识别出压力的来源,并保持适度的挑战以激励自我。 • 定期锻炼和休闲,暂时远离日常工作。 • 全神贯注于最重要和有价值的事情。
保持自我意识:运用自我认知,并了解对他人的影响	• 评估自身的优缺点。 • 从错误中学习并加以改正,从经验中学习。 • 思考与行为相关的表现和结果的反馈信息,以及他人在实现类似目标时的行为。 • 寻求信息反馈,以了解他人对自己行为的看法。 • 定期制定个人目标并朝着这一方向努力。 • 在可能的领域培养自身能力,但接受个人有局限性的现实。 • 寻求能够适当发挥自己能力的机会。 • 在各种情况下懂得进行自我鼓励。
评估与吸收他人的反馈信息	• 确定需要发展的领域。 • 借助他人的反馈信息进行自我判断。
拓展技能和技战术领域的知识	• 保持对组织内外发展态势和政策变化的了解。 • 努力了解系统、装备、能力、形势尤其是信息技术系统方面的知识。
加强概念性和人际关系方面的能力	• 了解集中注意力、批判性思维(吸收信息,识别相关线索,提出问题)、丰富的想象力(发散性的)与问题解决能力等在不同工作环境下所发挥的作用。 • 学习用新方法解决问题。 • 运用所得到的教训。 • 有效地过滤不必要的信息。 • 为自我发展、自我反思与个人成长预留时间。 • 思考冲突性的信息背后的可能性动机。

(续表)

分析与组织信息以创新知识	• 反思以往所学并将之组织起来,以备用于未来。 • 思考信息的来源、质量或相关度以及紧急程度,以提高理解能力。 • 确认可靠的数据来源和其他与获取知识相关的资源。 • 建立系统或程序来储备知识以备再次运用。
保持相应的文化意识	• 了解影响他人的语言、价值观、习俗、观念、信仰以及思维模式。 • 在文化因素关系到任务成败的情况下,了解以往经历的结果并从中学习。
保持相应的地缘政治意识	• 了解美国之外处于动荡之中的有关社会的情况。 • 识别出陆军对其他国家、多国合作者和敌人的影响。 • 了解那些影响冲突、维和、强制实现和平、调停等使命的因素。

表 A-7 培养他人的能力与相关构成要素和行为

培养他人	
领导者鼓励和支持他人的成长,无论是作为个体,还是作为团队。通过协助他人发展,领导者促进了组织目标的实现。领导者使他人做好了在组织内部承担任何新职位的准备,使组织更多才多艺、更富有成效。	
评估他人当前的发展需求	• 观察与监控不同任务背景下的下属,以确定其强项与弱项。 • 注意他人在工作熟练程度上的变化。 • 以公平、一致的方式评价下属。
促进工作发展,应对工作挑战和丰富工作内容	• 就任务与下属的动机进行评估,考虑改进工作分配方法,思考何时增加工作内容,以及交叉训练手段和完成使命的方法等。 • 针对下属弱项设计任务,以提供锻炼机会。 • 设计方法给下属以挑战并促进他们的实践能力。 • 鼓励下属改进工作流程。
专家咨询、教练指导与专家辅导	• 提高下属的理解力与工作的熟练程度。 • 运用经验与知识来促进未来的绩效。 • 对下属、下级领导者和其他人提供咨询、指导和辅导。
促进持续性发展	• 保持对现有个人和组织发展计划的了解,并排除发展障碍。 • 对自我发展的机会提供支持。 • 安排必需的训练机会,这有助于下属提高自我意识、自信心与能力。
支持以院校为基础的发展	• 鼓励下属争取院校学习的机会。 • 向下属提供有关院校培训和职业发展的信息。 • 保护能够促进发展的相关资源。

（续表）

建设团队或团体技巧与步骤	• 提出富有挑战性的任务,促进团队或团体互动。 • 提供资源与支持。 • 保持与促进团队或团体成员之间的关系。 • 提供现实的、以使命为导向的培训。 • 针对团队进展提供信息反馈。

实现目标

A-6 完成使命是领导力的第三个目标。领导者的存在最终是为了努力完成陆军赋予他们的使命。达成结果,完成使命,以及实现目的和目标,所有这一切都是在说明领导者的存在就是要根据组织的决定完成重要的事情。领导者通过他们在行动方向和优先次序方面的影响力来达成结果。他们需要制订与执行计划,并且必须始终如一地按照高水平的道德标准来实现目标。(表 A-8 中列出了第八项核心领导能力与相关构成要素和行为。)

表 A-8 达成结果的能力与相关构成要素和行为

达成结果	
领导者的最终目标是履行组织所承担的使命。通过提供指导、管理资源、发挥其他领导者的能力等方式,领导者可以达成结果。这种能力的核心在于通过对工作的监察、管理、监督和控制,始终如一地以合乎道德的方式完成任务。	
为团队或其他组织结构/团体确立优先次序,并进行组织与协调	• 使用计划以确保每一行动方案都达到期望的结果。 • 组织团体和团队完成工作。 • 制订计划以确保所有任务都按时完成,并确保相互关联的任务务按正确的顺序完成。 • 避免规定和管理过于细致与微观。
确认个人和团体的能力并为之负责,坚守履行任务的承诺	• 分配任务时应该考虑职位、能力和发展的需求。 • 开始新任务或担任新职位时进行初期评估。
任命人员,澄清职责,化解冲突	• 建立与利用程序来监控、协调和规范下属行为与行动。 • 调解同事之间的冲突与不和。

(续表)

确认、争取、分配和管理资源	• 为任务的完成分配足够的时间。 • 了解人员与装备。 • 分配用于进行准备和从事演练的时间。 • 在行动效率、资源保护和财务责任方面不断地寻求改进。 • 吸引人才、认可人才与保留人才。
排除工作障碍	• 保护组织免于不必要的任务与干扰。 • 认识与解决安排上的冲突。 • 克服其他障碍，以全身心地投入到完成使命的行动中。
认可与奖励良好绩效	• 对个人和团队的成就表示认可，并给予适当奖励。 • 褒扬绩效良好的下属。 • 在成功的基础上继续努力。 • 探讨新的奖励体系并理解个人奖励的动机。
寻求机会，确认机会，并利用机会，以改进绩效	• 提出单刀直入的问题。 • 预见行动的必要性。 • 分析行动，以确定如何实现或影响所期望的结果。 • 采取行动，以改进组织的集体绩效。 • 设想改进工作的方式。 • 提出完成任务的最好方法。 • 利用信息和通信技术来促进个人与团体的效率。 • 鼓励参谋人员发挥创造性以解决问题。
将信息反馈纳入工作进程	• 给予并寻求准确、及时的反馈意见。 • 在适当的时候运用反馈意见来修正职责、任务、程序、要求和目标。 • 运用评估技巧和评价工具（如事后评估系统）来确认所获得的教训，并促进不断的改进。 • 确定适当的反馈环境与时间。
执行计划以完成使命	• 做好行动安排，以实现在重要工作领域的所有承诺。 • 当需要支持时，提前通知同事与下属。 • 了解任务分配的情况与暂时搁置的事务。 • 在必要的情况下调整任务。 • 注意细节。
识别那些影响使命、任务和组织的外部因素，并进行调整	• 收集与分析有关形势变化的相关信息。 • 确定问题的因果关系，以及导致问题的发生因素。 • 考虑偶发事件及其影响。 • 进行必要的现场调整。

领导者特质

A-7 领导者所拥有的特质是对其核心领导能力的补充，它使品格优良的人拥有杰出的绩效。特质指的是一个人在核心品质身体和智力方面与生俱来的特征。特质塑造了一个人在其所处环境中的行为方式。对于陆军领导者来说，特质与其身份、风度和才智是相一致的（见表 A-9 到表 A-11）。

表 A-9　与有品格的领导者相关的特质

有品格的领导者（特性）	
领导者所拥有的内在与核心要素，这些要素构成了个体的核心品质。	
陆军价值观	• 对成功的领导者来说，价值观是必须坚持的重要原则、标准与品质。 • 价值观是帮助人们在所有情况下辨别对错的基本原则。 • 陆军要求所有成员必须遵循七种价值观：忠诚、职责、尊重、无私奉献、荣誉、正直、个人勇气。
移情能力	• 从其他人的角度来体验某种事情的倾向。 • 认同和体谅他人情感与情绪的能力。 • 渴望给予关心，并关爱士兵与他人。
战斗精神	• 军人内心共享的情感，它代表了职业军人的精神。

表 A-10　与有风度的领导者相关的特质

有风度的领导者	
人们如何评价一位领导者，是基于其外在形象、风度和言谈举止的。	
军人举止	• 拥有威严的仪表。 • 体现出专业的权威形象。
体能良好	• 拥有良好的健康、体力与耐力，从而在长期的压力下也能够维持情绪健康与概念能力。
沉着自信	• 体现了一种对部队在任何时候都能成功完成任务的自信与确定。 • 通过对情绪的掌控展现出沉着与冷静。
适应力强	• 在保持对使命与组织的关注的同时，表现出能够从挫折、打击、伤害、逆境与压力之中迅速恢复的倾向。

附录A 核心领导能力与领导者特质

表 A-11　与有才智的领导者相关的特质

有才智的领导者	
指的是塑造领导者概念能力和有效性影响力的智力资源与能力。	
思维敏捷	• 思维灵活。 • 预见与适应不确定的或变化的形势的能力；在当前决策或行动未能带来所期望的结果时，能够就其二级与三级效应进行深入思考。 • 打破思想套路或习惯性思维模式的能力；在面对概念性困境时能够随机应变。 • 迅速运用多种角度和方法进行评估、概念化与评价的能力。
判断准确	• 敏锐地评估局势或环境并得出可行性结论的能力。 • 形成正确的观点、做出明智的决策并提出可靠的预测的能力。 • 在并不了解全部事实的情况下依然能做出正确决策。
创新精神	• 在情势所需或机会呈现的情况下率先引进新鲜事物的能力。 • 在提出原创而有价值的观念方面所具有的创造力。
人际策略	• 理解如何与他人互动的能力。 • 能够意识到他人对自己的看法，并了解如何与他们进行有效的交流。 • 了解他人的品格与动机，以及这些因素对自己与他们交流的影响。
专业知识	• 对相关领域的事实、看法和逻辑假设的掌握。 • 技术知识——与特定功能和系统相关的专业化信息。 • 战术知识——对于运用军事手段保证达成指定目标的军事策略的理解。 • 联合作战知识——对联合部队及其运作程序以及其在国防中作用的理解。 • 文化与地缘政治知识——对文化、地理以及政治诸方面的差异与敏感性的认识。

附录B 专家咨询

B-1 专家咨询是领导者和下属共同探讨其绩效与潜力的过程(见第3部分,第8章)。

B-2 对陆军领导者来说,专家咨询是最重要的领导力培养职责之一。陆军的未来,以及当今陆军领导者所拥有的经验财富,都寄托在那些他们正在培养的人身上,这些人需要领导者帮助他们做好承担更大职责的准备。

发展性咨询的类型

B-3 发展性咨询是根据每一环节的目标来分类的。主要存在三种类型的发展性咨询:

- 事件咨询。
- 绩效咨询。
- 职业发展咨询。

事件咨询

B-4 事件咨询涉及某一特定的事件或情势。它可能出现在某些事件之前,例如,晋升或者参加训练之前。它也可能在某个事件之后,例如,所承担职责的绩效优异、绩效不佳或任务完成得不好或者遇到私人问题。

以事件为导向的咨询包括以下事例:

- 绩效优异或绩效不佳的情况。
- 迎新与融入咨询。
- 危机处理咨询。

- 转介咨询。
- 晋升咨询。
- 退役咨询。

具体事例咨询

B-5 有时咨询与绩效优异或绩效不佳的具体事例相关。领导者运用咨询环节来向下属说明其绩效表现是否达到标准,并指出下属的哪些地方做得对,哪些地方做得不对。针对具体绩效的咨询,在事件发生后应尽早进行,才有可能获得成功。在下属绩效突出或绩效欠佳时,领导者都应该对之提供咨询。重要的是把握二者之间的平衡。为了维持适当的平衡,领导者应该记录两种绩效的咨询情况。

B-6 尽管优秀的领导者努力平衡他们的咨询重点,但领导者应该一直为那些没有达标的下属提供咨询。如果军职或文职人员的表现因缺少知识或者能力而不令人满意的话,领导者与下属应该制订出一个改进计划。矫正性训练能够帮助下属认识到所需达到的标准,并且能够使他们的行动一直符合标准的要求。

B-7 当对下属就某一具体表现提供咨询时,应采取以下行动步骤:

- 阐明咨询的目的——说明下属应该达到的标准及其失败的原因。
- 指出不可接受的具体行为或做法——不要攻击当事人的品格。
- 说明某种行为、做法或绩效对组织其他成员造成的影响。
- 积极地倾听下属的回应。
- 保持中立的态度。
- 教导下属如何达标。
- 准备提供某些私人性的咨询,因为一种不符合标准的行为和做法可能与一些私人问题相关,或者是由于某个私人问题没有解决而造成的。
- 对下属说明个人发展计划将会如何提升绩效,以及如何能在计划执行中明确具体责任。持续评估,并对下属的进步保持关注。在必要的情况下对计划进行调整。

接新与融入咨询

B-8 在新团队成员加入组织时,关心他人、体谅他人的领导者应该为新成员提供咨询。迎新与融入咨询有两个重要目的:

- 它确认并帮助新成员解决一些问题,减缓他们可能产生的焦虑,包括任何因新的职责分配所带来的问题。
- 它帮助新成员熟悉组织的标准,了解如何融入团队。它阐明职责与任务,并传达指挥链对他们的关切信息。

B-9 迎新与融入咨询还包括以下方面的讨论:

- 熟悉指挥链。
- 组织标准。
- 保障与安全问题。
- 军士支持渠道(该找谁,以及如何利用)。
- 值班与交班安排。
- 人事/私人事务/初次着装和专用工作服问题。
- 组织的历史、结构和使命。
- 组织内部的军人培养计划,如"月度/季度/年度军人培养计划",以及教育和训练机会。
- 军事禁区(off limits)与危险区域。
- 援助行动的功能与场所。
- 在职与脱产接触娱乐、教育、文化和历史的机会。
- 有关外国或东道主国家情况的介绍。
- 领导者认为应该了解的其他方面。

危机咨询

B-10 军人或雇员可能会因为一些负面信息而受到心理打击,譬如亲人去世等,在这种情况下,领导者需要对之进行危机咨询,帮助他度过这段时期。危机咨询针对的是下属直接、短期的需要。领导者可以通过倾听与提供适当支持的方式来帮助下属,也可以把下属引见给援助机构,或对外部机构的支持进行协调,例如,为其购买机票提供紧急资助,或者帮他们联系随军牧师。

转介咨询

B-11 转介咨询帮助下属应对一些私人问题。它也许发生在危机咨询之后,也许并不如此。转介咨询旨在防止私人问题变得不可控制,如果有同情心的陆军领导者能够及时地发现问题,并利用适当的资源如陆军社会福利处、随军牧师,或者有关酒精和毒品问题的咨询师等,来帮助下属解决问题的话。(表 B-4 列出了一些支援性行动。)

晋升咨询

B-12 针对所有那些具备晋升资格且没有放弃,但却未被推荐担任更高一级职务的专家与军士,陆军领导者必须对他们实施晋升咨询。在这类军人完全符合晋升条件时,陆军条令(Army regulations)要求对他们进行初始性(以事件为导向)咨询,然后进行周期性(绩效/个人成长)的咨询。

不良退役咨询

B-13 不良退役咨询可能涉及通知士兵:如果持续出现不良绩效,指挥官可以采取某些行政措施,并且指出与这些措施相关的后果(参见 AR635-200)。

B-14 当一个人表现出一系列不当行为时,发展性咨询可能就不再适用了。在这些情况下,领导者应该将此事告知指挥官和当值军法参谋。当矫正行为的努力宣告失败时,则需要提供与考虑退役有关的咨询。对行政性除役来说,这是行政上的先决条件,同时,向该名军人发出最后警告:要么改进绩效,要么面临除役。在许多情况下,一旦决定可能需要进行不良退役咨询,由指挥链来介入此事是可取的做法。一支部队的二级军士长或指挥官应该通知该名军人有关陆军条令第 635-200 号文件(AR635-200)中列出的告知要求。

绩效咨询

B-15 在绩效咨询期间,领导者对下属在某一时期的岗位绩效进行评估。

同时，领导者与下属共同确立下一阶段的绩效目标和标准。不要过多地纠缠过去，而是应该着眼于未来：下属的优势、进步的领域以及潜力。

B-16 有关军官、军士和陆军文职人员的鉴定报告制度要求对他们提供绩效咨询。军官鉴定报告（Officer Evaluation Report，简称 OER）（陆军部第 67-9 号表格）程序将定期的绩效咨询作为军官鉴定报告支持性表单要求中的一部分。根据军士鉴定报告制度，要求在评估者和被评估的军士之间进行强制性、面对面的绩效咨询。（参见陆军条令第 623-3 号文件。）文职雇员的绩效评估也包含上述两种鉴定的要求。

B-17 初期咨询和鉴定期间的咨询要确保下属本人参与评估的过程。绩效咨询给下属传达相关的标准，对于领导者来说，这是一个确立和阐明所期望的价值观、特质和能力的机会。军官鉴定报告支持性表单涵盖领导者特质和能力的内容，是有关领导者绩效咨询的出色工具。对于尉官和初级准尉来说，军官鉴定报告支持性表单（陆军部第 67-9-1 号表格）中的主要绩效目标被用作确定发展性任务的基础。在发展性支持表单（陆军部第 67-9-1A 号表格）中有关于这种发展性任务的规定。在陆军条令第 623-3 号文件中规定，初级军官需要进行季度性、面对面的绩效和发展性咨询。陆军领导者应该确保绩效目标和标准以组织目标与个人职业发展为核心，并且与它们联系在一起。他们也应该响应领导者支持表单中的目标，因为团队成员的绩效有助于完成使命。

职业发展咨询

B-18 职业发展咨询包括为实现个人和职业目标制订计划。在咨询期间，领导者和下属进行评估，以确认和讨论下属的优点与缺点，并制订个人发展计划，以将优点发扬光大，并抵消（或消除）弱点。

B-19 作为职业发展咨询的组成部分，领导者和下属可能选择通过设立短期和长期目的和目标的方式，以建设一条"通向成功之路"。关于这一道路的讨论包括如下几方面：获得在国民教育体系或军事教育体系学习的机会，未来的职责分配，特殊项目，继续服兵役的选择等。所有的军职和陆军文职人员都需要拥有个人发展计划,因为每个人的需求和兴趣是不一样的。

B-20 在尉官们被考虑提升为少校之前,他们需要进行专业类别的咨询。评估者和上级评估者与被评估军官一起进行讨论,他们需要确定该军官的哪些技能与天赋最适合于陆军的需求。这一过程必须考虑到被评估军官的偏好与能力(包括工作表现与才智能力)。在为被评估者的军官鉴定报告填写建议之前,评估者和上级评估者应该与该军官讨论制定职业类别的问题。

B-21 在这些分类有利于组织和关注咨询环节的同时,它们不应该被看作相互分离或详尽无遗的。例如,一个关注解决某一问题的咨询环节,可能也会处理改进职业绩效问题。一个关注绩效的咨询环节经常包含有关职业发展机会的讨论。无论咨询环节的主题是什么,在咨询的准备和实施阶段,领导者都应该遵循一个基本的模式。在附录B最后讨论的发展性咨询表格,即陆军部第4856号表格,为人们提供了一个有用的框架,以为几乎任何类型的咨询做好准备。在咨询期间,运用这一表格可以帮助人们在头脑中组织和梳理所有的相关问题。

作为咨询师的领导者

B-22 发展性咨询必须由各方共同努力实施,才能取得成效。领导者协助他们的下属确认其优缺点,并制订行动计划。一旦达成一个个体发展计划,在计划实施和持续性评估的整个过程中,领导者都会为他们的军职和文职人员提供支持。为了获得成功,下属必须对他们所承诺的改进坦率直言,并且在自我评估和目标设定方面做到公正诚实。

B-23 陆军领导者根据文职人员政策规定的程序来对他们进行评估。陆军部第4856号表格可以适用于陆军文职人员在职业发展和专业目标方面的咨询。但在处理文职人员有关其不端行为或不良绩效的咨询方面,这一表格并不能满足需要。文职人员人事处(Civilian Personnel Office)可以为这类情况提供指导。

B-24 关爱他人、有同情心的领导者向下属提供咨询,使他们能够成为更好的团队成员,保持或提升绩效,并且为未来做好准备。尽管解决咨询中可能遇到的所有问题并不容易,但作为咨询师,领导者的自我意识,以及围绕主要特征而展开的适应性咨询风格,将会增强其个人的影响力。这些主要特征包括:

- **目标**。确定清晰的咨询目标。
- **灵活**。根据每个下属的性格和所期望的关系来调整咨询风格。
- **尊重**。将下属视为唯一而复杂的个体,每个人都有独特的价值观、信仰和态度。
- **交流**。运用口头语言、非语言行为、手势和身体语言,与下属建立开放、双向的交流。高效的咨询师听比说多。
- **支持**。在引导下属解决问题的同时,采取措施鼓励他们。

咨询师的素质

B-25　陆军领导者必须体现出高效咨询师所具备的某些素质。这些素质包括对下属的尊重、自我意识与文化意识、同情心和可信。

B-26　对咨询而言,一个具有挑战性的方面是针对具体的情况选择恰当的方式。为了进行有效的咨询,所运用的技巧必须和具体情况、领导者的能力以及下属的期望相适应。有些时候领导者可以只需要提供信息或倾听,而在其他情况下,一个下属的进步可能只需要一句简短的表扬。在困难的情况下,可能需要更为系统性的咨询,并伴随以某些措施,例如,将受咨询者推荐给外部的专家与部门。

B-27　有自我意识的陆军领导者始终如一地培养和提高自己的咨询能力。为达到这一目的,他们研究人类行为,了解影响下属的某类问题,以及发展人际关系技巧。那些可以促进咨询效果的技巧不仅因人而异,也因咨询环节而异。然而几乎在所有情况下,领导者都需要采用一些通用技巧,如积极倾听、做出回应、提出问题等。

积极倾听

B-28 积极倾听有助于以语言或非语言的方式传达领导者对下属信息的接收。为了充分地捕捉信息,领导者应倾听下属的讲述,观察他们的态度。积极倾听的关键要素如下:

- **眼神接触**。不要凝视对方,但要保持眼神接触,这有助于表现出真诚的兴趣。偶尔的眼神接触中断是正常的、可以接受的,而过多地中断眼神联系、堆叠文件、察看时间,可能被看作缺乏兴趣或漠不关心。
- **身体姿势**。采取放松、舒适的姿势将会使下属感觉更为自在。然而,太过放松的姿势或懒散的样子可能会被解读为对所讲之事缺少兴趣。
- **点头示意**。偶尔地点头表明正在注意倾听,并鼓励下属继续进行。
- **语言表达**。不要谈得过多,也避免中途打断。让下属进行讲述的同时,一直围绕咨询的主题进行讨论。

B-29 积极倾听意味着十分关心地倾听,并且审慎地捕捉下属语言中的细微之处。对于常规性主题保持注意。下属在开始和结束时所讲的内容,以及一再提及的问题,可能是他的重点所在。不连贯和跳跃式的讲述可能表明是在回避真正的问题。对于某些不连贯的内容,咨询师可能需要提出额外的问题。

B-30 注意下属的手势来掌握完整的信息。通过观察下属的行动,领导者可以识别出言辞背后隐藏的情感。下属所有的行为并非都是其情感的表现,但应该对之给予关注。下属态度的非语言表现包括:

- **厌倦**。敲打桌子、信手涂鸦、弄响圆珠笔、将头靠在手掌上。
- **自信**。站得高高的、向后倚靠将手放在脑后、一直保持眼神接触。
- **防御**。坐满椅子、怒视领导者、做出尖锐的评论、将手交叉或叠放在胸前。
- **沮丧**。揉眼睛、拉扯耳朵、急促地呼吸、紧握双手、频繁改变姿势。
- **感兴趣、友好与率真**。坐着时身体向领导者方向倾斜。
- **焦虑**。坐在椅子边缘、双臂未交叉、手掌张开。

B-31 领导者应该认真考虑所有信号。尽管每种信号都会流露出关于下属的某些信息，但不要过于匆忙地下结论。在对某种行为不能确定之时，应该寻求支持性的信号，或者与下属进行核对，以理解该行为，确定其背后的因素，并且允许下属来承担责任。

做出回应

B-32 领导者通过语言和非语言的方式来表示对下属的理解。语言上的回应包括对情况进行总结、做出阐释、澄清下属的信息等。非语言回应包括眼神接触和偶尔的手势如点头等。

提出问题

B-33 尽管集中性提问是一种重要的技巧，但咨询师应该谨慎地运用这种方式。太多的问题能够加剧领导者与下属之间存在的权力差异，并且会使下属处于消极的状态。下属也许认为过多的问题是对个人隐私的介入，并且会因此变得具有防御性。在领导力发展评估中，提出问题是为了获得信息，或使下属就某一特定的情况进行更为深入的思考。问题不能仅是获得人们有关"是"或"不是"的回应。设计良好的问题能够加深理解，鼓励进一步的说明，并且能够使下属将咨询环节视为建设性的经历。

咨询中的错误

B-34 在咨询过程中，如果说得过多，提供一些不必要或不适当的建议，没有真正地倾听，表达出个人的喜恶与偏见，都将会妨碍有效的咨询。称职的领导者应该避免如下做法：轻率地判断、说陈词滥调、情绪失控、缺乏灵活性的咨询手段，或者进行不适当的后续跟进。

B-35 为了改进领导者的咨询技能，需要遵循如下一般性指导方针：
- 帮助解决问题或改进绩效，确认下属在某种情况中的角色以及他所做的事情。
- 根据更多的因素而不是仅凭下属的声明就得出结论。

- 试图理解下属的所言所感,倾听其所说的内容,关注其表述的方式。
- 当讨论问题时,表现出与下属具有同样的感受。
- 在提出问题时,确定自己需要这方面的信息。
- 保持谈话的无拘无束,避免中途打断。
- 给予下属你所有的注意力。
- 善于接受下属的情绪,不要出现感到自己有责任避免下属受到伤害的情况。
- 鼓励下属采取主动,并大声讲话。
- 避免采取质问的方式。
- 不要让个人的经验介入咨询环节,除非你相信自己的经验真能有所帮助。
- 多听少说。
- 保持客观。
- 避免强化下属的偏见。
- 帮助下属进行自助。
- 如果必要的话,应该了解什么信息需要保密,什么信息应提交给指挥链。

接受自己的局限性

B-36 陆军领导者无法做到在任何一种情况下都能够给予人们帮助。应该承认个人的局限性,并在需要的情况下寻求外来援助。在必要时,将下属转而介绍给一个更有资格提供帮助的部门。

B-37 表 B-1 列出了能够为解决问题提供帮助的部门机构。尽管一般而言对个人最为有利的是先从他们的主要领导者那里寻求帮助,但是,对于关爱他人的领导者来说,对于下属在联系任何一个部门方面所具有的优先权利,他都会表示尊重。

表 B-1　能够为解决问题提供帮助的部门机构

机构	职能
陆军部副官长	提供人事与行政服务支持,例如命令、身份证、退休金、缓役、入伍及退役程序。
美国红十字会	在军人和家庭之间提供通信支持,并在出现紧急或令人同情的情况时,或在此之后提供援助。
陆军社会福利处	通过自己的信息和推荐性服务、财务和债务咨询、家庭日用品租赁(household item loan closet)以及有关其他军事邮政的信息,为军人家庭提供援助。
陆军药物滥用计划(Army Substance Abuse Program)	提供酒精与药物滥用预防和控制计划。
单个军人更好机会项目(Better Opportunities for Single Soldiers,简称 BOSS)	在安置部门与单个军人之间担当联络者的角色。
陆军教育中心	为继续教育和个人学习支持方面提供服务。
陆军紧急救济	提供财政支持和个人财务咨询;通过陆军紧急救济教育贷款计划来协调学生贷款问题。
职业咨询师	解释续服兵役的选择,提供关于续服兵役和选择性续服兵役奖励金的先决条件的当前信息。
随军牧师	对军职和陆军文职人员提供精神上的与人道主义的咨询。
索赔科,军法参谋(Claims Section,简称 SJA)	处理政府索赔与要求政府给予赔偿的事务,大部分往往是那些受到损失与损坏的家居用品的赔偿。
法律援助办公室	在有关合约、公民权、收养、婚姻问题、纳税、遗嘱、授权书等方面提供法律信息或援助。
社区咨询中心	为军人提供酒精与药物滥用预防和控制项目。
社区保健护士	提供预防性保健服务。
社区精神健康服务	为精神健康问题提供援助与咨询。
雇员援助计划	为陆军文职人员提供保健护士、精神健康服务以及社会工作服务。
均等机会人员办公室与均等就业机会办公室	为有关种族、肤色、国籍、性别和宗教方面的歧视事务提供援助。为以非正式方式发起投诉和解决投诉提供有关程序上的信息。

(续表)

机构	职能
家庭宣传专员（Family Advocacy Officer）	协调支持儿童和家庭的计划,包括虐待和忽视的调查、咨询和教育项目等。
财务与会计办公室	处理关于薪金、津贴和养家费(allotments)的问询。
住房转介机构	提供在岗与离岗(on and off post)的住房援助。
监察主任	向军职和陆军文职人员提供援助。矫正影响个人的不公正问题,并消除那些确定有损陆军效率、经济、士气和名誉的方面。对那些涉及欺骗、浪费和滥用问题的事务进行调查。
社工办公室	提供应对社会问题的服务,包括危机干预、家庭疗法、婚姻咨询、父母或孩子管理援助等。

适应性咨询方式

B-38 高效的领导者在对待每一个下属时,都将他看作一个独立的个体。针对不同的人员和不同的情况,需要运用不同的咨询方式。咨询方式可以分为三种,分别为非指令性咨询、指令性咨询和混合式咨询(参见第3部分第8章,其中有更详细的介绍)。这些方式在具体技巧方面有所不同,但都与关于咨询的定义相契合,并且能够促进咨询的总体目标。这些方式之间主要的差别在于咨询环节中下属参与和互动的程度。表B-2列出了每一种方式的优点与缺点。

表 B-2　咨询方式汇总图表

	优点	缺点
非指令性咨询	鼓励成长。 鼓励开放式的交流。 培养个人能力。	花费更多的时间。 要求具有最优秀的咨询技能。
指令性咨询	最快的方式。 对那些需要清晰简明的指导的人有利。 允许咨询师运用自己的经验。	没有鼓励下属参与问题的解决。 倾向于针对问题的症状,而不是问题本身。 不利于鼓励下属畅所欲言。 解决方案是咨询师的,而不是下属的。

(续表)

	优点	缺点
混合式咨询	快慢适中。 鼓励成长。 鼓励开放式的交流。 允许咨询师运用自己的经验。	可能在某些情况下花费太多时间。

咨询技巧

B-39　在应对下属咨询时,陆军领导者可以从几种技巧中进行选择。这些技巧也许会引起下属的行为改变并促进他们的表现。在非指令性咨询或混合式咨询中,领导者可以利用的技巧如下:

• **提出选择性行动**。就下属可能采取的选择性行动进行讨论。领导者和下属一起决定哪一种行动方案是最适当的。

• **给予建议**。建议下属采取某一行动方案,但将是否接纳的决定权交给下属。

• **说服**。向下属说明某一行动方案是最适合的,但将最后的决定权交给下属。成功的说服依靠的是领导者的可信度、下属的听从意愿和相互的信任。

• **劝告**。劝说下属某一方案是最佳选择。这是与命令无关的最强影响力形式。

B-40　在指令性咨询方式中运用的技巧如下:

• **矫正性训练**。教导和协助下属达到并保持所需要的标准。当下属能够持续性地达到标准时,他就完成了矫正性训练。

• **命令**。以清晰简明的语言命令下属采取某一行动方案。下属需要了解这一命令,并将面对因未能执行好这一方案所产生的后果。

四阶段咨询过程

B-41　具有效力的陆军领导者运用一种四阶段的咨询过程:

• 确认需要咨询。

- 咨询准备。
- 实施咨询。
- 后续行动。

第一阶段：确认需要咨询

B-42 通常来说,组织的政策——例如与评估相关的咨询,或者命令指导式的咨询——关注的是一个咨询的环节。然而,在需要针对下属的发展进行集中和双向交流的时候,领导者也可能会实施发展性咨询。发展下属包括以下几个方面:观察下属的绩效,将之与标准相比对,以咨询的形式向下属提出反馈建议。

第二阶段：咨询准备

B-43 成功的咨询需要在以下七个方面做好准备：

- 选择合适的地方。
- 安排时间。
- 提前通知下属。
- 组织信息。
- 列出各个咨询环节的要点。
- 规划咨询战略。
- 营造适当的氛围。

选择合适的地方

B-44 选择一个最不易被打断并且不会有视觉和听觉干扰的环境进行咨询。

安排时间

B-45 如果时间允许的话,在上班时间针对下属进行咨询。在下班后咨询可能会很匆忙,并且会令人感觉不快。选择一个不与其他行动相冲突的时间。需要考虑的是,在咨询后重大事件的发生可能会分散下属在咨询方面的注意力。将咨询时间安排妥当,对于需要处理问题的复杂性来说,也是适当的。一般来说,咨询时间应该少于一个小时。

提前通知下属

B-46 咨询是以下属为中心进行的,并且需要两个人的共同努力,对此,下属必须拥有充足的准备时间。被咨询者应该了解咨询的原因、地点与时间。与一个具体事件相关的咨询,应该在事件发生后尽可能早的时候进行。就绩效咨询或职业发展咨询来说,下属也许需要至少一周或更多的时间,来准备或检查具体的文献和资料,包括鉴定报告表格或咨询记录。

组织信息

B-47 咨询师应该检查所有的相关信息,包括咨询的目标、事实和对受咨询者的观察,确认可能的问题以及讨论的重点。咨询师应该提出一个可能的行动计划,计划应该有清晰而可行的目标,以此为基础,在咨询师与军职和文职人员之间达成最后的发展计划。

列出各个咨询环节的要点

B-48 运用已有信息,确定咨询环节的重点和具体主题。应该注意是什么体现了咨询要求、目标和咨询师的角色。识别可能的关键性评论与问题,以保持咨询环节以下属为中心展开,这样有助于指导下属顺利完成这一咨询环节的各个阶段。在咨询期间,下属可能是难以预测的,因此,书面提纲将有助于咨询环节保持在正常轨道,并增加取得重大成功的机会。

规划咨询战略

B-49 咨询有许多不同的方式。指令性、非指令性和混合式咨询方式提供了多种选择,能够适应任何下属和任何情况的要求(见表 B-3 和第 8 章第 3 部分)。

表 B-3　咨询大纲的样本

> **咨 询 大 纲**
>
> **咨询类型**：有关军士鉴定报告的初始咨询,咨询对象是三级军士长泰勒,他刚刚获得提升,并刚刚来到这支部队。
> **地点与时间**：排办公室,下午3:00,10月9日。
> **通知下属的时间**：提前一周通知三级军士长泰勒。
> **下属的准备**：通知三级军士长泰勒将自己计划未来90—180天实现的目的与目标罗列在一起。回顾FM6-22中有关价值观、特质和能力方面的内容。
> **咨询师的准备**：
> 查看军士长咨询备忘录/记录。
> 更新或查看三级军士长泰勒的职责描述,并在军士鉴定报告的工作目录中填写等级链和职位描述。
> 回顾军士鉴定报告第4部分列出的有关价值观念与责任的每一项内容,以及在FM6-22中关于价值观、特质和能力的内容。思考每一项是如何适用于三级军士长泰勒作为副排长的职责的。
> 回顾那些在每一种价值观和责任中获得成功或卓越评价所必需的行动。
> 在空白处就军士鉴定报告中的相关部分做笔记,以对咨询提供帮助。
> **作为咨询师的角色**：
> 帮助三级军士长泰勒了解与副排长职位相关的期望与标准;协助他在价值观、特质和能力方面获得发展,使他能够达到与排级和连级相一致的表现目标;就泰勒所没有清晰了解的工作上的任何一个方面给予答疑解惑。
> **咨询环节大纲**：
> 根据表B-4所列出的咨询环节构成要素列出一个大纲,并将该大纲建立在军士鉴定报告关于职责人纲描述的基础之上。这一工作应该在实际咨询环节之前的2—3天进行。

营造适当的氛围

B-50　适当的氛围能够促进领导者与下属之间进行开放和双向的交流。为了营造更为放松的氛围,可以请下属就座,或递给他一杯咖啡。在适当的情况下,选择能够面对下属的椅子就座,因为写字台会成为障碍。

B-51　某些情况需要更为正式的场景。在实施咨询以矫正不合规格的表现时,坐在写字台后面的领导者可能会要求下属保持站姿。这将会强化领导者的角色与权威,同时也强调了情况的严重性。

表 B-4　咨询环节的样本

咨询环节样本

开启咨询
- 为营造轻松的环境以进行开放式的交流,领导者应向三级军士长泰勒做如下说明:对陆军价值观、领导者特质和能力等问题的讨论越深入、理解越透彻,就越容易促进这方面的素质,并将之成功地融入个人的领导力风格中。
- 提出该咨询环节的目标,并强调初始咨询是以泰勒成为成功的副排长所必需的行为为基础的。就职责描述和具体表现要求达成一致的认识。讨论相关的价值观念、能力和成功的标准。说明随后进行的咨询将会应对他的发展需求,并让他了解如何达到双方共同认可的表现目标。要求他在下一季度进行彻底的自我评估,以确认自己的发展需求。
- 确保泰勒了解等级链,并解答他在职责和相关责任方面的任何问题。就排长和副排长之间必须存在的密切团队关系进行讨论,包括诚实、双向交流的重要性。

讨论问题
- 共同评论军士鉴定报告中的职责描述,包括所有相关责任,如维护、训练和关爱士兵等,将这些责任与领导者的能力、特质和价值观相联系。如果必要的话,对职责描述进行修正。对那些特殊重点和额外职责方面给予突出强调。
- 对军士鉴定报告中的价值观和责任的含义进行清楚晰的讨论。讨论 FM6-22 中关于价值观、特质与能力的概述。向受咨询者进行重点式提问,以确认他是否将这些要素与他作为副排长的职务联系在一起。
- 向三级军士长泰勒做出如下说明:领导者的品格、风度和才智是称职领导力的基础,并且,对所期望领导者特质的培养,要求陆军领导者具有始终如一的自我意识和终身学习的态度。领导者应该强调,旨在完成主要表现目标的行动计划必须围绕着适当的价值观、特质和能力来进行。他还需要指出,领导者品格的发展决不能与全部计划相脱离。

协助制订行动计划(在咨询环节期间)
- 要求泰勒确认那些将会促进实现共同认可的表现目标的工作。运用在军士鉴定报告和 FM6-22 中有关价值观、责任和能力的内容,对每一项工作进行描述。
- 就如何将每一种价值观、责任和能力运用到副排长的职位问题进行讨论。讨论在每一种价值观和责任方面取得成功与表现卓越的具体事例。征求泰勒的建议,以制定具有客观性、具体性和可衡量性的目标。
- 确保泰特在结束咨询环节时能够拥有至少一份有关成功或卓越的简要陈述(bullet statement)的样本,以及关于每种价值观和责任的简要陈述样本。探讨泰勒的晋升目标,并问及他所认为的自己的优缺点。获取上两次二级军士长选拔委员会最终结果的复印件,以将之与泰勒的目的和目标相匹配。

结束咨询
- 确认三级军士长泰勒了解职责描述和表现目标。
- 强调团队工作和双向交流的重要性。

(续表)

- 确保泰勒理解你的期望，即在你作为排长的发展过程中提供帮助——你们二人都承担着教师和培训者的角色。
- 提醒泰勒在下一季度进行自我评估。
- 为进行后续咨询，在下一个季度约一个暂定的日期。

关于战略的笔记
- 主动表示将会解答三级军士长泰勒可能提出的任何问题。
- 预料到泰勒将会不适应一些条款和培养过程，并以鼓励其参与整个咨询进程的方式来做出应对。

第三阶段：实施咨询

B-52 关心他人的领导者能够平衡地、混合性地运用正式与非正式咨询方式，并且学习利用日常事务向下属提供意见反馈。在作战演习区域、汽车调度场、营房以及任何其他军职和文职人员履行其职责的地方，当领导者在日常活动中与下属见面之时，咨询的机会就出现了。即使在临时性咨询期间，领导者也应该运用咨询环节的四个基本步骤：

- 启动咨询。
- 讨论问题。
- 制订行动计划。
- 记录与结束咨询

启动咨询

B-53 在咨询环节启动时，作为咨询师的领导者应该说明咨询的目标，并确立以下属为中心的咨询安排。咨询师通过邀请下属发言的方式来营造相互之间拥有共同目标的氛围。适当的目标说明可以表现为下面这种方式："三级军士长泰勒，本次咨询的目标是讨论你在上个月的岗位绩效，并制订一个计划，以促进绩效并达到绩效目标。"如果可行的话，通过评论当前行动计划的情况来启动咨询环节。

讨论问题

B-54 领导者和受咨询者应该努力形成彼此对咨询问题的清晰理解。

应该运用倾听的方式,并邀请下属作为主要的讲述者。在领导者做出回应并提出问题时,应该注意不要主导整个谈话,而是要帮助下属更好地理解本次咨询环节的主题:岗位绩效,出现的问题及其影响,或者潜在的发展领域。

B-55 为了减少看法偏颇或先入为主,领导者和下属应该提供事例或者引用具体的观察报告。当问题在于不良绩效时,领导者必须对表现未达到标准的原因有清楚的了解。在讨论期间,领导者必须明确下属所需要采取的行动,以在未来达到标准。领导者需要将当前问题确定为不良绩效,并且防止下属将此视为不切实际的标准,这一点是十分重要的。如下情况是一种例外:领导者认为当前标准是可以商榷的或者愿意改变条件,在这种情况下下属能够达到标准。

制订行动计划

B-56 行动计划确定手段与途径,旨在实现期望的目标。它详细说明在咨询期间下属必须采取何种行动以达成共同的目标。行动计划必须是具体的,指明下属应该如何改进或维持他的行为表现。例如:"一等兵米勒,下周你要与一排一起参加地图判读班学习。在课后,狄克逊中士将会亲自教授你陆上导航课程。他将培养你运用指南针的技能。在狄克逊中士指导你完成整个课程后,我将再与你会面,以确定你是否还需要额外的训练。"

记录与结束咨询

B-57 尽管有关记录咨询环节的要求多种多样,但领导者总是能够从有关咨询要点的记录中受益,即使是有关非正式咨询的记录也是如此。对于共同认可的行动计划来说,文献材料起着现成的参考性作用,有助于领导者监测下属的成就、改进、个人偏好或问题。良好的咨询记录能够使领导者针对职业发展、院校教育、提升和鉴定报告提出适当的建议。

B-58 陆军条令要求某些人事措施有具体的书面记录,例如,禁止一名士兵续服兵役,处理一件行政性除役事务,将一名士兵列入超重项目(overweight program)中,等等。当一名士兵面临非自愿性除役时,领导者必须保持准确的咨询记录。关于不良绩效的记录经常会对下属传达强有力的信息：在绩效与纪律方面，如果继续走下坡路的话，将面临更为严厉的措施或惩罚。

B-59 当结束本期咨询时，领导者应该总结出要点，并询问下属是否理解并同意所提议的行动计划。在下属在场的情况下，制定必要的后续措施，以为行动计划的成功实施提供支持。后续措施可能包括如下几方面：向下属提供具体的资源与时间、定期的计划评估，以及额外的转介措施。如果可能的话，在下属离开前，就未来的会面做好安排。

第四阶段：后续行动

领导者的责任

B-60 咨询过程并没有随着初始咨询的结束而结束。它继续贯穿于整个计划执行过程中，与观测结果保持一致。某些时候，需要对最初的行动计划进行修正，以实现它的目标。在执行计划的过程中，领导者必须通过教育、培训、指导或提供额外的时间、转诊以及其他适当的资源，始终如一地为他们的下属提供支持。额外的措施包括更集中的后续咨询、报告指挥链以及采取更为严厉的矫正性措施。

评估行动计划

B-61 在评估期间，领导者和下属就是否已经达到了所期望的结果进行共同的判断。在初始咨询期间，他们应该确定最初评估的日期。关于行动计划的评估将会为未来的后续咨询环节提供有用的信息。

总结——咨询过程一览

B-62 无论何时对军职和文职团队成员进行咨询，表 B-5 都可以作为一种重点参考资料。

表 B-5　关于咨询的总结

有效咨询要求领导者必须具有的品质： • 尊重下属。 • 具有自我意识与文化意识。 • 可信性。 • 同情心。 领导者必须具备的咨询技能： • 积极倾听。 • 做出回应。 • 提出问题。 高效的领导者需要避免常识性的咨询错误，领导者应该避免： • 个人的偏见。 • 轻率的判断。 • 僵化的成见。 • 情绪失控。 • 缺乏灵活性的咨询手段。 • 不适当的后续行动。	咨询过程： 确认咨询的需求。 咨询的准备工作： • 选择适当的地方。 • 安排时间。 • 提前通知下属。 • 组织信息。 • 列出各个咨询环节的重点。 • 策划咨询战略。 • 营造适当的氛围。 进行咨询： • 启动咨询。 • 讨论问题。 • 制订行动计划（包括领导者的责任）。 • 记录与结束咨询。 后续行动： • 支持行动计划的实施。 • 评估行动计划。

发展性咨询表格

B-63　发展性咨询表格（陆军部第 4856 号表格）的设计旨在帮助陆军领导者管理与记录咨询环节。表 B-6 和表 B-7 显示的是一个已经完成的陆军部第 4856 号表格，记录了一位有财务问题的年轻军人的咨询内容。尽管有些贬损的意味，但它仍然属于发展性咨询。领导者必须确定如下问题：咨询、额外训练、再教育、任务再分配或者其他发展性选择方式在什么时间得到了充分的运用。表 B-8 和表 B-9 显示的是针对一名部队三级军士长所进行的常规的绩效/职业发展咨询。表 B-10 和表 B-11 是空白表格，上面有关于如何完成每一项内容的指导。

表 B-6　发展性咨询表格——事件咨询的样版

发展性咨询表格				
该表格的使用请见 FM 6-22；支持性机构是训练与条令司令部				
依据 1974 年《保密法》所需提供的数据				
权威依据：《美国法典》第 301 节第 5 条，部门条例；《美国法典》第 3013 节第 10 条，陆军部长和 9397 号行政命令（社会安全号码）。 **主要目标**：协助领导者从事和记载与下属相关的咨询数据。 **常规用途**：用于以 FM6-22 为依据的下级领导者培养。领导者应该根据需要运用此表。 **信息公开**：信息公开自愿。				
一、行政数据				
姓名： 琼斯·安德鲁	军衔/军阶： 一等兵	社会安全号码： 123-45-6789	咨询日期： 2006 年 4 月 28 日	
所属机构：第 1 防空炮兵团 1 营炮兵 B 连 2 排			咨询师姓名与头衔：马克·李维中士，班长	
二、背景信息				
咨询目标：（领导者阐明进行咨询的理由，例如，行为表现、职业或事件导向咨询，包括在咨询前领导者所了解的事实与观察的情况。） 　　告知一等兵琼斯管理其财务事务的责任以及不良管理所具有的潜在后果。帮助琼斯制订行动计划以解决他的财政问题。 **事实**：炮兵连指挥官收到士兵俱乐部的报告，了解到一等兵琼斯因资金不足导致收到所签发支票的退票。该俱乐部所收到的两张支票共 200 美元被纽约的美利坚银行退回，琼斯应向俱乐部支付支票和费用的总数额为 240 美元。				
三、咨询概述 在咨询期间或咨询结束后完成这一部分				
讨论的关键问题： 　　从近期的支付和退票情况来看，一等兵琼斯缺少责任意识，在财务资产方面管理不良。你应该了解到的是，根据《美国军事法典》和地方法律，签发没有足额资金给付的支票是一种可受到惩罚的犯罪行为。为此士兵俱乐部联系指挥官，并且引起整个炮兵连指挥链的关注。指挥官即二级军士长和副排长开始质疑你管理自身事务的能力。我也想提醒你：提职与奖励不仅建立在与军职相关职责的基础之上。士兵们必须在所有的生活领域体现出自己的责任心与专业性。 　　根据与一等兵琼斯的谈话，获得下述信息： 　　一等兵琼斯以支票购买食物、支付电话账单，并寄钱回家以帮助其祖母支付取暖费用。琼斯说明在其支票账户的资金数额的计算问题上出现错误，他无法给付支票，直到他在 2006 年 4 月底拿到薪酬。他也阐明，由于天气比较温暖，因此减少了他对祖母取暖费用方面的进一步的资助。 　　一等兵琼斯和我来到陆军社会福利处，陆军社会福利处的人做出如下决定： 　　一等兵琼斯每月的款项： 　　汽车付款：330 美元；汽车保险：138 美元；房租与公用事业费：400 美元；其他信用卡账目：0 美元。月净支付：1232.63 美元。 　　我们认为余下的 364 美元应该支付琼斯的每月生活开支。我们也谈及琼斯应该新开一个储蓄账户以备紧急情况时支取费用。尽管帮助其祖母并无不错，但琼斯需要确保不应使其财务稳定性处于危险之中。他承诺将使其财务状况走向正轨，并开始在储蓄账户中存放资金，以备未来所需。				

（续表）

其他指导
在如下情况下该表格将被废除：人员调动（休整性调动除外），在预计时间退役或者退休。关于退役条件、福利的损失或后果的告知请见地方指令和陆军条例635-200。

陆军部第4856号表格,2006年3月。　　1999年6月版已经废弃。

表 B-7　发展性咨询表格——事件咨询的样版（反面）

行动计划： 概述咨询后下属为达到共识性目标所要采取的行动。这些行动必须足够具体，以修正或保持该下属的行为，并且包括一个用于执行和评估的特定时间安排（下面的第四部分）。

　　基于我们的讨论，一等兵琼斯将能够在该月月底向士兵俱乐部偿付未承兑的支票。日后，他将就与其经济需求相关的决定进行深入思考。一等兵琼斯已与士兵俱乐部联系，并且该俱乐部经理同意他在2006年5月2日之前兑付支票。琼斯计划以后存钱，以在需要时帮助他的祖母。他的长期目标是开启一个储蓄账户，并且每月存入50美元。

　　琼斯也已注册成为陆军社会福利处2006年5月2日至9日开办的支票兑付和资金管理培训班的学员。

评估日期： 2006年7月28日

咨询期结束： （领导者总结该咨询期的关键要点，并检查下属是否理解行动计划。下属表示同意或不同意，并且在适当的情况下给予评论。）

受咨询者：对上述信息，□我同意　　□我不同意

受咨询者的评论：

受咨询者的签名：_____Andrew Jones_____　　日期：_28 April 2006_

领导者职责： （领导者在行动计划执行方面的职责。）

　　一等兵琼斯将造访俱乐部经理，并且偿付其未兑现的支票240美元。他将提供给我一张显示账单全额支付的收据。在琼斯学习财务管理课程期间，陆军社会福利处将帮助他制定预算。琼斯也将提供给我一份该预算的副本。

　　在2006年5月琼斯的月度表现咨询中，他的财务状况将成为其中的关键性话题。

咨询者签名：_____Mark Levy_____　　日期：_28 April 2006_

(续表)

四、行动计划的评估
评估：(行动计划已达到期望的结果了吗？这一部分由领导者和受咨询者共同完成，并且为后续咨询提供有用的信息。) 在行动计划中的评估日期内完成。   咨询者：_____ 受咨询者：_____ 评估日期：_____
注意：咨询者和受咨询者都应该保留一份咨询记录。

陆军部第 4856 号表格的反面，2006 年 3 月。

表 B-8　发展性咨询表格——绩效或职业发展咨询的样版

发展性咨询表格				
该表格的使用请见 FM6-22；支持性机构是训练与条令司令部				
依据《1974 年保密法》所需要提供的数据				
权威依据：《美国法典》第 301 节第 5 条，部门条例；《美国法典》第 3013 节第 10 条，陆军部长和 9397 号行政命令（社会安全号码）。 **主要目标**：协助领导者从事和记载与下属相关的咨询数据。 **常规用途**：用于以 FM6-22 为依据的下级领导者培养。领导者应该根据需要运用此表。 **信息公开**：信息公开自愿。				
一、行政数据				
姓名： 唐纳鲁·史蒂文	军衔/军阶： 二级军士长		社会安全号码： 333-33-3333	咨询日期： 2006 年 6 月 12 日
机构： 第 95 步兵团 3 营 D 连			咨询者姓名与头衔： 拉尔夫·彼得森，上尉连长	
二、背景信息				
咨询目标：(领导者阐明进行咨询的理由，例如，行为表现、职业或事件导向咨询，包括在咨询前领导者所了解的事实与观察的情况。) 讨论 2006 年 3 月 9 日至 6 月 12 日的职责表现。 讨论下一年度短期职业发展或计划。 述及二至五年的长期职业发展目标。				

(续表)

三、咨询概述
在咨询期间或咨询结束后完成这一部分
讨论重点：
成绩(保持)：
• 强调炸药的知识和安全性，以及在排级实弹演习中的战术能力。
• 在上一次重要的野外训练演习中负责连级防御：在诸兵种协同环境下杰出的一体化行动，以及工程师、重武器和防空炮兵资源的运用。出色的防御准备与实施。
• 在白色周期任务运作中排名没有下降。
• 与营长副官就法律和人事问题所进行的良好的协调工作。
• 继续关心士兵；保持指挥官对最新问题的了解。
• 关注下级军士的培养；在适当的岗位安排适当的军士。
提高：
• 把军士职业发展问题列入日程。
• 使军士们保持士官时间训练标准。
其他指导
在如下情况下该表格将被废除：人员调动(休整性调动除外)，在预计时间退役或者退休。关于退役条件、福利的损失或后果的告知请见地方指令和陆军条例635-200。
陆军部第4856号表格,2006年3月。　　1999年6月版已经废弃。

表 B-9　发展性咨询表格——绩效或职业发展咨询的样版(反面)

行动计划：概述咨询后下属为达到共识性目标所要采取的行动。这些行动必须足够具体，以修正或保持该下属的行为，并且包括一个用于执行和评估的特定时间安排(下面的第四部分)。
发展性计划(下一年度)
• 为军士职业发展制订一个年度计划；列入日程安排和训练计划。
• 继续国民教育和通信课程。
• 开展连队士兵月度竞赛。
• 为改善紧急部署战备演习的装备，在重新设计供给库房方面给予连队执行官以支持。
• 为培养特种兵学校的候选人制订计划。
长期目标(2—5年)：
• 完成学士学位计划。
• 进入军士学院学习。
咨询期结束：(领导者总结该咨询期的关键要点，并检查下属是否理解行动计划。下属表示同意或不同意，并且在适当的情况下给予评论。)
受咨询者：对上述信息，☐ 我同意　　☐ 我不同意
受咨询者的评论：
受咨询者的签名：＿＿*Steven Donalo*＿＿　　日期：*12 June 2006*

（续表）

领导者职责：（领导者在行动计划执行方面的职责。）
咨询者签名： *Ralph Pedersen*　　　　日期： *12 June 2006*
四、行动计划的评估
评估：（行动计划已达到期望的结果了吗？这一部分由领导者和受咨询者共同完成，并且为后续咨询提供有用的信息。） 　　二级军士长唐纳鲁·史蒂文已经参加韦伯斯特大学一个准学士学位项目的学习。在最近的指挥机构检查中，供给库房获得了全优的服务质量评价（All GOs）。五名离队特种兵申请者成功地完成了特种兵学校学习，领先全部课程完成率39%。当前的作战节奏使得无法启动士兵的月度咨询委员会，但连队确实在白色周期内组织了季度咨询委员会。最近，旅指挥部的一级军士长就上一次连队军士职业发展的指导与规划质量进行评论，并且颁发给军士指导者一枚旅部奖章。 咨询者：＿＿＿＿＿　　受咨询者：＿＿＿＿＿　　日期：＿＿＿＿＿
注意：咨询者和受咨询者都应该保留一份咨询记录。

陆军部第4856号表格的反面，2006年3月。

表 B-10　有关完成一个发展性咨询表格的指导方针

发展性咨询表格 该表格的使用请见 FM6-22；支持性机构是训练与条令司令部		
依据《1974年保密法》所需要提供的数据		
权威依据：《美国法典》第301节第5条，部门条例；《美国法典》第3013节第10条，陆军部长和9397号行政命令（社会安全号码）。 主要目标：协助领导者从事和记载与下属相关的咨询数据。 常规用途：用于以 FM6-22 为依据的下级领导者培养。领导者应该根据需要运用此表。 信息公开：信息公开是自愿的。		
一、行政数据		
姓名：	军衔/军阶：　　社会安全号码：	咨询日期：
机构：		咨询者的姓名与头衔：

（续表）

二、背景信息
咨询目标：（领导者阐明进行咨询的理由，例如，行为表现、职业或事件导向咨询，包括在咨询前领导者所了解的事实与观察的情况。）
参见 B-53 段落内容启动咨询期
领导者应该就所获事实与情况观察的相关性、具体性和客观性进行阐释。如果适用的话，领导者和下属通过回顾以往行动计划状况的方式启动咨询。
三、咨询概述 **在咨询期间或咨询结束后完成这一部分**
讨论重点：
参见 B-54 和 B-55 讨论问题
领导者和下属应该试图培养一种对于这些问题的相互理解。领导者和下属都应该提供事例或引用具体的情况观察，以减少在认识上存在不必要的偏见或武断的看法。
其他指导
在如下情况下该表格将被废除：人员调动（休整性调动除外），在预计时间退役或者退休。关于退役条件、福利的损失或后果的告知请见地方指令和陆军条例 635-200。
陆军部第 4856 号表格，2006 年 3 月。　　1999 年 6 月版已经废弃。

表 B-11　有关完成一个发展性咨询表格的指导方针（反面）

行动计划：概述咨询后下属为达到共识性目标所要采取的行动。这些行动必须足够具体，以修正或保持该下属的行为，并且包括一个用于执行和评估的特定时间安排（下面的第四部分）。
参见 B-56 制订行动计划
行动计划指明下属为达到咨询期间所确立的目标而必须采取的行动。行动计划必须足够具体，应该包含下属可以遵循的大纲、指导方针和时间安排。一个具体的、可以实现的行动计划为获得下属培养方面的成功奠定了基础。

(续表)

咨询期结束：（领导者总结该咨询期的关键要点，并检查下属是否理解行动计划。下属表示同意或不同意，并且在适当的情况下给予评论。） 受咨询者：对上述信息，□我同意　□我不同意 受咨询者的评论： 参见 B-57 至 B-59 结束咨询 受咨询者的签名：＿＿＿＿＿＿＿＿＿＿＿＿＿＿　日期：＿＿＿＿＿＿＿＿＿＿＿＿
领导者职责：（领导者在行动计划执行方面的职责。） 参见 B-60 领导者的职责 为完成行动计划，领导者必须列出所需的资源，并将它们提供给士兵。 咨询者签名：＿＿＿＿＿＿＿＿＿＿＿＿＿＿　日期：＿＿＿＿＿＿＿＿＿＿＿＿
四、行动计划的评估
评估：（行动计划已达到期望的结果了吗？这一部分由领导者和受咨询者共同完成，并且为后续咨询提供有用的信息。） 参见 B-61 评估行动计划 　　对行动计划的评估为将来的后续咨询提供了有用的信息。这一部分应该在后续咨询启动之前完成。在一个事件导向性咨询期间，除非完成这一部分，否则该咨询期没有结束。 　　在表现或职业发展咨询期间，这一部分则作为未来咨询期的起点而发挥作用。领导者必须记住，这一评估的进行，应该建立在上面行动计划一栏中所述及的情况决议或已确立的时间安排的基础之上。 咨询者：＿＿＿＿＿＿　受咨询者：＿＿＿＿＿＿　日期：＿＿＿＿＿＿
注意：咨询者和受咨询者都应该保留一份咨询记录。

陆军部第 4856 号表格的反面，2006 年 3 月。

参考文献

REQUIRED PUBLICATIONS
These documents must be available to intended users of this publication.
None

RELATED PUBLICATIONS
These sources contain relevant supplemental information.

JOINT PUBLICATIONS
Joint publications are available online: http://www.dtic.mil/doctrine/jel/

Joint Doctrine Capstone and Keystone Primer, 10 September 2001.

JP 0-2. *Unified Actions Armed Forces*, 10 July 2001.

JP 1. *Joint Warfare of the Armed Forces of the United States*, 14 November 2000.

JP 1-02. *Department of Defense Dictionary of Military and Associated Terms*, 12 April 2001.

JP 3-0. *Doctrine for Joint Operations*. 10 September 2001.

ARMY PUBLICATIONS
Army doctrinal publications are available online: http://www.apd.army.mil/

Army Regulations

AR 350-1. *Army Training and Leader Development*. 13 January 2006.

AR 600-20. *Army Command Policy*. 07June 2006.

AR 600-100. *Army Leadership*. 17 September 1993.

AR 601-280. *Army Retention Program*, 31 January 2006.

AR 623-3. *Evaluation Reporting System*. 15 May 2006.

AR 690-11. *Use and Management of Civilian Personnel in Support of Military Contingency Operations*. 26 May 2004.

Department of the Army Pamphlets and Graphic Training Aids

DA Pam 350-58. *Leader Development for America's Army*. 13 October 1994.

DA Pam 600-3. *Commissioned Officer Professional Development and Career Management*. 28 December 2005.

DA Pam 600-25. *U.S. Army Noncommissioned Officer Professional Development Guide*. 15 October 2002.

DA Pam 600-69. *Unit Climate Profile Commander's Handbook*. 1 October 1986.

GTA 22-6-1. Ethical Climate Assessment Survey.

Field Manuals

FM 1. *The Army*. 14 June 2005.

FM 3-0. *Operations*. 14 June 2001.

FM 3-07. *Stability Operations and Support Operations*. 20 February 2003.

FM 3-07.31. *Peace Operations Multi-service Tactics, Techniques, and Procedures for Conducting Peace Operations*. 26 October 2003.

FM 3-13 (100-6). *Information Operations: Doctrine, Tactics, Techniques, and Procedures*. 28 November 2003.

FM 3.50-1. *Army Personnel Recovery.* 10 Aug 2005.

FM 3-90. *Tactics.* 4 July 2001.

FM 3-100.12. *Risk Management: Multiservice Tactics, Techniques, and Procedures For Risk Management.* 15 February 2001.

FM 3-100.21. *Contractors on the Battlefield.* 3 January 2003.

FM 3-100.38. *UXO Multi-service Tactics, Techniques, and Procedures for Unexploded Ordnance Operations.* 18 August 2005.

FM 5-0 (101-5). *Army Planning and Orders Production.* 20 January 2005.

FM 6-0. *Mission Command: Command and Control of Army Forces.* 11 August 2003.

FM 6-22.5. *Combat Stress.* 23 June 2000.

FM 7-0 (25-100). *Training the Force.* 22 October 2002.

FM 7-1 (25-101). *Battle Focused Training.* 15 September 2003.

FM 7-22.7. *The Army Noncommissioned Officer Guide*, 23 December 2002.

FM 4-02.51. *Combat and Operational Stress Control.* 6 July 2006.

FM 21-20. *Physical Fitness Training.* 30 September 1992.

FM 71-100. *Division Operations*, 28 August 1996. FM 71-100 will be republished as FM 3-91.

FM 100-7. *Decisive Force: The Army in Theater Operations.* 31 May 1995. FM 100-7 will be republished as FM 3-93.

FM 100-15. *Corps Operations*, 29 October 1996. FM 100-15 will be republished as FM 3-92.

FMI 3-63.6. *Command and Control of Detainee Operations.* 23 September 2005.

DOD Civilian Leader Policies

DOD directives are available online at http://www.dtic.mil/whs/directives

DOD 1400.25-M. *DOD Civilian Personnel Manual.* December 1996. Changes 1–19.

DODD 1400.5. *DOD Policy for Civilian Personnel.* 12 January 2005.

DODD 1400.6. *DOD Civilian Employees in Overseas Areas.* 15 February 1980.

DODD 1430.2. *Civilian Career Management,* 13 June 1981. Change 1, 16 November 1994.

DODD 1430.4. *Civilian Employee Training*, 30 January 1985. Change 1, 16 November 1994.

DODD 1430.14. *DOD Executive Leadership Development Program (ELDP).* 12 September 2003.

DODI 3020.41. *Contractor Personnel Authorized to Accompany the U.S. Armed Forces.* 3 October 2005.

Soldier Training Publications

STP 21-1-SMCT. *Soldier's Manual of Common Tasks Skill Level 1.* 2 October 2006.

TRADOC Pamphlets

TRADOC Pam 525-100-4. *Leadership and Command on the Battlefield: Noncommissioned Officer Corps.* 1994.

NONMILITARY PUBLICATIONS

"African-American Vet Receives Medal of Honor." Home of Heroes Web site, 13 January 1997. <http://www.homeofheroes.com/news/archives> scroll to 1997, select Jan 13.

Anderson, Christopher J. "Dick Winters' Reflections on His Band of Brothers, D-Day and Leadership." *American History Magazine*, August 2004. <http://www.historynet.com/magazines/american_history/3029766.html>.

Ardant du Picq, Charles Jean Jacques Joseph. *Battle Studies: Ancient and Modern Battle*. Translated by John W. Greely and Robert C. Cotton. Harrisburg, PA: Military Service Publishing Co., 1947.

Aristotle. *Nicomachean Ethics*. Translated by Martin Ostwald. New York: Macmillan Publishing Company, 1962.

Arlington National Cemetery. "Remains Never Recovered." Arlington National Cemetery Web site. <http://www.arlingtoncemetery.net/medalofh.htm>, scroll to Humbert Roque Versace, USA.

"Army Awards MPs for Turning Table on Ambush." *Army News Service*, 16 June 2005. <http://www4.army.mil/ocpa/read.php?story_id_key=7472>.

Bainbridge, William G. "Quality, Training and Motivation." *Army Magazine*, October 1976.

Bandura, Albert. "Self-efficacy." *Encyclopedia of Human Behavior* (Vol 4). San Diego, CA: Academic Press, 1994.

Barnes, Julian E. "A Thunder Run Up Main Street." *U.S. News and World Report*, 14 April 2003: <http://www.usnews.com/usnews/news/articles/030414/14front_2.htm>.

Bartlett, John, ed. *Familiar Quotations: A Collection of Passages, Phrases and Proverbs Traced to Their Sources in Ancient and Modern Literature*. Boston: Little, Brown and Company, 1968.

Bellafaire, Judith L. *The Women's Army Corps: A Commemoration of World War II Service*. CMH Publication 72-15. Washington, DC: Department of the Army, Center of Military History. <http://www.army.mil/cmh-pg/brochures/wac/wac.htm>.

Bergman, Mike. "Nearly 1-in-5 Speak a Foreign Language at Home; Most Also Speak English Very Well." *U.S. Census Bureau News*, 8 October 2003. <http://www.census.gov/Press-Release/www/releases/archives/census_2000/001406.html>.

Black, Edwin. *Banking on Baghdad: Inside Iraq's 7,000-Year History of War, Profit, and Conflict*. New York: John Wiley and Sons, 2004.

Blumenson, Martin. "Task Force Kingston." *Army Magazine*, April 1964.

Bowden, Mark. "Blackhawk Down," Chapter 29. *Philadelphia Inquirer*, 14 December 1997.

Bradley, Omar N. "American Military Leadership." *Army Information Digest* 8, no. 2, February 1953.

_____. "Leadership: An Address to the U.S. Army War College, 07 Oct 1971." *Parameters* 1 (3), 1972.

Briscoe, Jon P., and Douglas T. Hall. "Grooming and Picking Leaders Using Competency Frameworks: Do They Work? An Alternative Approach and New Guidelines for Practice." *Organizational Dynamics*, 28 (1999): 37-52.

Brown, Cynthia F, Major AN, Army Nurse Corps Historian., SUBJECT: "Women in Leadership." Memorandum, 4 November 1998.

Brown, Frederic J. *Vertical Command Teams*. IDA Document D-2728. Alexandria, VA: Institute for Defense Analyses, 2002.

Builder, Carl, Steven C. Bankes, and Richard Nordin. *Command Concepts: A Theory Derived from the Practice of Command and Control*. Santa Monica, CA: RAND Corporation, November 1999.

Burk, Robin. "Tell Me Again About Women in Combat." Winds of Change Web site, 25 March 2005. <http://www.windsofchange.net/archives/006564.php>.

Busetti, Linda. "Local Vietnam War Hero Receives Medal of Honor." *Arlington Catholic Herald*, 11 July 2002.

Butcher, Harry C. *My Three Years with Eisenhower: The Personal Diary of Captain Harry C. Butcher, USNR, Naval Aide to General Eisenhower, 1942 to 1945*. New York: Simon & Schuster, 1946.

"Capt. Humbert Roque "Rocky" Versace, Captured by Viet Cong in 1963 and Executed in 1965." Special Operations Memorial Web site, <http://www.somf.org/moh/>, scroll to Versace, H.R. "Rocky" USA.

Castro, LTC Carl A., and COL Charles W. Hoge. Briefing: *10 Unpleasant Facts about Combat and What Leaders Can Do to Change Them*. Silver Spring, MD: Walter Reed Army Institute of Research, 31 August 1999.

The Chiefs of Staff, United States Army: On Leadership and the Profession of Arms. Washington, DC: The Information Management Support Center, 1997.

The Chiefs of Staff, United States Army: On Leadership and the Profession of Arms. Washington, DC: The Information Management Support Center, 2000.

Coffey, William T., Jr., *Patriot Hearts: An Anthology of American Patriotism*. Colorado Springs, CO: Purple Mountain Publishing, 2000.

Combat Studies Institute. *Studies in Battle Command*. Fort Leavenworth, KS: U.S. Army Command and General Staff College, 1995.

Connelly, William. "NCO's: It's Time to Get Tough." *Army Magazine*, October 1981.

_____. "Keep up with Change in the 80's." *Army Magazine*, October 1982.

Crowe, Jr., William J. with David Chanoff. *The Line of Fire: From Washington to the Gulf, the Politics and Battles of the New Military*. New York: Simon & Schuster, 1993.

Davis, Burke. *They Called Him Stonewall*. New York: Rinehart & Company, Inc., 1954.

Davis, William C. *Battle at Bull Run: A History of the First Major Campaign of the Civil War*. Baton Rouge, LA: Louisiana State University Press, 1977.

DeWeerd, H.A., ed. *Selected Speeches and Statements of General of the Army George C. Marshall*. Washington, DC: The Infantry Journal, 1945.

Driskell, J.E., P.H. Radtke, and E. Salas, "Virtual Teams: Effects of Technological Mediation on Team Performance." *Group Dynamics: Theory Research and Practice* 7 (4) (2003): 297-323.

Eigen, Lewis D. *The Manager's Book of Quotations*. New York: The American Management Association, 1989.

Essens, Peter, Ad Vogelaar, Jacques Mylle, Carol Blendell, Carol Paris, Stan M. Halpin, and Joe Baranski. *Military Command Team Effectiveness: Model and Instrument for Assessment and Improvement*. NATO RTO Technical Report AC/323(HFM-087) TP/59. Soesterberg, Netherlands: TNO Human Factors, 2005.

Fallesen, Jon J., and Rebecca J. Reichard. *Leadership Competencies: Building a Foundation for Army Leader Development*. Los Angeles, CA: Society of Industrial and Organizational Psychologists, 2005.

Fitton, Robert A., ed. *Leadership: Quotations from the Military Tradition*. Boulder, CO: Westview Press, 1990.

Flexner, James Thomas. *George Washington in the American Revolution (1775-1783)*. Boston: Little Brown and Company, 1968.

Fontenot, Gregory, E. J. Degen, and David Tohn. *On Point: The United States Army in Operation Iraqi Freedom*. Fort Leavenworth, KS: Combat Studies Institute Press, 2003.

Gates, Julius W. "From the Top." *Army Trainer* 9, no. 1, Fall 1989.

Gifford, Jack J. "Invoking Force of Will to Move the Force." *Studies in Battle Command*. Fort Leavenworth, KS: Combat Studies Institute, U.S. Army Command and General Staff College, 1995.

Grunwald, Michael. "A Tower of Courage." *The Washington Post*, 28 October 2001.

Gunlicks, James B. Acting Director of Training. SUBJECT: "Army Training and Leader Development Panel–Civilian (ATLDP-CIV), Implementation Process Action Team (IPAT) Implementation Plan–ACTION MEMORANDUM." Memorandum for Chief of Staff, Army, 28 May 2003.

Hannah, Dogen. "In Iraq, U.S. Military Women Aren't Strangers to Combat." *Knight Ridder Newspapers*, 7 April 2005.

Hall, Douglas T. "Self-Awareness, Identity, and Leader Development," David V. Day, Stephen J. Zaccaro, and Stanley M. Halpin, eds. *Leader Development for Transforming Organizations: Growing Leaders for Tomorrow*. Mahwah, NJ: Erlbaum, 2004.

Heenan, David A., and Warren Bennis. *Co-leaders: The Power of Great Partnerships*. New York: Wiley, 1999.

Heinl, Robert Debs, Jr. *Dictionary of Military and Naval Quotations*. Annapolis, MD: U.S. Naval Institute Press, 1966.

Hesselbein, Francis, ed. *Leader to Leader*. New York: Leader to Leader Institute, 2005.

High, Gil. "Liberia Evacuation." *Soldiers Magazine*, July 1996.

Horey, Jeffrey, Jon J. Fallesen, Ray Morath, Brian Cronin, Robert Cassella, Will Franks, Jr., and Jason Smith. *Competency Based Future Leadership Requirements* (Technical Report 1148). Arlington, VA: Army Research Institute for the Behavioral and Social Sciences, July 2004.

Horey, Jeffrey, Jennifer Harvey, Patrick Curtin, Heidi Keller-Glaze, and Jon J. Fallesen. *A Criterion-Related Validation Study of the Army Core Leader Competency Model*. (Technical Report). Arlington, VA: U.S. Army Research Institute for the Behavioral and Social Sciences, 2006.

Jeffery, R. Dale. *The Soldier's Quote Book*. Houston, TX: DaVinci Publishing Group, 1999.

Joseph and Edna Josephson Institute of Ethics. *Making Ethical Decisions*. Joseph and Edna Josephson Institute of Ethics Web site. <http://www.josephsoninstitute.org/MED/MED-intro+toc.htm>.

Katzman, Joe. "Medal of Honor: SFC Paul Ray Smith." Winds of Change Web site, 23 October 2003. <http://www.windsofchange.net/archives/004196.php>. Kelly, S. H. "Seven WWII Vets to Receive Medals of Honor." *Army News Service*, 13 January 1997. <http://www4.army.mil/ocpa/print.php?story_id_key=2187>.

Kem, Jack D. "A Pragmatic Ethical Decision Making Model for the Army: The Ethical Triangle" Text for L100: Leadership, Intermediate Level Education Common Core. Fort Leavenworth, KS: U.S. Army Command and General Staff College, 2005.

Kerr, Bob. "CGSC Class of 2005 Graduates." *Fort Leavenworth Lamp*, 23 June 2005.

Kidd, Richard A. "NCOs Make It Happen." *Army Magazine*, October 1994.

Kluever, Emil K., William L. Lynch, Michael T. Matthies, Thomas L. Owens, and John A. Spears. *Striking a Balance in Leader Development: A Case for Conceptual Competence*. National Security Program Discussion Paper Series, 92-02. Cambridge, MA: Harvard University, 1992.

Lacey, Jim. "From the Battlefield." *Time Magazine*, 14 April 2003: <http://www.time.com/time/magazine/article/0,9171,1004638,00.html>.

Lee, David D. *Sergeant York: An American Hero*. Lexington, KY: The University Press of Kentucky, 1985.

Locke, Edwin A. "The Motivation to Work: What We Know." *Advances in Motivation and Achievement*, 10 (1997): 375-412.

Lovgren, Stefan. "English in Decline as a First Language, Study Says." *National Geographic News*, 26 February 2004. <http://news.nationalgeographic.com/news/2004/02/0226_040226_language.html>.

Marshall, George C. *Quotes for the Military Writer*. Washington, DC: Department of the Army, Office of the Chief of Information, August 1972.

Marshall, S. L. A. *Men Against Fire: The Problem of Battle Command in Future War*. Gloucester, MA: Peter Smith, 1978.

Martin, James, ed. *The Military Quotation Book*. New York: St. Martin's Press, 1990.

Maxwell, John C. *Leadership 101–Inspirational Quotes and Insights for Leaders*. Tulsa, OK: Honor Books, 1994.

"Medic on a Mission: An Army Medics Strong-Arm Tactics Help to Carry the Day." Medal of Honor Web site, <http://www.medalofhonor.com/DavidBleak.htm>.

Miles, Donna. "The Women of Just Cause." *Soldiers Magazine*, March 1990.

Mitchell, T. R., and D. Daniels. "Motivation," W. C. Borman, D. R. Ilgen, and R. Klimoski, eds. *Handbook of Psychology* (Vol. 12: Industrial and Organizational Psychology). Hoboken, NJ: Wiley, 2003.

"MOH Citation for Humbert Roque Versace." Home of Heroes Web site, <http://www.homeofheroes.com/moh>, scroll to bottom of web page, click on Search Our Site, type in Versace in Google search, select MOH Citation for Humbert Roque Versace.

Montor, Karel, Thomas M. McNichols, Jr., Anthony J. Cotti, Jr., Thomas H. Hutchinson III, and Jackie Eckart Wehmueller, eds. *Naval Leadership: Voices of Experiences*. Annapolis, MD: U.S. Naval Institute Press, 1987.

Moss, James. *Noncommissioned Officers' Manual*. Menasha, WI: George Banta Publishing Co., 1917.

Olson, James S., and Randy Roberts. *My Lai: A Brief History with Documents*. Boston: Bedford Books, 1998.

"The Only Living African American World War II Hero to Receive the Medal of Honor." Medal of Honor Web site, 13 January 1997. <http://www.medalofhonor.com/VernonBaker.htm>.

The Noncom's Guide: An Encyclopedia of Information for All Noncommissioned Officers of the United States Army 16th ed. Harrisburg, PA: The Stackpole Company, 1962.

Partin, John W., and Rob Rhoden. *Operation Assured Response: SOCEUR's NEO in Liberia, April 1996*. Headquarters, U.S. Special Operations Command, History and Research Office, 1997.

Patton, George S., Jr. *War as I Knew It*. Boston: Houghton Mifflin Company, 1947.

Pearce, Craig L., and Henry P. Sims, Jr. "Vertical Versus Shared Leadership as Predictors of the Effectiveness of Change Management Teams: An Examination of Aversive, Directive, Transactional, Transformational, and Empowering Leader Behaviors." *Group Dynamics: Theory, Research, and Practice*, 6 (2002): 172-197.

Peters, W. R. *The My Lai Inquiry*. New York: W.W. Norton, 1979.

Pike, John. "Operation Enduring Freedom-Afghanistan." Global Security Web site, 7 March 2005. <http://www.globalsecurity.org/military/ops/enduring-freedom.htm>.

Powell, Colin L. *My American Journey*. New York: Random House, 1995.

Pullen, John J. *The Twentieth Maine*. Philadelphia: J.B. Lippincott Co., 1957. Reprint, Dayton, Ohio: Press of Morningside Bookshop, 1980.

Puryear, Edgar F., Jr. *Nineteen Stars: A Study in Military Character and Leadership*. Novato, CA: Presidio Publishing, 1994.

Royle, Trevor, ed. *Dictionary of Military Quotations*. New York: Simon & Schuster, 1990.

Schmitt, Eric. "Medal of Honor to be Awarded to Soldier in Iraq, a First," *The New York Times*, 30 March 2005.

Schofield, John M. *Manual for Noncommissioned Officers and Privates of Infantry of the Army of the United States*. West Point, NY: U.S. Military Academy Library Special Collections, 1917.

Schwarzkopf, H. Norman. *It Doesn't Take a Hero*. New York: Bantam Books, 1992.

Senge, Peter M. *The Fifth Discipline: The Art and Practice of the Learning Organization*. New York: Doubleday Currency, 1990.

"Seven Black Soldiers from WWII Tapped to Receive Medal of Honor." *Boston Sunday Globe*, 28 April 1996. <http://www.366th.org/960428.htm>.

Shinseki, Eric K., General, United States Army. SUBJECT: "Implementing Warrior Ethos for The Army." Memorandum for Vice Chief of Staff, Army, 3 June 2005.

_____. "Prepared Remarks General Eric K. Shinseki, Chief of Staff, United States Army, at the Association of the United States Army Seminar." U. S. Army news release. Washington, DC, 8 November 2001. From U. S. Army Web site, <http://www4.army.mil/ocpa/print.php?story_id_key=1417>.

Simpson, H. B. *Audie Murphy: American Soldier*. Dallas, TX: Alcor Publishing Co., 1982.

Skeyhill, T., ed. *Sergeant York: His Own Life Story and War Diary.* Garden City, NY: Doubleday, Doran, 1928.

Smith, Margaret Chase. Speech to graduating women naval officers at Naval Station. Newport, RI. Skowhegan, ME: Margaret Chase Smith Library, 1952.

Sorley, Lewis. *Thunderbolt: General Creighton Abrams and the Army of His Times.* New York: Simon and Schuster, 1992.

Spector, Ronald H. *Eagle Against the Sun.* New York: Random House, 1985.

Steele, Dennis. "Broadening the Picture Calls for Turning Leadership Styles." *Army Magazine* 39 no.12, December 1989.

Steele, William M., and Robert P. Walters, Jr. "21st Century Leadership Competencies." *Army Magazine,* Aug 2001.

Stewart, James B. "The Real Heroes are Dead." *The New Yorker,* 11 February 2005. <http://www.newyorker.com/fact/content?020211fa_FACT1>.

Sullivan, Gordon R., General CSA. SUBJECT: "Reshaping Army Doctrine." Memorandum for Lieutenant General Frederick M. Franks, Jr., 29 July 1991. Quoted in Gregory Fontenot, E. J. Degen, and David Tohn. *On Point: The United States Army in Iraqi Freedom.* Fort Leavenworth, KS: Combat Studies Institute Press, 2003.

_____. "Strategic Change: The Way Forward." United States Department of Defense Web site, 24 April 1995. <http://www.defenselink.mil/speeches/1995/s19950424-sullivan.html>.

Sullivan, Gordon R. and Michael V. Harper. *Hope is Not a Method: What Business Leaders Can Learn from America's Army.* New York: Crown Publishing Group, 1996.

Swain, Richard. M. *Lucky War: Third Army in Desert Storm.* Fort Leavenworth, KS: U.S. Army Command and General Staff College Press, 1997.

Taylor, A. J. P. and S. L. Mayer. *History of World War II.* London: Octopus Books, 1974.

Thompson, Mark. "Randal Perez Didn't Join the Army to be a Hero." *Time Magazine,* 1 September 2002. <http://www.time.com/time/covers/1101020909/aperez.html>.

Title 10 USC 3583. *Requirement of Exemplary Service and the Army Values.*

Truscott, Lt. General Lucian K. *Command Missions: A Personal Story.* New York: E. P. Dutton & Company, Inc., 1954.

Tsouras, Peter E., ed. *The Greenhill Dictionary of Military Quotations.* Mechanicsburg, PA: Stackpole Books, 2000.

Tyson, Ann Scott. "Anaconda: A War Story." *Christian Science Monitor,* 1 August 2002. <http://www.csmonitor.com/2002/0801/p01s03-wosc.htm>.

_____. "Soldier Earns Silver Star for Her Role in Defeating Ambush." *Washington Post,* 17 June 2005.

United States Central Command. *Operation Desert Shield/Desert Storm Executive Summary.* Unclassified Document. Tampa, FL: U.S. Central Command, 11 July 1991.

U. S. Department of Defense. "Interview with U.S. Army Soldiers who Participated in Operation Anaconda." United States Department of Defense Web site, 7 March 2002. <http://www.defenselink.mil/Transcripts/Transcript.aspx?TranscriptID=2914>.

Webb, James H. *A Country Such as This.* Annapolis, MD: Naval Institute Press, March 2001.

White, Susan S., Rose A. Mueller-Hanson, David W. Dorsey, Elaine D. Pulakos, Michelle M. Wisecarver, Edwin A. Eagle, III, and Kip G. Mendini. *Developing Adaptive Proficiency in Special Forces Officers.* Research Report 1831. Arlington, VA: U.S. Army Research Institute for the Behavioral and Social Sciences, 2005.

Wood, Sara Ann. "Female Soldier Receives Silver Star in Iraq." *American Forces Press Service,* 17 June 2005. <http://www4.army.mil/ocpa/print.php?story_id_key=7474>.

Woodward, Bob. *The Commanders.* New York: Pocket Star Books, 1991.

Yukl, Gary, Carolyn Chavez, and Charles F. Seifert. "Assessing the Construct Validity and Utility of Two New Influence Tactics." *Journal of Organizational Behavior*, 26 (2005): 1-21.

Yukl, Gary, and J. Bruce Tracey. "Consequences of Influence Tactics Used With Subordinates, Peers, and the Boss." *Journal of Applied Psychology*, 77, (1992): 525-535.

PRESCRIBED FORMS

DA Form 4856. *Developmental Counseling Form.*

REFERENCED FORMS

DA Form 67-9. *Officer Evaluation Report.*
DA Form 67-9-1. *Office Evaluation Report Support Form.*
DA Form 67-9-1A. *Developmental Support Form.*
DA Form 2028. *Recommended Changes to Publications and Blank Forms.*

SUGGESTED READINGS FOR ARMY LEADERS

> *The Professional Reading List is a way for leaders at all levels to increase their understanding of our Army's history, the global strategic context, and the enduring lessons of war. The topics and time periods included in the books on this list are expansive and are intended to broaden each leader's knowledge and confidence. I challenge all leaders to make a focused, personal commitment to read, reflect, and learn about our profession and our world. Through the exercise of our minds, our Army will grow stronger.*
>
> General Peter J. Schoomaker, Chief of Staff, U.S. Army

The following book lists represent selections recommended for leaders at direct, organizational, and strategic levels of leadership, conceptual foundations for leadership, and cultural and regional studies. The current U.S. Army Chief of Staff recommendations are marked with an asterisk (*). The CSA list can be found at http://www.us.army.mil/cmh-pg/reference/CSAList.

FOR DIRECT LEADERS

*The Constitution of the United States. Available at <http://www.house.gov/Constitution/Constitution.html>.

*Ambrose, Stephen E. *Band of Brothers: E Company, 506th Regiment, 101st Airborne from Normandy to Hitler's Eagle's Nest.* New York: Touchstone, 2001.

Applegate, Rex. *Kill or Get Killed.* Boulder, CO: Paladin Press, 2002.

*Appleman, Roy E. *East of Chosin: Entrapment and Breakout in Korea, 1950.* College Station, TX: Texas A&M Press, 1991.

*Atkinson, Rick. *An Army at Dawn: The War in Africa, 1942-1943.* New York: Henry Holt and Company, LLC, 2002.

Battle of Algiers. Movie. Video: Rome, Italy: Igor Films, 1966. DVD: Irvington, NY: Criterion Collection, 2004.

*Bergerud, Eric M. *Touched with Fire: The Land War in the South Pacific.* New York: Penguin Books, 1996.

*Berkowitz, Bruce. *The New Face of War: How War Will Be Fought in the 21st Century.* New York: The Free Press, 2003.

Burns, James MacGregor. *Leadership.* New York: Harper & Row, 1978.

Chamberlain, Joshua Lawrence. *The Passing of the Armies.* Dayton, OH: Press of Morningside Bookshop, 1981.

Clarke, Bruce C. *Guidelines for the Leader and the Commander*. Harrisburg, PA: Stackpole Books, 1973.

Clausewitz, Carl von. *On War*. Edited and translated by Michael Howard and Peter Paret. Princeton, NJ: Princeton University Press, 1976.

*Coffman, Edward M. *The War to End All Wars: The American Military Experience in World War I*. Lexington, KY: The University of Kentucky Press, 1986.

*D'Este, Carlos. *Patton: A Genius for War*. New York: HarperCollins Publishers, 1995.

*Doubler, Michael D. *Closing with the Enemy: How GIs Fought the War in Europe, 1944–1945*. Lawrence, KS: University of Kansas Press, 1994.

*Durant, Michael J. with Steven Hartov. *In the Company of Heroes*. New York: New American Library, 2003.

Fisher, Ernest F., Jr. *Guardians of the Republic: A History of the Non-Commissioned Officer Corps of the U.S. Army*. New York: Ballantine Books; 1994.

Forester, C. S. *Rifleman Dodd*. Garden City, NY: Sun Dial Press, 1944.

Gabriel, Richard A. *To Serve with Honor: A Treatise on Military Ethics and the Way of the Soldier*. Westport, CT: Greenwood Press, 1982.

Galula, David. *Counterinsurgency Warfare: Theory and Practice*. New York: Praeger, 1964. Hailer Publishing Paperback reprint, 2005.

*Grant, Ulysses S. *Personal Memoir: Ulysses S. Grant*. New York: Random House, 1999. Reprint of *Personal Memoirs of U.S. Grant*. New York: Charles Webster & Company, 1885.

Grossmann, Dave. *On Killing*. New York: Back Bay Books, 1996.

_____. *On Combat*. Portland, OR: PPCT Research Publications, 2004.

*Heller, Charles E., and William A. Stofft. *America's First Battles: 1776–1965*. Lawrence, KS: University Press of Kansas, 1986.

*Hogan, David W. *Centuries of Service: The U.S. Army 1775-2004*. (CMH Pub. 70–71–1). Washington, DC: Center of Military History, 2004. <http://www.army.mil/cmh-pg/books/COS/index.htm>.

Holmes, Richard. *Acts of War: The Behavior of Men in Battle*. New York: Free Press, 1985.

Jacobs, Bruce. *Heroes of the Army: The Medal of Honor and its Winners*. New York: W.W. Norton & Co., 1956.

*Keegan, John. *The Face of Battle: A Study of Agincourt, Waterloo, and the Somme*. New York: Viking Press, 1976. Reprint, New York: Penguin Books, 1978.

Kellett, Anthony. *Combat Motivation: The Behavior of Soldiers in Battle*. Boston: Kluwer-Nijhoff Publishing, 1982.

*Kindsvatter, Peter S. *American Soldiers: Ground Combat in the World Wars, Korea, and Vietnam*. Lawrence, KS: University Press of Kansas, 2003.

Kipling, Rudyard. *The Man Who Would Be King, and Other Stories*. Oxford: Oxford University Press, 1999. Video: Burbank, CA: Warner Home Video, 1975.

*Kolenda, Christopher, ed. *Leadership: The Warrior's Art*. Carlisle, PA: The Army War College Foundation Press, 2001.

*Linn, Brian McAllister. *The Philippine War, 1899–1902*. Lawrence, KS: University Press of Kansas, 2002.

MacDonald, Charles B. *The Battle of the Huertgen Forest*. New York: J. P. Lippincott Co., 1963.

*_____. *Company Commander*. New York: Bantam Books, 1979.

Malone, Dandridge M. *Small Unit Leadership*. Novato, CA: Presidio Press, 1983.

Matthews, Lloyd J. *The Challenge of Military Leadership*. New York: Pergamon-Brassey's International Defense Publishers, Inc., 1989.

*Millett, Allan R., and Peter Maslowski. *For the Common Defense: A Military History of the United States of America*. New York: The Free Press, 1994.

*Moore, Harold G., and Joseph L. Galloway. *We Were Soldiers Once...and Young*. New York: Random House, 1992.

Morgan, Forrest E. *Living the Martial Way: A Manual for the Way a Modern Warrior Should Think*. Fort Lee, NJ: Barricade Books, 1992.

Myer, Anton. *Once an Eagle*. New York: Dell Publishing Co., 1970.

Naylor, Sean. *Not a Good Day to Die*. New York: The Berkley Publishing Group, 2005.

Newman, Aubrey S. *Follow Me*. San Francisco: Presidio Press, 1981.

Norton, Oliver Willcox. *The Attack and Defense of Little Round Top*. Dayton, OH: Press of Morningside Bookshop, 1978.

*Nye, Roger H. *The Challenge of Command: Reading for Military Excellence*. New York: The Berkley Publishing Group, 1986.

Pressfield, Steven. *Gates of Fire*. New York: Bantam Books, 1998.

Pullen, John J. *The Twentieth Maine*. Philadelphia: J.B. Lippincott Co., 1957. Reprint, Dayton, OH: Press of Morningside Bookshop, 1980.

Sajer, Guy. *The Forgotten Soldier*. New York: Harper & Row, 1971.

Shaara, Michael. *The Killer Angels*. New York: Ballantine Books, 1975.

Smith, Perry M. *Taking Charge: A Practical Guide for Leaders*. Washington, DC: National Defense University Press, 1986.

Small Wars Manual 1940 FMFRP 12-15. Marine Corps Command. Quantico, VA: U.S. Government Printing Office, 1940. <http://www.smallwars.quantico.usmc.mil/sw_manual.asp>.

Small Wars / 21st Century Addendum 2005. Quantico, VA: Marine Corps Combat Development Command, 2005.

Stockdale, James B. *A Vietnam Experience: Ten Years of Reflection*. Stanford, CA: Hoover Press, 1984.

Von Schell, Adolf. *Battle Leadership*. Columbus, GA: The Benning Herald, 1933.

Webb, James. *Fields of Fire*. New York: Bantam Books, 1985.

*Wilson, George D. *If You Survive: From Normandy to the Battle of the Bulge to the End of World War II*. New York: Ballantine Books, 1987.

FOR ORGANIZATIONAL AND STRATEGIC LEADERS

*National Security Strategy of the United States of America. <http://www.whitehouse.gov/nsc/nss.pdf>.

*National Strategy for Combating Terrorism. <http://www.whitehouse.gov/news/releases/2003/02/counter_terrorism/counter_terrorism_strategy.pdf>.

Ardant du Picq, Charles Jean Jacques Joseph. *Battle Studies: Ancient and Modern*. Translated by John W. Greely and Robert C. Cotton. Harrisburg, PA: Military Service Publishing Co., 1947.

*Bennis, Warren. *On Becoming a Leader*. Cambridge, MA: Perseus Publishing, 2003.

Blair, Clay. *The Forgotten War*. New York: Doubleday, 1987.

Boot, Max. *Savage Wars of Peace: Small Wars and the Rise of American Power*. New York: Basic Books, 2002.

Cecil, Hugh, and Peter Liddle. *Facing Armageddon: The First World War Experience*. South Yorkshire, UK: Pen & Sword Books, 2003.

Chilcoat, Richard A. *Strategic Art: The New Discipline for 21st Century Leaders*. Carlisle Barracks, PA: U.S. Army War College, Strategic Studies Institute, 1995.

Clancy, Tom. *Into the Storm*. New York: G. P. Putnam's Sons, 1997.

*Clausewitz, Carl von. *On War*. Edited and translated by Michael Howard and Peter Paret. New York: Alfred A. Knopf, 1976.

Davis, Burke. *The Campaign that Won America: The Story of Yorktown*. New York: The Dial Press, 1970.

Fehrenbach, R. R. *This Kind of War: A Study in Unpreparedness*. New York: Macmillan Co., 1963.

Freeman, Douglas Southall. *Lee's Lieutenants: A Study in Command*. 3 vols. New York: Charles Scribner's Sons, 1942-44.

*Friedman, Thomas. *The Lexus and the Olive Tree: Understanding Globalization*. New York: Anchor Books, 2000.

_____. *The World Is Flat: A Brief History of the Twenty-first Century*. New York: Farrar, Straus and Giroux, 2005.

Freytag-Loringhoven, Hugo F .P. J. von. *The Power of Personality in War*. In Art of War Colloquium text. Carlisle Barracks, PA: U.S. Army War College, September 1983.

Fuller, J. F. C. *The Conduct of War 1789-1961*. New Brunswick, NJ: Rutgers University Press, 1961.

Gaddis, John Lewis. *Surprise, Security, and the American Experience*. Cambridge, MA: Harvard University Press, 2004.

*Gordon, Michael R., and General Bernard E. Trainor. *The General's War: The Inside Story of the Conflict in the Gulf*. Boston: Little Brown & Co., 1991.

*Gunaratna, Rohan. *Inside al Qaeda: Global Network of Terror*. New York: The Berkley Publishing Group, 2003.

*Handel Michael I. *Masters of War: Classical Strategic Thought*, 3rd ed. London: Frank Cass Publishers, 1996.

Hersey, Paul, and Kenneth H. Blanchard. *Management of Organizational Behavior: Utilizing Human Resources*. Englewood Cliffs, NJ: Prentice-Hall, 1977.

Hoffman, Bruce. *Inside Terrorism*. New York: Columbia University Press, 1998.

*Howard, Michael. *War in European History*. Oxford: Oxford University Press, 1976.

Hunt, James G., and John D. Blair, eds. *Leadership on the Future Battlefield*. New York: Pergamon-Brassey's, 1985.

*Huntington, Samuel P. *The Soldier and the State*. New York: The Belknap Press, 1957.

*_____. *The Clash of Civilizations and the Remaking of World Order*. New York: Touchstone, 1996.

Janowitz, Morris. *The Professional Soldier: A Social and Political Portrait*. New York: Free Press, 1971.

Johnson, Kermit D. *Ethical Issues of Military Leadership*. Carlisle Barracks, PA: U.S. Army War College, 1974.

Jomini, Antoine Henri. *The Art of War*. Translated by G.H. Mendell and W.P. Craighill. 1862. Reprint, Westport, CT: Greenwood Press, 1971.

*Kagan, Donald. *The Peloponnesian War*. New York: The Penguin Press, 2003.

Kagan, Robert. *Of Paradise and Power: America and Europe in the New World Order*. New York: Vintage Press, 2004.

Kaplan, Robert. *Warrior Politics: Why Leadership Demands a Pagan Ethos*. New York: Vintage Press, 2003.

*Knox, MacGregor, and Williamson Murray. *The Dynamics of Military Revolution, 1300–2050*. New York: Cambridge University Press, 2001.

Larrabee, Eric. *Commander in Chief: Franklin Delano Roosevelt, His Lieutenants, and Their War*. New York: Harper & Row, 1987.

Lawrence, T. E. *Seven Pillars of Wisdom: A Triumph*. New York: Anchor Books, 1991.

_____. *The Arab Bulletin*. 20 August 1917. <http://www.cgsc.army.mil/carl/resources/biblio/27articles.asp>.

Lewis, Lloyd. *Sherman, Fighting Prophet*. New York: Harcourt, Brace & Co., 1932.

*Locher, James R. III. *Victory on the Potomac*. College Station, TX: Texas A&M University Press, 2004.

Luttwak, Edward N. *The Pentagon and the Art of War*. New York: Simon & Schuster, 1984.

*Macgregor, Douglas A. *Transformation Under Fire: Revolutionizing How America Fights*. Westport, CT: Praeger Publishers, 2003.

Mackey, Sandra. *Reckoning—Iraq and the Legacy of Saddam Hussein*. New York: W. W. Norton Co., 2003.

Manstein, Erich von. *Lost Victories*. Edited and translated by Anthony G. Powell. Chicago: Henry Regnery Co., 1958. Reprint, Novato, CA: Presidio Press, 1982.

McCullough, David. *Truman*. New York: Simon & Schuster, 1992.

*McMaster, H.R. *Dereliction of Duty: Lyndon Johnson, Robert McNamara, the Joint Chiefs of Staff, and the Lies That Led to Vietnam*. New York: HarperCollins Publishers, 1997.

*McPherson, James. *Battle Cry of Freedom: The Civil War Era*. New York: The Oxford University Press, 1988.

Montgomery of Alamein, Field-Marshal Viscount. *A History of Warfare*. Cleveland, OH: World Publishing Co., 1968.

*Murray, Williamson, MacGregor Knox, and Alvin Berstein. *The Making of Strategy: Rulers, States, and War*. New York: Cambridge University Press, 1994.

Musashi, Miyamoto. *A Book of Five Rings*. Woodstock, NY: The Overlook Press, 1982.

*Neustadt, Richard E., and Ernest May. *Thinking in Time*. New York: The Free Press, 1986.

Patton, George S., Jr. *War As I Knew It*. Annotated by Paul D. Harkins. Boston: Houghton Mifflin Co. 1947.

*Paret, Peter, ed. *Makers of Modern Strategy: From Machiavelli to the Nuclear Age*. Princeton, NJ: Princeton University Press, 1986.

Pogue, Forrest D. *George C. Marshall: Ordeal and Hope 1939-1942*. New York: Viking Press, 1966.

Powell, Colin. *My American Journey*. New York: Random House, 1995.

Pratt, Fletcher. *Eleven Generals, Studies in American Command*. New York: William Sloane Associates, 1949.

Ridgway, Matthew B. *Soldier: The Memoirs of Matthew B. Ridgway*. New York: Harper & Brothers, 1956.

Rommel, Erwin. *Attacks*. Vienna, VA: Athena Press, 1979.

_____. *The Rommel Papers*. Translated by Paul Findlay and edited by B. H. Liddell Hart. New York: Harcourt, Brace & Co., 1953.

Ryan, Cornelius. *A Bridge Too Far*. New York: Simon & Schuster, 1974. Reprint, New York: Popular Library, 1977.

Sarkesion, Sam C. *Beyond the Battlefield: The New Military Professionalism*. New York: Pergamon Press, 1981.

*Snider, Don, and Gayle Watkins, Project Directors. *The Future of the Army Profession*. Boston: McGraw-Hill Primis Custom Publishing, 2002.

*Stoler, Mark A. *George C. Marshall: Soldier-Statesman of the American Century*. New York: Simon & Schuster Macmillan, 1989.

Summers, Harry G., Jr. *On Strategy: The Vietnam War in Context*. Carlisle Barracks, PA: U.S. Army War College, Strategic Studies Institute, 1982.

*Sun Tzu. *The Art of War*. Translated by Samuel B. Griffith. New York: Oxford University Press, 1971.

Van Creveld, Martin L. *Command in War*. Cambridge, MA: Harvard University Press, 1985.

*_____. *Supplying War: Logistics from Wallenstein to Patton*. New York: Cambridge University Press, 1977.

Wavell, Sir Archibald P. *Soldiers and Soldiering*. New York: Avery Publishing Group, 1986.

Weigley, Russell F. *Eisenhower's Lieutenants: The Campaign of France and Germany, 1944-1945*. Bloomington, IN: Indiana University Press, 1981.

Williams, T. Harry. *McClellan, Sherman, and Grant*. New Brunswick, NJ: Rutgers University Press, 1962.

Williamson, Murray, and Major General Robert H. Scales, Jr. *The Iraq War*. Cambridge, MA: The Belknap Press of Harvard University Press, 2003.

*Winton, Harold R., and David R. Mets. *The Challenge of Change: Military Institutions and New Realities, 1918–1941*. Lincoln, NE: University of Nebraska Press, 2000.

Yildiz, Kerim. *The Kurds in Iraq: The Past, Present and Future*. London: Pluto Press, 2004.

CONCEPTUAL FOUNDATIONS

Avolio, Bruce. *Full Leadership Development: Building the Vital Forces in Organizations*. Thousand Oaks, CA: Sage Publications, 2001.

Bass, Bernard M. *Bass & Stogdill's Handbook of Leadership*. 3rd ed. New York: Free Press, 1990.

Blanchard, Kenneth H., Patricia Zigarmi, and Drea Zigarmi. *Leadership and the One Minute Manager*. New York: Morrow, 1985.

Day, David V., Stephen J. Zaccaro, and Stanley M. Halpin, eds. *Leader Development for Transforming Organizations: Growing Leaders for Tomorrow*. Mahwah, NJ: Lawrence Erlbaum Associates, 2004.

Drucker, Peter F. *The Effective Executive*. New York: Harper Collins Publishers, 2002.

Hammond, John S., Ralph L. Keeney, and Howard Raiffa. *Smart Choices: A Practical Guide to Making Better Decisions*. Boston: Harvard Business School Press, 1999.

Heifetz, Ronald. *Leadership Without Easy Answers*. Cambridge, MA: The Belknap Press of Harvard University Press, 1994.

House, Robert J., Paul J. Hanges, Mansour Javidan, Peter W. Dorfman, and Vipin Gupta, eds. *Culture, Leadership, and Organizations: The GLOBE Study of 62 Societies*. Thousand Oaks, CA: Sage Publications, 2004.

Hughes, Richard L., Robert C. Ginnett, and Gordon J. Curphy. *Leadership: Enhancing the Lessons of Experience*. New York: McGraw-Hill/Irwin, 2005.

Kotter, John P. *Leading Change*. Boston: Harvard Business School Press, 1996.

Kouzes, James M., and Barry Z. Posner. *The Leadership Challenge: How to Keep Getting Extraordinary Things Done in Organizations*. San Francisco: Jossey-Bass Publishers, 1995.

Linsky, Martin, and Ronald A. Heifetz. *Leadership on the Line: Staying Alive Through the Dangers of Leading*. Boston, MA: Harvard Business School, 2002.

Lombardi, Vince, Jr. *What It Takes To Be #1: Vince Lombardi on Leadership*. New York: McGraw-Hill, 2001.

London, Manuel. *Leadership Development: Paths to Self-Insight and Professional Growth*. Mahwah, NJ: Lawrence Erlbaum Associates, 2001.

McCann, Carol, and Ross Pigeau. *The Human in Command: Exploring the Modern Military Experience*. New York: Kluwer Academic/Plenum Publishers, 2000.

McCauley, Cynthia D., and Ellen Van Velsor, eds. *The Center for Creative Leadership Handbook of Leadership Development* 2nd ed. San Francisco: Jossey-Bass Publishers, 2004.

Murphy, Susan E., and Ronald E. Riggio, eds. *The Future of Leadership Development*. Mahwah, NJ: Lawrence Erlbaum Associates, 2003.

Northouse, Peter G. *Leadership: Theory and Practice*. Thousand Oaks, CA: Sage Publications, 2004.

Paul, Richard, and Linda Elder. *Critical Thinking: Tools for Taking Charge of Your Professional and Personal Life*. Upper Saddle River, NJ: Financial Times Prentice Hall, 2002.

Pearce, Craig L., and Jay. A. Conger. *Shared Leadership: Reframing the Hows and Whys of Leadership*. Thousand Oaks, CA: Sage Publications, 2003.

Peters, Thomas J., and Nancy Austin. *A Passion for Excellence: The Leadership Difference*. New York: Random House, 1985.

Peters, Thomas J., and Robert H. Waterman. *In Search of Excellence: Lessons from America's Best-Run Companies*. New York: HarperCollins Publishers Inc., 2004.

Salas, Eduardo, and Gary A. Klein. *Linking Expertise and Naturalistic Decision Making*. Mahwah, NJ: Lawrence Erlbaum Associates, 2001.

Schein, Edgar H. *Organizational Culture and Leadership*. New York: Jossey-Bass/John Wiley & Sons, 2004.

Waterman, Robert H., and Thomas J. Peters. *In Search of Excellence*. New York: Harper & Row, 1982.

Yukl, Gary A. *Leadership in Organizations* 6th ed. Upper Saddle River, NJ: Prentice-Hall, 2005.

Zaccaro, Stephen J. *The Nature of Executive Leadership: A Conceptual and Empirical Analysis of Success*. Washington, DC: American Psychological Association, 2001.

CULTURE AND REGIONAL STUDIES

Andric, Ivo. *The Bridge on the Drina (Phoenix Fiction Series)*. Chicago: University of Chicago Press, 1977.

Armstrong, Karen. *Islam: A Short History*. New York: Modern Library; 2000.

Ayittey, George B.N. *Africa in Chaos: A Comparative History*. New York: Palgrave Macmillan, 1998.

Bahmanyar, Mir, and Ian Palmer. *Afghanistan Cave Complexes, 1979-2004: Mountain Strongholds of the Mujahideen, Taliban & Al Qaeda (Fortress)*. Oxford, UK: Osprey Publishing, 2004.

Baker, Peter, and Susan Glasser. *Kremlin Rising: Vladimir Putin's Russia and the End of Revolution*. New York: A Lisa Drew Book/Scribner, 2005.

Baker, William G. *The Cultural Heritage of Arabs, Islam and the Middle East*. Dallas, TX: Brown Books Publishing Group, 2003.

Barzini, Luigi. *The Europeans*. New York: Penguin (Non-Classics), 1984.

Cohen, Stephen P. *The Idea of Pakistan*. Washington, DC: Brookings Institution Press, 2004.

Cordesman, Anthony H. *Lessons of Afghanistan: War Fighting, Intelligence, and Force Transformation* (Significant Issues Series, Vol. 24, No. 4). Washington, DC: Center for Strategic & International Studies, 2002.

Duus, Peter. *Modern Japan*. Boston, MA: Houghton Mifflin Company, 1998.

Esposito, John L. *Islam: The Straight Path*. New York: Oxford University Press, 1998.

_____. *Unholy War: Terror in the Name of Islam*. New York: Oxford University Press, 2002.

_____. *What Everyone Needs to Know About Islam*. New York: Oxford University Press, 2002.

Fairbank, John King, and Merle Goldman. *China: A New History*. Cambridge, MA: The Belknap Press of Harvard University Press, 1998.

Friedman, Thomas. *From Beirut to Jerusalem* Revised Edition. New York: Farrar, Straus and Giroux, 1991.

Fuller, Graham E. *The Future of Political Islam*. New York: Palgrave Macmillan, 2003.

Girardet, Edward, Jonathan Walter, and Charles Norchi, eds. *Afghanistan: Crosslines Essential Field Guides to Humanitarian and Conflict Zones* 2nd ed. Versoix, Switzerland: Media Action International, 2004.

Goldschmidt, Arthur, Jr. *A Concise History of the Middle East* 7th ed. Boulder, CO: Westview Press, 2001.

Graff, David A., and Robin Higham *A Military History of China*. Boulder, CO: Westview Press, 2002.

Graham, Richard. *The Idea of Race in Latin America: 1870-1940*. Austin, TX: University of Texas Press, 1990.

Green, Michael J. *Arming Japan: Defense Production, Alliance Politics, and the Postwar Search for Autonomy*. New York: Columbia University Press, 1995.

Harrison, Lawrence E., and Samuel P. Huntington, eds. *Culture Matters: How Values Shape Human Progress*. New York: Basic Books/Perseus Books Group, 2001.

Heidhues, Mary F. Somers. *Southeast Asia: A Concise History*. New York: Thames & Hudson, Inc., 2000.

Iliffe, John. *Africans: The History of a Continent*. Cambridge, UK: Cambridge University Press, 1995.

Joseph, Richard A. *State, Conflict, and Democracy in Africa*. Boulder, CO: Lynne Rienner Publishers, 1998.

Kaplan, Robert. *Eastward to Tartary: Travels in the Balkans, the Middle East, and the Caucasus*. New York: Random House, 2000.

_____. *Soldiers of God: With Islamic Warriors in Afghanistan and Pakistan*. New York: Vintage Books, 2001.

Karnow, Stanley. *In Our Image: America's Empire in the Philippines*. New York: Ballantine Books, 1990.

_____. *Vietnam: A History*. 2nd ed. New York: Penguin Books, 1997.

Landes, David S. *The Wealth and Poverty of Nations: Why Some Are So Rich and Some So Poor*. New York: W.W. Norton & Company, Inc., 1999.

Lebra, Takie Sugiyama. *Japanese Patterns of Behavior*. Honolulu, HI: University of Hawaii Press, 1976.

Leinbach, Thomas R., and Richard Ulack. *Southeast Asia: Diversity and Development*. Upper Saddle River, NJ: Prentiss Hall, 1999.

Liberthal, Kenneth. *Governing China: From Revolution Through Reform*. New York: W.W. Norton & Company, Inc., 1995

Loveman, Brian. *The Politics of Anti-Politics: The Military in Latin America*. Lanham, MD: SR Books, 1997.

Ludden, David. *India and South Asia: A Short History*. Oxford, UK: Oneworld Publications, 2002.

Mecham, J. Lloyd. *Church and State in Latin America: A History of Politico-Ecclesiastical Relations*. Chapel Hill, NC: The University of North Carolina Press, 1969.

Mote, Victor L. *Siberia: Worlds Apart*. Boulder, CO: Westview Press, 1998

Nakash, Yitzhak. *Shi'is of Iraq*. Princeton, NJ: Princeton University Press, 2003.

Nydell, Margaret. *Understanding Arabs—A Guide for Modern Times*. Boston, MA: Intercultural Press, 2005.

Oberdorfer, Don. *The Two Koreas: A Contemporary History*. New York: Basic Books/Perseus Books Group, 2001.

Oliker, Olga, and Thomas S. Szayna. *Faultlines of Conflict in Central Asia and the South Caucasus: Implications for the U.S. Army*. Santa Monica, CA: RAND Corporation, 2003.

Owen, Norman G., David Chandler, and William R. Roff eds. *The Emergence of Modern Southeast Asia: A New History*. Honolulu, HI: University of Hawaii Press, 2004.

Patai, Raphael. *Arab Mind*. New York: Scribner, 1983. Revised Edition, Long Island City, NY: Hatherleigh Press, 2002.

Pye, Lucian W., and Mary W. Pye. *Asian Power and Politics: The Cultural Dimensions of Authority*. Cambridge, MA: The Belknap Press of Harvard University Press, 1988.

Rashid, Ahmed. *Taliban: Militant Islam, Oil and Fundamentalism in Central Asia*. New Haven, CT: Yale University Press, 2001.

参考文献

Reader, John. *Africa: A Biography of a Continent*. New York: Alfred A. Knopf, Inc., 1998.

Richmond, Yale. *From Da to Yes: Understanding the East Europeans*. Yarmouth, ME: Intercultural Press, 1995.

Shambaugh, David. *Modernizing China's Military: Progress, Problems, and Prospects*. Los Angeles, CA: University of California Press, 2002.

Skidmore, Thomas E., and Peter H. Smith. *Modern Latin America, Sixth Edition*. New York: Oxford University Press, Inc., 2001.

Stern, Jessica. *Pakistan's Drift into Extremism: Allah, the Army, and America's War on Terror*. Armonk, NY: M.E. Sharpe, Inc., 2004.

Storti, Craig. *Old World/New World: Bridging Cultural Differences—Britain, France, Germany and the U.S.* Boston, MA: Intercultural Press, 2001.

Talbott, Strobe. *Engaging India: Diplomacy, Democracy, and the Bomb*. Washington, DC: Brookings Institution Press, 2006.

Terrill, Ross. *The New Chinese Empire: And What It Means for the United States*. New York: Basic Books/Perseus Books Group, 2003.

Winn, Peter. *Americas: The Changing Face of Latin America and the Caribbean*. Los Angeles, CA: University of California Press, 1992.

Yamada, Haru, and Deborah Tannen. *Different Games, Different Rules: Why Americans and Japanese Misunderstand Each Other*. New York: Oxford University Press, 2002.